RESEARCH ON
FOREIGN EXCHANGE RESERVE MANAGEMENT
UNDER THE BACKGROUND OF
RMB INTERNATIONALIZATION

人民币国际化背景下的
外汇储备管理研究

祝国平　著

社会科学文献出版社
SOCIAL SCIENCES ACADEMIC PRESS (CHINA)

目　录

绪　论

一　研究背景与意义

当今世界正面临百年未有之大变局，正经历新一轮大发展、大变革与大调整，大国战略博弈全面加剧，国际体系和国际秩序深度调整。国际经济关系也面临冲突与重新调整的新局面。在此背景下，保持中国对外关系的稳定，拓展国际生存空间，优化在国际经济秩序中的位置，对于经济社会的长期稳定发展具有重要作用。在中国的国际经济关系领域，人民币的国际化与外汇储备管理是两个比较核心的话题。人民币国际化是长期的历史进程，也依赖于战略设计与推进，对中国长远发展与国际地位的维护至关重要。而外汇储备的有效管理不仅对我国应对国际资本流动冲击、降低对外经济风险具有基础性作用，同时也在人民币国际化进程中起重要的推动作用。外汇储备与人民币国际化两者间存在着紧密的联系，在人民币国际化的背景下，外汇储备管理的思维方式和方法也将遵循新的逻辑，适应新的环境，这对外汇储备管理提出了新的要求。

中国①的外汇储备规模是否适度，结构配置是否合理，动态管理的原则方法如何制定，这一系列问题一直是中国国际金融管理研究领域的焦点问题。21世纪以来，中国外汇储备规模快速扩大，迅速位居全球第一，在全球的外汇储备中占据较大比例，这引发了国内对储备过剩的担

---

① 除非另行说明，本研究报告中所涉及的"中国"或"我国"特指经济概念上的中国大陆地区，具体范围是境内使用人民币作为唯一法定货币的区域，并不包括中国台湾省、中国香港特别行政区、中国澳门特别行政区。

忧。然而，2015 年"汇改"伴随着大规模资本外逃，央行为保汇率不崩盘而损失了大量外汇，外汇储备充足性的问题被重新审视。与规模管理相伴，中国外汇储备的结构管理也引起了诟病与争议，过度集中于美元、过多投资于低风险固定收益类产品的结构特征明显，在平稳的同时难免有损失机会之嫌。但在应对外部冲击时，这种结构的高流动性又具有一定优势。各种管理思路孰优孰劣似乎是见仁见智的问题。其他外汇储备管理方面的争论也一度甚嚣尘上，如外汇储备管理机构的安排等。

外汇储备管理主要包括规模和结构两个方面。理论上，外汇储备规模管理的思路一直围绕着外汇储备资产的货币职能展开。二战后的布雷顿森林体系时期，资本主义世界的经济关系相对稳定，外汇储备规模的研究聚焦于支付手段功能，根据经验给出外汇储备的适度比例规模，如使用外汇储备与出口额、短期外债、广义货币供应量、GDP 等主要经济变量的比例来判断储备的充足性。随着固定汇率体系的瓦解，经济全球化和金融自由化浪潮逐渐形成，国际经济关系的不确定性不断增强。持有外汇储备的功能不仅是应对国际支付，预防性审慎动机也得到更多关注，逐步成为最优外汇储备管理的主流分析方法。基于审慎动机的成本—收益分析奠定了最优外汇储备规模研究的基本思路，其后的分析大抵也是对该方法思路的拓展与修正。在成本—收益框架中，收益被视为应对国际冲击的缓冲存货（buffer stock），其作用在于吸收一国国际收支冲击的影响。而持有外汇储备的成本定义为一国储备耗尽时被迫债务违约的损失与持有储备机会成本的期望之和，最终一国对于储备规模的决策是实现成本期望值最低的结果。20 世纪 90 年代以来，频繁爆发的区域性货币危机使得新兴经济体与发展中国家对外汇储备的稳定作用更为重视，缓冲存货模型也逐渐成为分析外汇储备规模的基础框架。针对外汇储备结构管理的分析有三种主流的方法。其中，交易法主张根据对外交易的需要，用资产负债管理方法来优化一国对外资产净额的币种结构，但对外汇储备应对外部冲击的缓冲功能考虑不足；干预法关注在一国动用外汇储备之时，其外汇储备资产价值的变动方向及其对储备构成的影响，但对外汇储备的财富价值认识不足；均值—方差法与外汇储备规模的"成本—收益"分析范式吻合,因而成为最为重要的分析思路。

中国外汇储备管理思路的演进路径更多的是对上述国际主流方法的具体应用。这显然存在着以下几个局限。首先是研究对象上存在偏差。国际上最优外汇储备的模型研究中,大多以小国为研究对象。早期其关注应对国际收支赤字,后期更关注资本骤停带来的经济停滞,其结论主要适用于那些面临国际资本巨大冲击的小型经济体,与中国的大国经济特征不一致。其次是目前的既有研究成果缺少对货币国际化进程中外汇储备管理的关注。在当前国际信用货币体系条件下,一国货币的国际化需要充足外汇储备来支撑。而随着货币国际化程度的提高,本国货币的国际清偿能力提升,对外汇储备的需求会逐渐降低。因而,在货币国际化进程中,外汇储备规模管理应具有阶段性特征。而国际化的具体路径也会决定币种选择的结构问题。最后是对中国转型经济特征下外汇储备管理的阶段性动态特征的研究不足。既有研究多集中于静态或连续时间条件下的外汇储备管理,但对于中国这样的转轨经济体而言,经济结构的非连续阶段性变化特征明显。因而,无论是静态研究还是动态研究都与中国外汇储备管理研究的需要存在一定程度上的背离。上述三个典型的局限限制了既有研究成果回答外汇储备管理三个基本问题的效率,不易从战略层面厘清我国外汇储备管理的基本思路与方法。

基于上述缺陷,本书强调在研究中国外汇储备管理时,应当考虑到几个重要的背景:一是充分重视人民币国际化的进程。近年来,人民币的国际地位显著提升,并在未来具有比较被看好的国际化前景,这意味着外汇储备的对外支付、应对冲击、稳定汇率等职能有望通过货币国际化予以替代。同时,人民币国际化的进程,尤其是初始阶段还需要外汇储备提供支撑。二是要立足于中国的大国特征。中国的经济体量巨大,应对短期冲击的经济纵深具有弹性,这意味着中国对外开放风险是连续的,持有外汇储备的预防性审慎动机并非单一决定性因素。三是审慎的资本项目开放过程。货币当局对资本项目开放具有控制力,这意味着中国应对开放风险的手段并不单一,外汇储备的职能可以更加多元化,如为人民币国际化进程提供支持等。综上,作为转型大国,中国的外汇储备不仅是应对开放冲击的经济资源，而且是人民币国际化进程中重要的战略资源，在管理思路上也不应仅仅拘泥于传统的成本—收益及资产组合框架。目前，已经有一些研究开始关注中国外汇储备与人民币国际化的关系问题，且关于货币国际化与外汇储备关系的实证研究也已经形成了一定的基础，但针对人民币国际化与外汇储备管理关系的系统研究仍有待深入，本书研究的目的正在于此。

本书的理论与现实意义在于：从理论意义上看，本书研究建立了一个适用于我国货币国际化条件下的外汇储备管理的理论分析框架，探讨外汇储备在货币国际化背景下的风险收益及其动态调整过程。从现实意义上看，本研究以货币国际化条件下的最优外汇储备模型为基础，为人民币国际化背景下我国外汇储备规模和结构管理提供了基本思路，并描述了外汇储备管理的阶段性特征。为在科学识别人民币国际化条件下外汇储备风险与收益的基础上，实现外汇储备的科学管理提供了有益的政策思路。

二　研究设计

（一）研究内容

本书以货币国际化背景下的外汇储备管理为焦点，首先对人民币国际化的理论与实践进行了梳理，进而分析了人民币国际化背景下中国外汇储备管理的现状。之后从理论和实证两个层面分析了外汇货币国际化进程中，外汇储备的规模与结构管理的逻辑和特征，得到货币国际化进程与外汇储备管理之间关系的一般规律。在借鉴主流国际货币国际化进程中外汇储备管理的经验基础上，给出了我国在人民币国际化进程中，外汇储备管理的原则和路径。本书按照从现实出发，上升到理论层面，再返回现实中指导实践的路径，展开对货币国际化与储备管理间关系的研究，最终得到管理中国外汇储备的思路。具体的研究内容有以下几个组成部分。

第一部分系统地回顾总结了外汇储备管理的理论研究成果，对外汇储备管理理论发展脉络进行了梳理，重点关注外汇储备的适度规模、结构管理和外汇储备影响因素三个外汇储备管理理论关注的焦点问题。同时，本部分还梳理了有关货币国际化同外汇储备管理的研究成果，总结了人民币国际化背景下外汇储备管理的前期研究初探，为后续研究提供前期研究基础。

第二部分聚焦人民币国际化的理论与实践。首先从货币国际化的含义入手，分析了货币国际化的影响因素和驱动力量；其次对全球国际货币的国际化历史进程进行了简要的回顾，分析了当前国际货币体系的格局和各主要货币的国际化现状；最后聚焦到人民币国际化，回顾了人民币走向国际货币初级阶段的简要历程，分析了人民币国际化的当前特征和发展前景。

第三部分转向我国外汇储备管理的现实分析。首先回顾国际储备体系从金本位制时期到当前的不同阶段历史，总结出当前国际储备体系规模化、多元化、非均衡化等特点；其次从理论和实践两个层面讨论了外汇储备管理的原则、内容和历史，重点分析了外汇储备管理所包含的主要内容；最后对中国外汇储备管理的历程，以及规模和结构管理的当前现状展开了说明和分析。

第四部分探讨货币国际化与外汇储备规模管理的关系。不同于传统的比例说、成本—收益说、缓冲存货说等理论，在货币国际化的背景下，外汇储备的合理规模与货币国际化的阶段是相关的，且呈现出非线性的关系。在管理上也应根据本国货币国际化的不同阶段特征来设定最优的规模管理目标。本部分首先系统地分析了外汇储备与货币国际化间的逻辑关系，之后通过一个外汇储备管理当局的最优决策局部均衡模型，从理论上分析了货币国际化进程中最优储备规模的阶段性特征。通过使用两组不同国际化程度国家的数据，实证检验了理论分析和模型的结论。

第五部分关注货币国际化与外汇储备结构管理的关系。在结构管理方面，传统的交易法、均值—方差法和干预法都忽略了本币国际化对储备结构的影响。实践中，本币国际化会通过影响储备管理当局的偏好，放松储备管理的自由度，改变持有储备组合的机会成本等途径影响到储备的结构。本部分首先对货币国际化对储备结构影响的机制与途径展开了定性分析，之后构建了一个拓展的均值方差框架，综合分析了储备规模与结构随着货币国际化而发生变化的机制，最后通过几个主要国际货币发行国数据对理论模型结论进行验证。

第六部分总结汇总了主要货币在其国际化进程中外汇储备管理的经验。选取了美元、日元、英镑、欧元作为典型事例，在时间维度划分不同阶段的基础上，总结不同类型货币国际化在不同阶段的储备管理特征。四种货币都具有典型意义，美元是经济军事支撑型主权货币，日元是经济支撑性自发成长型国际货币，英镑是衰落型国际货币，欧元则是超主权国际货币的典型。不同经济体在货币国际化不同阶段管理储备的经验，为我国的外汇储备管理提供了一定的借鉴意义。

第七部分具体给出人民币国际化背景下外汇储备管理的政策建议，是研究结论的应用。本部分将人民币国际化划分为初级、中级、高级三个阶段，分析了三个阶段中，人民币国际化对外汇储备管理的具体影响机制，将前面部分中理论与实证分析的结论应用到我国的外汇储备管理实践中。最后，给出了人民币国际化进程中外汇储备管理的一般路径。

（二）研究重点

1. 货币国际化与最优外汇储备规模的宏观相互作用机制。这部分内容重点研究货币国际化与外汇储备规模之间的逻辑关系，具体包括：一是外汇储备对本币国际化的支持机制。如外汇储备对维持本国汇率稳定的支持、对国际资本流动冲击的保护功能、对本币可兑换信心的支撑等效应。二是货币国际化对外汇储备功能的替代机制。如本币国际清偿力提升对外汇储备的替代、本币可兑换性程度提升对外汇储备的替代等。三是货币国际化进程中，外汇储备管理当局的储备决策机制。如在前述两种效应之间的权衡，最终形成的货币国际化与储备关系的结论等。

2. 货币国际化条件下外汇储备结构管理思路。一般性地探讨货币国际化与外汇储备结构管理之间的关系，包括货币国际化对外汇储备功能替代效应下，外汇储备配置自由度的扩展效应、外汇储备管理当局风险偏好的漂移等，得到货币国际化进程对储备结构管理策略的作用机制。根据人民币国际化的不同阶段特征，在控制开放风险与支持货币国际化双重目标叠加的原则下，研究适合每一阶段的外汇储备结构管理优化原则。具体地，在货币国际化初级阶段重点考虑贸易结构；在货币国际化中级阶段重点考虑国际资本市场交易币种动态变化；在货币国际化高级阶段重点考虑货币可兑换性。

3. 建立在上述机制基础上的优化管理路径设计。具体包括：一是人民币国际化初级阶段外汇储备优化管理思路的确定。主要根据我国人民币国际化战略要求，将外汇储备作为支持货币国际化的战略资产，通盘考虑外汇储备规模与结构的动态管理整体思路。二是人民币国际化中期的外汇储备优化模式的梳理。在战略目标的框架内，重点关注人民币在金融计价交易领域中发挥作用的机制及其对外汇储备的递减效果。三是人民币国际化高级阶段外汇储备优化管理思路的确定。重点关注人民币储备货币功能发挥阶段对外汇储备替代效应下的管理策略。

其中，宏观机制的分析是本研究的重中之重，只有在厘清基本原理的情况下，具体操作层面的措施才能做到有的放矢。

三　创新与不足

（一）创新之处

相较于既有研究，本书力图实现的主要创新之处包括：

一是在分析储备规模管理时，将货币国际化因素纳入外汇储备优化管理的主流模型之中，从理论贡献角度丰富货币国际化研究与外汇储备管理研究的主流理论。弥补了现有研究缺乏对外汇储备与货币国际化关系研究的不足，所得到的储备管理的理论结论对原有理论结论有很好的补充修正作用。

二是在分析储备结构管理时，建立了包含货币国际化的最优储备规模与结构管理的统一分析框架。以往文献在理论建模时，多将适度规模与结构优化问题分开讨论，特别是针对超额外汇储备，既有研究基本上都是研究其资产配置结构，而对适度的储备规模缺乏理论解释。本研究建立一个同时解释超额外汇储备规模与结构的理论框架，通过拓展均值方差（MV）模型至广义资本市场线，描述外汇储备管理当局最优化行为对外汇储备规模和结构两方面的影响，形成了一个统一的分析框架。

三是在给出政策建议时，充分考虑到人民币国际化与外汇储备之间非线性关系的结论，区分人民币国际化进程中不同阶段外汇储备管理的政策思路，同时注重从外汇储备管理政策的三个不同层次给出政策启示，对我国外汇储备科学管理提供了一个不同角度的管理思路框架。

（二）不足之处

本书的研究不足之处主要体现在两点。

一是理论研究层面使用了比较规范的分析方法，但建模技术仍有改进的空间。无论是储备规模分析还是储备结构分析，建模方法都还是局限在静态局部均衡模型方法。虽然得到的结论能够比较清晰地说明外汇储备管理的逻辑，也有逻辑上的完备性，但考虑到近年来，动态随机一般均衡（DSGE）建模技术已经开始成为开放宏观经济学领域中主流的技术手段，使用该技术可能会更加符合当前学术发展方向，同时可能也会有更丰富的结论。因而本研究在实施过程中尝试过该技术，但受技术水平限制，所建模型无法很好地表征货币国际化与外汇储备决策过程，故而仍然采用了静态局部均衡建模技术，并使用计量模型实证分析作为佐证来分析储备管理问题。幸而，当前采用的技术也得到了比较明确的结论，且前后间逻辑是自洽的，但技术上仍有提升空间。

二是本研究的理论价值体现得可能更加充分一些，但具体操作层面的政策建议还不够丰富。本研究初始设定的研究目标不仅包含理论上的创新，丰富或修正储备研究的理论体系，而且还希望通过中国数据与实际情况的分析来得到实际操作层面的政策建议体系。然而，在实际的研究过程中，由于中国外汇储备管理，尤其是结构管理上并没有公开信息，数据猜测无法得到更加细致准确的储备管理全貌，因而政策研究无法做到细致，仅在战略思路层面和一定的策略层面得到一些政策启示。在具体技术上很难拿出有针对性的方法和建议，这限制了本研究成果的应用，这一遗憾是储备研究所面临的共性问题。

第一章　中国外汇储备管理的理论演进

中国持有全球最大规模的外汇储备，这一事实引起了国际经济学领域的重点关注。中国的外汇储备在进入 21 世纪之后快速上升，2014 年 6 月底的规模为 39932.13 亿美元，达到近 4 万亿美元的顶点，其后逐步下降。2015 年"8·11汇改"后，随着人民币汇率贬值预期的形成，短期资本大量外流，给人民币汇率稳定造成巨大压力。为保证人民币汇率的稳定，外汇储备在不到一年的时间里迅速下降了近 5000 亿美元，于 2017 年 2 月首次低于 3 万亿美元。此前似乎达成共识的我国外汇储备严重过剩的认识受到来自现实的巨大挑战，外汇储备的充足率再度成为学术与舆论关心的焦点。截至 2020 年 1 月末，中国外汇储备规模为 31155 亿美元，比上年 12 月末增加 76 亿美元，增幅为 0.2%，基本稳定在 3 万亿美元以上的规模。2018 年 3 月份以来，美国特朗普政府掀起了新一轮的中美贸易争端，贸易摩擦逐步升级，中国外部经济环境持续恶化。与此同时，人民币对美元的名义汇率出现明显的贬值趋势，由 2018 年 4 月份的低点 6.28 持续贬值至 6.80 左右，短期内贬值幅度超过 8%，再次引发对我国外汇储备充足性的担忧。可以看出，国际经济政治环境的变化，尤其是中美关系的不确定性增加，使我国面临外部冲击的风险越来越大。以往相对稳定时期形成的外汇储备规模与结构的认知，在新的经济政治环境下需要重新审视。从稍微微观的视角看，人民币国际化的进程实际上是中国国际经济地位变化的缩影，因而这一进程中外汇储备的管理将面临新的形势，遵循不同于传统理论的规律，需要针对这种变化展开研究。

第一节　外汇储备的适度规模研究

国际学术界针对外汇储备规模的研究可以大致分为两个阶段，亚洲金融危机为划分两个阶段的时点。Keynes（1930）第一次将对外经济联系的因素纳入外汇储备规模问题的研究中，建立起国际贸易同外汇储备之间的联系。20 世纪六七十年代，西方关于外汇储备规模的研究主要是从需求角度展开理论探讨。20 世纪 60 年代初，Triffin（1960）首次提出使用外汇储备规模适度性的"比例分析法"，即通过外汇储备同一国年进口总额的比值来描述储备的适度性。他认为，一国的储备比例在 40%为适度，其最低值不能低于 20%，低于 30%之后就需要政府实施干预，以确保该比例能够满足基本要求。在此之后，比例法一时成为衡量储备充足性的基础方法，并被不断拓展，如采用储备与短期外债的比率（García and Soto，2004；Olivier and Rancière，2005）、储备与广义货币供应量的比率（Kaminsky and Reinhart，2000；Berg et al.，1999）、储备与 GDP 的比率（Jeanne and Ranciere，2008）等指标。比例法的缺陷很明显，它只关注外汇储备一个基础领域的功能，即对外支付与弥补国际收支逆差，忽略了其调节汇率与作为信用保障的功能，因而使用该方法确定的仅仅是一国持有的最低储备规模，而无法确定最优规模，两者显然是有区别的。

随着经济全球化和金融自由化的快速推进，持有外汇储备的预防性审慎动机逐步得到重视，并成为最优外汇储备管理的主流分析方法。20 世纪 60 年代末期新的定量研究方法开始出现，Heller（1966）提出了"成本—收益法"，强调审慎性目的对持有外汇储备主体的驱动作用。他认为各国持有外汇储备既有收益也有成本，持有的外汇储备增加时，边际收益递减，边际成本则增大，当两者相等时的规模即为最适度的外汇储备规模，此时带来的社会福利最大。成本—收益分析的思路和方法确定了最优外汇储备规模研究的主流框架。其后一个阶段的储备适度性研究基本沿着该思路，对一些细节进行拓展与修正，如 Kreinin and Heller（1973）关于付汇率变化成本的研究，Sellekaerts W. and Sellekaerts B.

(1973) 对利率变动导致储备成本的分析，以及 Claassen（1974）综合了多种同时存在的成本形式进行的综合分析等。20 世纪年代初期，通过创立针对发展中国家最优规模的评估模型，Agarwal（1971）进一步优化了海勒模型。Flanders（1969）则使用了"储备需求分析法"，该方法通过回归模型，充分考虑到进口需求、国际收支变动率、通货膨胀率等因素的影响，将多种经济变量加入储备需求模型。此后，Frenkel and Jovanovic（1981）进一步丰富了 Heller（1966）对外汇储备收益的认识，提出了"缓冲存货"的概念，并实现了模型化。他们认为，外汇储备的最重要作用是在面对外部冲击时充当缓冲器，以减缓或抵消外部冲击的负面影响，这可以被视作持有储备的收益。外汇储备的适度规模应由其持有的机会成本同作为缓冲器收益（宏观经济调控成本）之间的平衡来决定。

20 世纪 90 年代末，亚洲金融危机改变了外汇储备规模研究的思路，外汇储备在抵御外部冲击中的作用受到更多重视，预防风险动机成为持有外汇储备最重要的驱动，同时重商主义倾向开始进入研究视野。Ben-Bassat and Gottlieb（1992）从极端情况发生的角度，重新定义了外汇储备的成本。按照他们的理解，在成本—收益框架下，持有外汇储备的成本要考虑两种情况，一是储备完全耗尽条件下的违约损失，二是持有外汇储备的机会成本，总的成本是两种情况的期望和，最优储备规模的决策是在成本最低的条件下做出的结果。这一模型关注的重点是主权违约风险，属于基于预防性谨慎动机的外汇储备规模决定模型。20 世纪 90 年代以来，全球范围内区域性货币危机频繁爆发，广大发展中国家出于对危机的忌惮，更加重视外汇储备在应对危机中的关键作用。在此背景下，预防动机成为分析外汇储备规模最根本的逻辑起点。缓冲存货模型的思路被广泛应用，如 Ozdemir（2004）、Ozyildirim and Yaman（2005）对土耳其，Rowland（2005）对哥伦比亚，Aizenman 等（2007）对韩国等的研究。Ronald and Mendoza（2004）对外汇储备的保障动机开展了深入研究，强调持有外汇储备是缓解外部冲击和规避金融风险的重要手段。Dooley 等重商主义学者也认为可以将外汇储备用作抵押品，吸引外商直接投资。另外，近年来的研究开始引入效用最大化的理论方法，如

Jeanne（2007）与 Jeanne and Ranciere（2008）的研究。

另一种研究外汇储备规模管理的思路则注重分析外汇储备规模的外生因素，并以此来确定最适度储备规模。按照外汇储备在国际经济交往中的功能，通过数据分析的方法来确定对外汇储备规模有影响的因素，初期的研究主要包括进口、机会成本和国际收支平衡等因素对储备规模的作用。后续又将国民收入、中央银行和政府的总债务、国家规模等因素纳入分析模型中（Kenen and Yudin，1965），不过实证结论并未证实这些因素的显著影响。Iyoha（1976）在对不发达经济体的分析中，考虑了经济开放度、外汇存款利率、出口变动率、预期的出口收入等因素。这一时期的研究是在布雷顿森林体系时期开展的，隐含地假定了汇率是固定的，因而并未将汇率因素纳入分析的模型当中。随着牙买加体系的确立，汇率的波动成为最重要的国际经济影响因素之一，适宜储备规模研究的环境发生了显著变化。汇率因素的加入产生了两种可能的结果，其中对汇率浮动持乐观态度的研究认为，汇率的弹性可以吸收外部冲击，进而可以一定程度上替代外汇储备缓冲器的作用（Edwards，1983）。因此，当面临国际收支失衡时，一国能够通过汇率贬值来予以应对，这大大降低了对储备的需求。然而，从另一个角度看，汇率波动对冲击的吸收是有限度的，持有储备仍然必要，甚至因为汇率波动经济成本的存在，反而加大了对储备的需求，因而需要更加全面地考察具体的国际收支状况。Lane and Burke（2001）将贸易开放、金融深化、汇率制度、资本管制等多种因素纳入储备规模的实证模型中，更加全面地给出了储备规模影响因素的作用。国内对中国外汇储备适度规模的实证分析也基本沿袭了这一思维框架和方法论体系，汇率、我国实施的结售汇制度、贸易顺差、国际资本流动等因素被重点关注，实证研究也支持这些因素对储备规模的显著影响（邢大伟，2006：34－37；滕昕、戴志辉，2006：13－17；巴曙松等，2007：1－12；熊琼等，2009：87－91；黄寿峰、陈浪南，2011：60－72；谭燕芝、张运东，2011：63－70；童锦治等，2012：124－136）。

国内关于外汇储备的相关研究起步较晚，主要都是基于国外主流研究理论和方法在我国的应用，针对中国的实际情况，国内形成了规模不足论、规模过度论和规模合理论三类观点。

一 规模不足论

规模不足论主要是 1997 年亚洲金融危机之前的观点，持有此类观点的学者较少。该理论认为我国外汇储备规模总体上不足，且在未来一段时间内，不能达到充足性要求。20 世纪 80 年代，中国的外汇储备规模很小，主要的功能是平衡国际收支及清偿外债。1994 年"汇改"之后，中国的国际收支才开始呈现出顺差的局面，外汇储备才开始快速增加。即便如此，中国的储备也是直到 1999 年才超过外债规模，储备的充足性刚刚达到基本的要求。1997 年亚洲金融危机爆发之后，各国普遍更加重视外汇储备在应对外部冲击中的作用，认为一国外汇储备的规模应以足够防止汇率冲击为适度标准。对外汇储备的需求取决于发生汇率危机的可能性，在我国各经济主体对外币的需求是对外汇储备的最高需求。考虑到我国的宏观经济情况，如 M2 增速等因素，同时兼顾人民币实现可自由兑换进程，各国内经济主体的外币需求可能超过外汇储备的增长。因此部分研究认为，虽然从与主要对外经济变量比例的角度看，中国外汇储备已经大大超过了国际公认的安全线，但也并不意味着有足够的储备应对外部冲击（刘斌，2000）。所谓外汇储备的"适度规模"，实际上更多的是指外汇储备的最低标准，从应对不确定性的角度看，在管好用好的前提下，外汇储备多多益善（李石凯，2006：80－83）。部分研究也对衡量充足性的标准提出质疑。作为发展中经济体，我国在国际经济领域中仍然处于劣势地位，为维护宏观经济的内外均衡，实现经济秩序的稳定，需要持有更加充分的外汇储备，仅仅使用比例法作为充足性指标不能反映中国的实际情况。从更加全面的角度考虑储备需求，我国的现有储备并不足以应对外部冲击以保障经济安全，因而需要积累更大规模的储备（管于华，2001：25－30）。另外，从储备的结构来看，中国的外汇储备还包含了一些特殊部分，如民间储备、借入储备等，综合中国的特定国情、外汇管理体制等因素，以及中国在世界政治格局中的地位，中国需要更多的外汇储备来保障经济安全，不能简单地认为规模过量。中国正处于经济快速发展时期，未来面临的不确定性仍然很大，持有足够的外汇储备，在应对对外偿付和防范政治风险方面十分重要，外汇储备的增长是必要的和合理的（黄泽民，2008：38－43）。随着进入 21 世纪之后中国外汇储备的迅速增长，认为外汇储备规模不足的研究结论逐渐消弭，规模不足论逐渐偃旗息鼓。

二 规模过度论

与规模不足论相反，伴随着中国外汇储备的激增，认为外汇储备过多的研究逐渐增加，并成为主流，国内相关研究多数持有我国外汇储备规模超过了最优规模的观点。早在 1997 年，余永定就指出，中国外汇储备随着资本项目和贸易项目顺差的持续增加而迅速增加，形成了"贸易顺差很大，但经常项目顺差却不大"的国际收支格局。中国储蓄大于投资，从实际资源利用角度看，属于资本输出国而非输入国。中国作为人均收入水平很低的国家，长期保持大量贸易顺差，对外输出实际资源是不经济的，外汇储备增长一定程度上是被动的资本输出（余永定，1997：18－23）。内需不足，贸易顺差扩大和外汇储备持续累积，在外汇占款对货币发行影响较大的条件下，会导致央行货币政策成本较高，政策效果被抵减；实体经济领域也会造成资源配置扭曲和产业结构失衡，最终影响本国居民的福利。外汇储备规模过大要承担巨大的机会成本，更严重的是反映了经济内部的结构性失衡（张曙光、张斌，2007：18－29）。从规避外债风险角度来看，我国外汇储备规模也是过剩的。如从外汇储备规模与投资支付比例的角度看，中国的这一指标高出其他国家平均水平约 10 倍，有比较大的安全冗余，发生债务危机概率很低，这一点已经在亚洲金融危机中得到充分体现（许承明，2002：40－43）。"拇指法则"、"货币供应量决定论"和快速偿债能力三项主要外汇储备显性指标衡量标准均显示，我国外汇储备远高于正常标准（马野驰，2014：46－53）。陆磊等（2017：19－34）通过构建开放条件 DSGE 模型，并加入中国经济特征，估计了中国最优外汇储备规模，其结果也认为 2004 年以来，中

国外汇储备已超过对外支付和审慎预防性需求的最优规模，这一情况在
2014 年以后开始有所收敛。相对于外汇储备规模过大的讨论，巨额外汇
储备是否可持续增长是更为基础性的问题，我国的高额外汇储备规模有
其特殊的形成机制，尽管当前我国经济发展中已经出现逆外汇储备规模
持续扩大的趋势，但短期内仍会维持，当务之急还是对巨额外汇储备进
行合理配置以实现保值增值（罗素梅、张逸佳，2015：22 - 33）。

三　规模合理论

合理论考虑到中国经济特征对外汇储备的需求，同时也关注了中国
经济的结构性调整、人民币国际化、汇率制度变迁等特殊因素，认为中
国外汇储备规模仍处于相对合理的范围之内。影响外汇储备的因素中包
含一些非量化因素如外贸结构、国际融资能力、汇率制度等，要求我国
外汇储备规模应高于基本储备规模。而且我国外汇储备的积累有两种特
殊因素起作用：一是强制结售汇制度，其结果是外汇储备主要集中于官
方部门，私人部门储备能力有限，储备结构与其他国家不同；二是债务
性储备在总储备结构中所占的份额较大，因而在稳定性方面有所欠缺。
因而，储备多并不意味着就是超额过量的（姜旭朝、刘德军、孟艳，
2002：37 - 39）。2008 年全球金融危机后，金融市场与宏观经济的稳定
性进一步受到各国重视，进一步凸显了外汇储备在促进金融市场稳定、
应对资本流动冲击、实现内外均衡、保障实体经济等方面的作用，考虑
到这些因素，中国保持较多的外汇储备规模应当是比较合意的选择，有
利于降低国际游资冲击和化解国内市场风险（李巍、张志超，2009：
28 - 37）。如果进一步考虑 2005 年以来人民币持续、大幅升值使外汇储
备规模快速增长的背景，目前的外汇储备规模是符合经济发展需要的
（王群琳，2008：74 - 80）。从外汇储备的预防动机和重商主义角度分析，
相对较多的外汇储备对于抵御国际金融市场冲击至关重要，没有必要盲
目缩减（谷宇，2013：49 - 61）。另外，自 2009 年以来人民币国际化快
速推进，中国外汇储备规模不仅是持有成本的问题，也不应局限于应对
外部冲击防范风险，外汇储备是人民币国际化进程中的重要战略储备，

是支持国际化的必要条件。人民币国际化的推进过程中，中国"过量"外汇储备问题会逐渐得以缓解并最终解决（祝国平，2013，2014）。外汇储备是支撑中国实施"一带一路"倡议、推进人民币国际化和保障企业"走出去"等大国对外战略得以实施的重要资源，是实现国家利益的保障（罗素梅等，2017：6-23）。在实施各种对外战略的过程中，所谓的过度外汇储备会被冲销掉，因而，在外汇储备的管理中，更重要的是外汇储备管理的效率，至于储备的数量多少并不是最重要的内容。

通过对文献进行梳理可以发现，对于中国外汇储备规模是否适度的判断是与不同发展阶段相适应的。外汇储备在不同历史阶段所发挥的核心功能不同，其规模适度性的测度标准也不尽相同。国内主流研究成果大都建立在国外20世纪90年代之前的思维框架基础上，此类研究框架与当下的国际经济政治环境，也与中国特殊的国情不完全吻合。即使有很多研究者在分析过程中对研究思路做出了一定的适应性调整与修正，但仍然有明显的局限性。规模不足论的主要问题是对外汇储备功能的认识局限，同时对中国外汇储备规模增长的机制估计不足。规模过度论所关注的宏观经济内外均衡、成本收益以及福利角度具有更加鲜明的政策指向，也在更大范围内考虑了储备规模的影响，但其对外汇储备预防性功能的探讨并不充分。尤其是2015年由于人民币贬值预期驱动的资本外逃，外汇储备在短期内大幅度损失的背景下，过剩论既缺乏解释力，也容易陷入预警机制和应对措施缺乏的被动状态。规模合理论从不同的维度对外汇储备规模给出了相对全面的解释，能够以更加广阔的理论和实践视野来分析问题。特别是针对2008年全球金融危机以来储备功能的认识方面有积极作用，从维护金融稳定及人民币国际化战略需要等角度给出了新的分析思路。但合理论对储备规模的分析多局限于非量化因素，容易造成结论缺乏精确的说服力和政策指导意义。

从分析方法演进的角度看，国内早期研究主要是定性分析。其优点在于可以尽量避免简单套用西方主流模型方法来分析中国外汇储备问题时的水土不服，强调综合分析中国的特殊国情和发展阶段特点。但定性方法的不足也是显而易见的，无论是得出不足、适当或过量的结论，都缺少足够的说服力。随着研究的深入，在近期的研究成果中，定量的实证分析逐渐受到重视，以弥补定性研究的不足。具体的模型使用方面，主要围绕外汇储备功能，结合中国实际进行适应性调整，以得到符合中国国情的、具有解释力的分析成果。定量分析所面临的问题主要是技术上是否能够穷尽所有关键因素，同时还可以对一些不易量化的因素实施准确的判断。在实际操作层面，分析不同国家的储备规模时，除去经济实力强弱、要素禀赋、制度差异等横截面因素外，时间维度的阶段特征，以及国际经济联系中的开放程度、国际政治经济环境、各国政策目标差异等方面的因素也都要考虑在内，因而造成了定量分析难度较大的事实。基于此，在定量分析中，模型并非越复杂越好，化繁为简地分析、抽离出符合具体国家实际的分析框架十分重要。例如国际货币基金组织所使用的外汇储备充足率风险加权计量的算法，从本质上讲就是最原始的比例法的扩展、修正。外汇储备规模影响因素的实证分析始终是在更为全面、包容性更强，与测度及分析难度增加、适用性下降两方面之间的权衡取舍。

第二节 外汇储备结构管理研究

虽然对外汇储备适度规模的研究结论始终存在分歧，但几乎所有的研究都认同随着中国外汇储备规模的扩张，外汇储备管理日趋重要，有效的外汇储备结构管理是实现外汇储备保值增值的重要途径。外汇储备结构管理主要涉及三个层次的问题，这也对应着三类有关储备结构的研究。第一类是外汇储备币种结构管理的研究，即选择何种货币作为储备，且每一种货币的资产在外汇储备中的比重。能够作为外汇储备货币的比重是有限的，主要包括美元、欧元、日元、英镑等币种资产。第二类是外汇储备的资产结构管理的研究，即投资于何种资产或投资标的，以及各种资产在储备资产中的比重。第三类是中国外汇储备资产多层次、多目标管理的研究，重点考虑我国外汇储备管理中的特性。

一 币种结构管理的研究

自布雷顿森林体系瓦解以来，全球范围内美元的储备货币地位有所下滑，其在储备结构中的比重有所下降，储备资产单一化的格局开始松动。另一方面，随着欧盟、日本等经济体经济实力的提升，储备货币开始出现多样化的趋势，储备分散化明显。根据国际货币基金组织（IMF）统计，美元占全球外汇储备的比例在 1973 年达到峰值 84.6%，近年来呈现出下降趋势，并一直维持在 50% ~60% 的区间内；自 1999 年欧元正式流通开始，其在各国外汇储备中所占的比重稳步提升，大致稳定在 20% ~25% 的区间内。美元、欧元、日元、英镑四大国际货币占据全球外汇储备合计总量的 90% 以上。截至 2019 年第三季度末，全球外汇储备币种结构的比重约为美元 61.78%、欧元 20.07%、日元 5.60%、英镑 4.43%、人民币 2.01%，合计占到全球储备货币的 93.89%。

关于外汇储备币种结构的研究主要是沿着两个方向进行的：一是全球外汇储备币种结构的决定因素研究；二是单个国家最优币种结构研究。由于各国的外汇管理当局并不公布储备的币种结构数据，因此，在全球层面的研究主要通过国际货币基金组织在宏观经济、金融和贸易等方面的币种份额报告来实施。同时，无论是在全球整体水平上，还是在集团国家中，一般采用跨国回归分析方式研究外汇储备币种构成的决定因素。Dooley et al.（1989）通过结合均值方差法和交易法（即所谓的 DLM 法）来探讨外汇储备货币结构决定因素。他们发现，汇率制度和外汇交易需求是决定外汇储备货币结构的两个关键因素。此外，外债的币种结构也是影响发展中国家外汇储备币种结构的一个重要因素。Eichengreen and Mathieson（2000）利用 DLM 法和托宾模型分析了新兴和转型经济体国家的货币结构，他们发现新兴经济体和转型经济体的币种结构保持相对稳定，并未发生剧烈变化。Dooley et al.（2004）发现，贸易和货币挂钩对美国在东亚和拉美地区所实行的中央银行多元化战略有着重要影响。在梳理相关文献的基础上，Chinn and Frankel（2005）认为产出和贸易的格局、金融市场的规模和深度、货币当局对自身货币价值和网络外部性的信心等因素一起决定了外汇储备的币种结构。Hatase and Ohnuki（2009）研究了日本外汇储备的构成，认为贸易结构、外债结构和潜在外汇储备的稳定性强烈影响着外汇储备的变动。Ito et al.（2015）在中欧和东欧国家小组分析的基础上，认为贸易中货币计价和货币流动都推动了官方外汇储备结构的变化。此外，许多研究证实，全球外汇储备中主要货币的份额十分稳定（Chinn and Frankel，2007；Eichengreen and Mathieson，2000）。然而，由于缺乏令人信服的公开数据，国际货币基金组织以外的研究人员无法进行类似的研究，同时，相关结果难以适用于个别国家。

针对单个国家外汇储备比重结构的研究，传统上主要有三种理论模型方法体系，分别是马科维茨资产组合模型（Markowitz，1952）、海勒—奈特模型（Heller and Knight，1978）和杜利模型（Dooley，1989）。资产组合模型从风险—收益角度研究储备币种选择，应用均值—方差分析方法得到最优资产组合，即在风险确定的条件下实现收益最大或者收益确定条件下实现风险最小，通过外汇储备在不同币种之间的组合来降低外汇储备风险。这个理论的局限性在于：一是它忽略了储备货币区别于一般资产的特定职能以及交易特性；二是以各种资产的相互独立为条件，在实际市场中很难应用，同时不能针对系统性风险提出解决方案。海勒—奈特模型认为，决定储备比重结构的因素是一国的国际贸易收支结构以及汇率制度，这显然是从外汇储备交易职能角度展开的，同时也区分了不同汇率制度的影响。一国为了降低外汇储备的汇率风险和满足国际支付的需求，通常被钉住货币和贸易支付结算货币会在本国外汇储备中占有较大份额。该模型的不足之处在于没有关注到储备货币对外债的支付功能和收益风险的联系。Dooley 改进了海勒—奈特模型，使用回归的方法，将外汇储备用以偿还外债的交易需求纳入分析的范围之内，建立了交易动机最优化模型。该模型认为，在储备币种选择决策中，金融交易成本与外汇资产风险收益因素相比，前者更加重要。外汇储备币种结构是外债支付、贸易支付与汇率制度等多重影响因素共同作用的结果。影响储备币种结构的因素都与储备货币的职能直接相关，围绕货币职能的研究思路为后续的储备币种结构研究提供了基础的思维框架。其后的研究均以这一理论模型为基础，通过纳入多种变量进行方法上的改进。

外汇储备币种选择受到哪些因素影响？传统模型中，资产组合模型注重金融资产风险和收益因素之间的平衡选择，更加注重储备资产配置的投资功能；海勒—奈特模型和杜利模型更加关注外汇储备的货币职能，更注重储备资产管理中的储备结构与其功能之间的匹配。认为满足对外交易的需要是选择储备货币构成的决定因素，同时要尽可能减少汇率风险，因此外汇储备结构管理中，首先要对对外贸易结构、外债结构以及汇率制度安排有足够的考虑，风险收益平衡关系并非首要目标。同时，全球储备币种结构在短期内是相对稳定的，其变化过程相当缓慢，表明除了储备货币持有国的需求外，历史惯性下的路径依赖特征也很显著，储备货币发行国的经济特征，以及国际货币体系的演进也同样是重要的影响因素。此后研究脉络主要沿两个方向发展：一是在传统的国际货币理论基础上，强调金融市场发展、开放度、稳定性的重要作用，从市场机制层面分析储备货币的币种结构。在资本高度流动的背景下，传统理论强调的经贸结构在储备结构决定中的作用已经逐步让位于金融市场因素的作用，金融市场与交易成本在决定储备结构方面的影响力不断变大。金融市场的深度与资本账户可兑换程度，成为重要的影响因素（Eichengreen and Mathieson，2000）。一国的金融市场规模越大，流动性越高，则其货币作为储备货币的可能性就越大（Eichengreen，2012）。进而，能够影响金融市场稳定性的因素，如汇率、通货膨胀率、资产价格和货币发行国的财政稳健性等，都可能成为影响储备币种选择的要素。二是突出了路径依赖的影响，更加重视货币使用惯性的作用。Eichengreen（1998）将网络外部性的概念应用到储备币种的选择中，认为当前通行的国际货币由于在国际交易中广泛使用，拥有更低的交易成本，市场流动性和稳定性也更强，货币持有者更容易进入交易网络，因而在竞争中拥有在位优势。这种优势还会形成循环累积的自我强化，由于网络外部性而吸引更多国家使用，而更多地使用又会进一步增强货币的正外部性，降低交易成本，进而吸引更多的新使用者（Cohen，2000）。可见，国际储备货币一旦形成，就存在自我强化的机制，网络外部性可以有效解释美元储备货币的优势地位未见明显削弱的事实。Chinn and Frankel（2005）对上述两个方面的研究结论进行了总结，认为储备货币币种结构由长期的基本面因素、网络外部性因素和历史惯性三个方面来决定。其中，长期基本面因素包括储备货币发行国经济总量、贸易规模以及金融市场开放、发展程度等，网络外部性因素包括规模经济和范围经济两个方面。这一理论总结较好地将外汇储备币种结构选择的研究成果做了归纳。

国内关于储备币种结构的研究主要分为两类：第一类研究从货币供给的角度开展。国际货币发行国的经济基本面对储备货币的选择有决定性作用，如经济总量、通货膨胀率、真实利率、汇率波动等因素。其中，国际货币发行国在全球产出、贸易及金融方面的占比份额更是决定储备币种选择的基础性因素（李稻葵、刘霖林，2008：1-16）。除基本面因素外，关键价格因素，如汇率和利率的稳定性也对提高货币在国际储备中的份额具有积极作用（刘艳靖，2012：69-76）。进一步从交易成本角度看，国际货币发行国金融市场发展水平、金融市场开放度、财政稳健性、货币的适应惯性等因素也具有关键作用（姜晶晶、孙科，2015：57-75）。显然，从货币供给角度的影响因素分析同国际主流研究结论是趋同的。第二类研究则从货币需求的角度，考察影响币种结构的配置决策方面的因素。资产组合动机和交易动机被认为是配置储备币种结构的动力机制。从资产组合的角度看，国际货币对应资产的收益和风险组合是重要影响因素；而从交易动机角度看，满足外汇储备持有国交易性需求也比较关键。根据两方面动机的不同，国内部分研究倾向于将外汇储备区分为基础性储备和超额储备，其中满足交易需求的部分可以视作基础性储备，而满足资产组合动机的部分可以视作超额储备需求。两部分储备动机对应的币种结构选择有不同的机制（罗素梅、陈伟忠，2012：44-47）。

国内对储备结构的实证研究聚焦于检验各种需求动机对外汇储备币种结构的影响，以及对中国外汇储备最优币种结构进行估算（刘莉亚，2008：121-132；孔立平，2010：64-72；王永中，2011：45-52；周光友、罗素梅，2014：18-33；白晓燕、郭叶花，2018：128-143）。从研究结论看，对最优储备结构的研究并未达成一致。由于不同模型理论假设的不同，所包含的变量也有差异，最终形成的结论也有很大的不同，这一方面表明最优储备币种结构问题的复杂性，另一方面也意味着币种结构的优化在实践领域只能是一个合意的区间，很难做到精确。当前，国际货币体系面临着发生深刻变革的契机，以美元为核心的国际货币体系的矛盾日渐加深，国际经济体系的内在不平衡性有增无减，很难看到有妥善的化解之道。同时，人民币国际化进程也将持续推动国际货币体系的调整，国际金融市场的不稳定因素也在增加。因此，外汇储备币种结构的多元化恐怕将成为未来一个潜在的发展趋势。国内对于摆脱美元一头独大的币种结构的呼声渐强，也有很多研究成果的支持，外汇储备币种结构多样化，有利于防范持有美元的风险，也是推动人民币国际化进程的重要举措。

二 资产结构管理的研究

外汇储备的资产结构，是指外汇储备以哪些资产的形式持有，以及每一种资产的权重。从广义的角度讲，币种结构只是资产结构管理的一个层级，或者说是一大类，选择持有某一币种并非只是持有该货币本身，绝大多数的储备最终还是要配置到具体的资产类别上的。因此，可以认为资产结构管理是对币种结构管理进一步细化和实施的过程。外汇储备资产结构管理是在外汇计价的货币资产、证券资产、金融衍生品资产、实物资产等可投资资产上进行分配，以实现系统优化，保持储备的流动性、安全性和收益性的动态平衡过程。由于外汇储备不同于一般资产，配置目的也并非简单的投资收益与风险的平衡，因而储备资产结构确定时首先要满足的是安全性与流动性需求，然后才是收益性。近年来，新兴市场经济体及发展中国家累积了大量的外汇储备，在相对宽松的安全冗余下，外汇储备资产管理的目标和模式相应调整，主权财富基金迅速壮大，对资产收益性的要求有所增加，资产结构管理的重要性也有明显的提升。

中国的外汇储备资产币种、资产和期限结构并不对外公布，无法通过官方途径得到其具体状况。从根据总量数据和其他信息综合估算的结果来看，普遍认为中国的外汇储备在币种上主要配置于美元、欧元和日元，尤其以美元为主体，而资产结构方面主要是长期政府债券和机构债券（王永中，2013：118－129）。学术界常根据美国财政部国际资本系统（Treasury International Capital System，TIC）公布的美国证券资产结构进行估算，结果显示中国持有美国国债、机构债、公司债和股权投资四种有价证券类型。其中美国长期债券是最主要的投资品种，占中国在美总投资规模的比重保持在88%的年均水平。股权投资和公司债长期保持在10%以下的水平，整体占比较低（马野驰，2014）。美元资产的构成反映出中国外汇储备的投资偏好，即优先考虑流动性和安全性，主要投资于长期固定收益类产品（张斌等，2010：115－128）。从目前的情况看，这种长期以美国国债为主体的资产配置结构并没有发生根本改变的迹象，这种资产结构的收益水平因为偏低而长期饱受诟病。随着外汇储备规模的扩大，尤其是安全冗余的增加，储备资产的收益性也应得到足够的重视。即便从安全与流动角度考虑，集中持有美国国债也并非唯一的理想选择，应进一步优化配置外汇储备资产结构，采取更加多元化的风险分散策略，同时注重收益性。

客观地评价当前外汇储备的收益率与风险，是外汇储备资产结构管理优化的前提和基础。与流入中国的境外直接投资回报率及GDP增长率相比，中国外汇储备的收益性不高，一直处于明显较低水平。这种资金收益倒挂备受争议，表明中国在高成本吸引外资的同时，却以非常低的收益将资金提供给其他国家使用，因而机会成本巨大（刘莉亚，2008）。通过外汇储备收益率的分解分析，可以发现外汇储备的结构能够显著影响其名义和实际收益率，应将外汇储备资产真实收益率作为资产结构管理的最大化目标（张斌等，2010）。无论是以名义美元、实际美元，还是以名义人民币作为计价单位，测算得到的中国外汇储备净收益率自2005年以来基本上都是处于亏损状态的。这严重影响了央行资产负债表结构，削弱了国内货币政策独立性，也对宏观经济稳定构成较大冲击（王永中，2013）。同时，在全球金融稳定的背景下，中国外汇储备的收益风险匹配度低的问题就会显现，以长期固定收益证券为主体的结构需要应对违约风险、长期利率风险、汇率风险等不确定性，潜在的损失较大（王永中，2011）。

外汇储备资产结构管理也受到规模因素的影响。外汇储备按需求动机可以分为交易性需求、预防性需求、盈利性需求和保证性需求。对于中国所处的国际经济政治环境而言，必须确定各部分储备需求的适度规模，在保有适当规模的高流动性资产基础上，将超额外汇储备用于追求收益性和长期发展的目标（孔立平，2009）。在我国外汇储备规模高速累积阶段，外汇储备规模已然可以满足应对国际收支和干预外汇市场的需要，因此实现外汇储备的财富保值增值更为迫切（张斌等，2010）。外汇储备资产结构管理要兼顾金融安全与国家利益，对于基础性的外汇储备，其资产配置应注重安全性和流动性，采取高流动和多元化的管理策略；而对于满足储备功能需求之外的超额部分，则将投资的长期回报作为更重要的管理目标，采取分散化的资产管理策略（罗素梅、陈伟忠，2012）。

安全性与收益性方面，大部分研究结论都倾向于资产结构多元化和分散化结构配置。Fisher and Lie（2010）认为，限制外汇储备投资领域是不合理的，按照主流的资产配置方式，对资产组合的限制过多，会导致投资效率低。中国应该区别不同类型的储备资产组合方式，可以考虑按照比例区分流动性组合和投资性组合。流动性组合侧重外汇储备的基本功能，主要投资发达国家的政府债券，以确保流动性和安全性；投资性组合则更加注重收益性，以追求收益的最大化为目标，重点投资于私人部门债权和股权资产，减少长期固定收益资产的持有（王永中，2013）。另一种选择是从金融和非金融的角度进行区分并进行配置，外汇储备中最大的部分是金融类资产。通过建立多层次资产组合，主要配置于短期存款和短期债券等流动性高的资产；投资及缓冲组合，主要配置于中长期债券、优质企业股票等投资工具，其组合特征是风险与收益都较高。而非金融类资产的选择，主要可以考虑具有保值功能和战略功能的实体资产，如黄金、战略性物资以及发展性储备物资等（孔立平，

2009）。通过非金融类资产的配置，可以在优化储备结构的同时，实现更多的战略目标。可以通过构建多元化的渠道实现外汇储备管理的目标，例如以能源、股权、基础产业投资、商品投资等为主要投资方向的主权投资基金（宿玉海等，2014）。

相对来讲，由于储备资产结构数据基本上都属于一国的经济机密，外汇储备资产结构很难开展精确的实证研究，此类成果比较缺乏。基于马科维茨的资产组合理论更多地用于币种结构研究，如基于均值—方差（MV）和在险价值（VaR）的实证方法等，对中国外汇储备资产优化配置的研究也比较少。刘晶等（2012）借鉴 MV - VaR 的思路，构造了平均收益率 - VaR 组合优化的配置方法，以西方核心国家国债的时间序列数据为依据，得到了中国外汇储备投资组合的建议策略。近期，部分国内研究者试着将层次分析法（AHP）引入外汇储备资产结构优化的研究中。设定外汇储备结构管理多层次目标体系，应用层次分析法，估算外汇储备中金融资产配置的权重（石清华，2013）。周光友、罗素梅（2014）更是开创性地把币种结构与资产结构研究综合在一起，使用 MV 方法求解 AHP 模型，测算得到储备资产结构权重，为后续研究提供了新的思路。

已有资产结构研究主要基于我国外汇储备高速增长的背景，储备资产整体的保值增值、超额储备的收益性成为关注焦点。当前，在中美贸易摩擦长期化的背景下，我国外部环境日趋复杂，国际收支的局面也会发生深刻变革。与此同时，外汇储备规模已由高速增长转为常态波动，而且随着资本账户逐步开放，人民币汇率自主性和弹性越来越大，央行在外汇市场所承受的压力也随之增加。外汇储备币种结构和资产结构管理的目标会发生调整，侧重点将会有所变化。

第三节　外汇储备影响因素的相关研究

持有外汇储备，就意味着放弃了相应的资源收益，有限的资源用于国内发展还是转化为外汇储备就成了一个值得思考的问题。外汇储备与其他经济变量之间存在交互作用。一方面，各经济变量会影响外汇储备规模；另一方面，外汇储备对通货膨胀、货币政策、人民币汇率和资本流动等也会产生重要影响。Kenen and Yudin（1965）研究了人均国民收入、中央银行和政府的总债以及国家规模三个因素对外汇储备的影响，发现这三个因素都会对外汇储备产生正向作用。G. Huang（1994）建立了回归模型，分析了外汇储备与社会总产值、国际收支变动率、进口与国内生产总值的比率之间的关系。Landell-Mills and Joslin Mary（1989）研究发现国际储备需求与边际进口成本存在负相关关系。Lane and Burke（2001）则从更广的角度，对贸易开放、金融开放等因素进行了深刻分析。具体到我国，研究发现储备结构对储备规模的影响并不明显，但是储备结构的变动可以导致国际收支的波动（郭梅军、蔡跃洲，2006）。人民币汇率和货币供应量与外汇储备间存在着短期和长期的均衡关系（李庭辉，2010）。国内生产总值、汇率、外商直接投资、出口等宏观经济变量对外汇储备规模有正向影响（卢方元、师俊国，2012）。我国货币政策对外汇储备的影响最大，其他的主要影响因素还有货币供应量和进出口额，受外商直接投资（FDI）影响不明显。根据目前我国学者对我国外汇储备规模的影响因素进行的相关研究，影响我国外汇储备的因素一般有对外开放程度、国家规模、外债规模、人均 GDP、国际储备变动率、经济货币化程度、资本管制等。

一 外汇储备与通货膨胀

国外学者重点关注外汇储备与通货膨胀的长期关系，主流逻辑是外汇储备的变动会影响货币的投放数量，流通领域中货币的变化会影响国内物价水平，从而进一步影响一国在国际市场上的进出口价格水平，引起世界性通货膨胀。而世界性通货膨胀又会反过来影响外汇储备规模，形成一个循环。我国的学者则偏重短期影响，在 1996～2004 年的文献中，多数学者认为外汇储备与物价、通货膨胀之间没有关联性，即使存在关联，关联程度也不高。2004 年之后的国内研究中，多数观点认为外汇储备与通货膨胀之间存在正向影响效应。

有观点认为外汇储备对于通货膨胀没有影响，两者不存在显著的关联。2004 年以前我国外汇储备尚未进入高速增长期，外汇占款并不是我国基础货币供给的主渠道。虽然实证表明外汇储备与物价水平存在正相关关系，但是影响物价水平的因素还有很多，外汇储备的变动只是其中一个影响较小的因素，不能简单地认为外汇储备规模变大，就必然会导致物价上涨（邵学言、郝雁，2004）。外汇储备的变动和汇率的变动对通货膨胀的影响均非常微弱，人民币升值造成我国外汇储备规模和物价水平的不断增长，外汇储备与通胀之间没有必然联系，通过人民币升值不能减少外汇储备和抑制物价上涨（谢太峰、张晨，2012）。2005 年以后，由于外汇储备的高速增长，外汇占款与基础货币之比达到 100% 甚至更高。更多研究表明外汇储备对通货膨胀存在正向作用，外汇储备的增加会影响货币供应量的变动，物价上涨，进而引发通货膨胀（孔立平、朱志国，2008）。并且随着外汇体制市场化程度加深、外汇储备规模增加，外汇储备与通货膨胀之间的关联性会越来越强，应当通过外汇体制改革来降低这种关联性（刘晓兰等，2012）。关联性的强弱与宏观经济形势具有一定的联系。当经济繁荣时，外汇储备与通货膨胀之间的关联性非常显著；而当经济紧缩时，这种关联性并不明显（刘金全等，2016）。从通胀预期的角度看，外汇储备以及人民币汇率变化会对其产生影响。蔡春林、郭晓合（2019）运用 2000～2018 年月度数据研究的结果表明，外汇储备规模的变化对通货膨胀预期是有正向影响的，但效果比较平缓且趋于长期。聂丽、石凯（2019）对外汇储备规模发生调整的宏观经济效应的研究结果表明，在宏观经济周期的不同阶段下，外汇储备与通货膨胀之间呈现出不同的关系。经济繁荣时，通过货币政策的紧缩，可以消除外汇储备增加所导致的通胀压力；而在经济紧缩时，外汇储备降低并不会进一步拉低通货膨胀水平。邢全伟（2018）的结论也支持外汇储备的货币化会显著提升通货膨胀水平。此外，从结构上看，外汇储备对不同区域的通胀影响存在不对称性。如王荣、王英（2018）的研究表明，外汇储备对城镇 CPI 指数的影响要大于农村。

二 外汇储备与货币政策

为了避免外汇储备变动带来通货膨胀效应，央行通常会利用货币冲销政策进行干预。对于冲销政策，第一类观点是，冲销政策是有效和必要的，可以避免通货膨胀的发生。第二类观点是，冲销政策会对经济产生负面影响。第三类观点则是，冲销政策短期来看有效，但是长期来看效果并不明显。"三元悖论"指出，本国货币政策的独立性、汇率的稳定性、资本的完全流动性不能同时实现，不得不放弃其中一个目标。有人认为中国正在面临这样一个时期，货币政策的独立性越来越受到限制。将货币政策的影响分成短期和长期，短期来看，冲销政策可以有效控制货币投放，但是长期来看使用不当会引起利率的变动和游资冲击风险（武剑，2005）。外汇储备增加形成的外汇占款，促使中央银行被动地投放基础货币，在这种情况下，如果政府不采取冲销政策，货币供应量的增加会导致物价上涨，实际汇率提高，产生通货膨胀效应。要避免通货膨胀的产生，就需要政府通过调整准备金率、再贷款、公开市场操作等手段进行冲销，这就必然要在资源配置和经济稳定方面付出一定的代价，对央行政策的独立性和有效性也造成了一定程度的削弱。货币冲销政策可以有效缓解由外汇储备增加造成的物价压力（曲强等，2009），高额外汇储备削弱了货币政策对稳定物价的作用，降低了国内通货膨胀波动率，同时金融开放程度越高，这种效果越明显（杨艳林，2012）。货币冲销不适宜频繁使用，因此央行需要利用市场引导作用，通过多样化政策工具组合来实现货币政策的独立性和有效性。要想保持我国货币政策独立性，就必须适当缩减外汇储备规模，因为外汇储备的增加使得央行在调控时受到较多约束。我国在"三元悖论"中需要选择货币政策独立性作为最终目标（郑忱阳、刘园，2017）。不过，也有对外汇储备引起货币政策效果降低这一结论不同的观点，认为制约货币政策效果的并非央行对外汇储备的持有，而是汇率政策操作（管涛，2018）。

三 外汇储备与汇率

外汇储备与汇率的关系是近年来最引人注目的一对关系，国际金融领域影响深远的"保汇率与保储备之争"就是围绕二者展开的。从一定程度上来说，汇率与储备的关系是统一而非对立的，汇率变化是外汇储备规模的决定因素之一，储备也对汇率的稳定构成直接影响，两者之间存在紧密的相互关系。在有管理的浮动汇率制度下，较大规模的外汇储备可以应对在浮动汇率制度下的国际投资冲击（史祥鸿，2008）。2005年"汇改"之后我国汇率持续面临升值压力，这是我国外汇储备快速增长的主要原因。但是我国外汇储备与汇率之间具有"非对称性"，也就是说，由国际环境带来的汇率冲击会抑制外汇储备的增长，由国内政策带来的汇率冲击会促进外汇储备增长（陈守东、谷家奎，2013）。我国的汇率干预操作导致外汇需求规模的扩张，引起热钱大量流入，进而形成了过多的外汇储备。通过外汇占款的形式，资本流入在导致外汇储备增加的同时，也造成外汇占款的膨胀，并导致央行对商业银行的金融约束，延缓了金融市场改革的进一步深化（张勇，2015）。

维持本币汇率和汇率预期的基本稳定是各国央行重要的政策取向。2014年下半年开始，人民币贬值预期出现，面临较大贬值压力。2015年8月11日，中国央行对人民币汇率中间价形成机制进行了改革，被称为"8·11汇改"。人民币汇率出现了2%的下调，并进入到大幅度波动的区间。在贬值预期下，资本外流导致人民币汇率进一步承压，使用外汇储备对汇率的干预，导致这一时期中国外汇储备的大幅度下降。与高点处相比，在一年多内总计下降了接近1万亿美元。仅2015年8月央行干预外汇市场动用的外汇储备就达1000亿美元，储备的快速下降引起了学术界的警觉，保汇率与保储备之争再度成为两难选择。使用外汇储备干预的方式来维护汇率稳定是一柄双刃剑，既有有利的一面，也有成本和风险。在1997年亚洲经济危机中，我国因为实施比较严格的资本流动管制，保证了人民币不贬值和外汇储备不发生大规模损失之间的协调。在"三元悖论"下，随着资本流动管制的降低，资本开放程度不断提高，要同时实现保汇率与保储备目标的难度越来越大，两者之间的取舍成为人民币汇率制度改革中必然面对的冲突。针对汇率与储备之间关系的扭曲，主张保储备而非汇率的观点认为，人民币汇率依然缺乏弹性，建议尽快实现人民币汇率自由浮动，从而减少对外汇储备的消耗，因为储备是真金白银的财富（余永定、肖立晟，2016）。然而20世纪90年代的多轮国际货币危机的爆发说明，对于广大的新兴市场经济体和发展中国家来说，持有足够的外汇储备对于维护本国的汇率稳定以及保护本国金融市场具有重要作用。如果希望既保汇率又保储备，则需要更为复杂和灵活的政策工具。当然，即便经历了快速下降，中国的外汇储备规模仍是比较充裕的，在抵御短期资本流动冲击风险方面还有比较大的空间，这也为推进汇率改革提供了空间。外汇储备在系统性风险中有逆周期缓冲作用（陆磊，2019），因而保储备并非要保储备的规模，而是要通过储备来保信心，保储备与保汇率不是二选一的选择题，而是一体两面的（管涛，2018）。

四 外汇储备与资本流动

国际资本流动是外汇储备变动的重要因素，也是我国基础货币变动的主要原因。长期资本流动方面，我国FDI的总量虽大但是投资领域主要集中在制造业，在高新技术行业投入较少，这也是我国外汇储备持续增长的原因之一，两者存在正向相关性（李凡、王巾英，2006）。由于中美两国经济的本质性差异，中国外汇储备对外投资存在"循环路径"，我国投资于美国国债和股权的外汇储备资金最终间接回流中国，成为以美元形式投资于实体经济的FDI，其结果是中国经济的货币供应和资金供给增加。这种间接转化的比例与中国外汇储备投资于美国金融市场风险资产的规模有关（刘澜飚、张靖佳，2012）。外商直接投资是影响我国外汇储备的一个长期因素，短期影响较小，长期影响稳定（罗素梅等，2015）。短期资本流动是影响外汇储备的另一个重要因素，持有外汇储备的重要目的就是应对短期资本流动所构成的冲击。对短期资本流动的防御是导致中国外汇储备快速增长的主要原因。2015年汇率制度改革之后，人民币汇率弹性增加、双向波动趋势增强，同时债务偿还加速，这两个原因引起了外汇储备规模下降，大量资本流出。管涛（2018）、杨权、杨秋菊（2018）构建了开放经济条件下的资本流动冲击模型。模拟结果表明，当国际资本流动性冲击低于0.5时，外汇储备占国际资本比例达到24.1%就可以控制大部分流动性风险。这一结论给出了应对短期资本流动冲击的合意外汇储备规模的标准。在实践中，按照中国人民银行的外汇储备规模和双边货币互换规模来看，落在适宜区间，能够应对短期资本冲击。

一般认为，保持较高的外汇储备规模可以起到稳定汇率的作用，随着美联储逐步退出量化宽松的货币政策，如果央行选择维持汇率稳定、避免人民币汇率贬值过快而减少基础货币投放、缩减外汇储备规模、回收之前投放的流动性，就可能对投资和经济发展造成影响，金融市场和房地产市场也会因流动性短缺出现动荡。但是如果央行继续保持较高的外汇储备规模和投资规模，放任人民币贬值，会扩大中美两国货币市场的利差，市场信心不足，加快境内资本流出。

第四节　人民币国际化背景下的外汇储备管理理论发展

对既有研究结果的梳理表明，针对中国外汇储备管理问题的研究更多的是对国际主流方法的具体实现，这导致了研究结论的几个基本局限：一是研究对象上存在局限。国际上最优外汇储备的模型研究中，大多是以小国为研究对象。早期其关注应对国际收支赤字，后期更关注资本骤停带来的经济停滞，其结论主要适用于小经济体，且面临国际资本冲击风险较大的情况。二是对货币国际化同外汇储备管理之间关系的关注不足。在当前国际信用货币体系条件下，一国货币的国际化需要充足外汇储备来支撑。而随着货币国际化程度的提高，本国货币的国际清偿能力提升，对外汇储备的需求会逐渐降低。因而，在货币国际化进程中，外汇储备规模管理应具有阶段性特征，而国际化的具体路径也会决定币种选择的结构问题。三是对转型经济体外汇储备管理阶段性动态特征的研究不足。既有研究多数集中于静态或连续时间条件下的外汇储备管理，但对于中国这样的转轨经济体而言，经济结构的非连续阶段性变化特征明显。因而，无论是静态还是连续时间动态研究都与中国外汇储备管理研究的需要存在背离。上述三个典型的局限抑制了既有研究回答中国外汇储备管理问题的效率，不易从战略层面厘清我国外汇储备管理的基本思路与方法。

一 外汇储备与货币国际化的关系

在研究外汇储备管理问题时，考虑中国经济的几个重要特征是必要且有益的，这里最为重要的是人民币国际化背景。人民币的国际地位显著提升，并在未来具有比较被看好的国际化前景，这意味着外汇储备的职能有望通过货币国际化予以替代，而人民币国际化进程也需要外汇储备优化管理的支持。人民币逐渐成为国际货币，开始在国际范围内承担计价结算、交易和价值储藏三大职能，能够成为别国的储备货币也是人民币国际化的终极目标。2009 年之后，人民币加快了推进国际化的步伐，2016 年 10 月，人民币进入 SDR，在储备货币职能上实现了国际化的突破，为人民币进一步的国际化进程打开了空间。到 2016 年底，将人民币纳入其官方外汇储备的货币当局达到 56 个，包括德国、法国等西方主要经济体也将人民币作为储备币种之一。截至 2019 年第三季度末，人民币在全球外汇储备货币中的占比达到 2.01%。计价和交易职能是价值储藏功能发挥的前提，而成为储备货币意味着人民币的国际化已经进入相对高级阶段。近年来，文献从人民币作为储备货币的前景、影响因素、可行性、作用路径等角度进行了实证研究，以国际储备占比作为国际化程度的依据，来分析人民币国际化问题，拓展了人民币国际化研究思路。人民币国际化是中国外汇储备管理所无法回避的最重要的国内外背景，在本币的国际化进程中，外汇储备管理的规律必然会有不同。此外，中国的大国特征也应得到重视，中国的经济体量巨大，应对短期冲击的经济纵深具有弹性，这意味着中国对外开放风险是连续的，持有外汇储备的预防性审慎动机并非单一决定性因素。同时，中国渐进式改革进程中，审慎的资本项目开放过程也是应对冲击能力的保证。货币当局对资本项目开放具有控制力,这意味着中国应对开放风险的手段并不单一,外汇储备的职能可以更加多元化,如为人民币国际化进程提供支持。

对中国外汇储备的认识应当放到人民币国际化的大背景之下,而非仅仅将其视为应对开放冲击的资源之一。中国的外汇储备是促进人民币国际化的战略资源,而人民币的国际化又会反过来对中国外汇储备的规模与结构管理提供新的条件和要求。因而,在人民币国际化的背景下,外汇储备管理思路也不必拘泥于传统的成本收益及资产组合框架。近年来,已经有一些研究开始关注中国外汇储备与人民币国际化的关系问题(彭兴韵,2006),关于货币国际化与外汇储备一般关系的实证研究也已开始出现(白钦先、张志文,2011;祝国平、郭连强,2013)。这些研究大都认同货币国际化与外汇储备之间存在着相互的关联,而且这种关联具有非线性的特征(祝国平等,2014)。贺力平等(2018)进一步细分了货币国际化、本国经济增长和外汇储备的关系。结果表明,一方面,本国的经济增长具有扩大效应,即经济增长会导致外国对本国货币的储备需求增加;另一方面,也会有所谓的自我抑制效应,即促使本国对外国货币的外汇储备需求相应增加从而限制本国货币在全球外汇储备中的份额上升,两种效应的消长组合共同决定货币国际化与储备之间的关系。李艳丽、曾启(2019)使用 STR 技术,对以美元、日元为代表的七种主流国际货币的国际化进程与其外汇储备规模之间的关系进行分析,结果表明,外汇储备规模对大多数货币国际化的影响呈现先正后负的阶段性特征。这一类文献开启了外汇储备与货币国际化之间关系的研究传统,也初步奠定了两者关系研究的逻辑框架,为下一步研究提供了良好的基础。在上述背景下,本书的目标是研究人民币国际化背景下中国外汇储备的管理问题,研究的目标就是试图回答货币国际化与外汇储备规模与结构管理之间的一般关系,为中国外汇储备管理提供新的思路。

二　人民币国际化背景下的外汇储备管理方式

关于如何做好中国外汇储备管理,特别是在人民币国际化背景下外汇储备管理的优化问题，从操作层面也有很多研究成果予以支持。一些研究成果认为，改革外汇储备管理体制是优化外汇储备配置的核心。中国外汇储备管理体制改革的主要目标是在全球范围内配置资源，实现外汇储备的多元化配置（李扬等，2007）。有效管理体制可以从外汇储备管理的目标、含义、内容、路径等维度展开，包括：制定外汇储备规模管理的原则，确定外汇储备适度规模的范围；针对跨境支付与外部冲击，构建其外汇储备与对外债务协同管理的宏观框架。合理划分外汇储备组成部分，确定好基础储备与超额储备的不同管理战略，充分协调好风险和收益，在保证对外支付的前提下，合理增加超额部分外汇储备的多元化投资，增加资产的多样性。制度层面以外汇储备相关立法为核心，形成外汇管理的制度体系（王雅君、曾刚，2018）。外汇储备管理主体的模式设计上，应改变目前中国人民银行对外汇储备的单一管理，将财政部也纳入外汇储备管理的框架里，实施央行、财政部共同管理的二元模式。中国人民银行主要在保障外汇储备维护对外经济安全方面负责，重点就外汇市场干预方面制定安全性和流动性的管理目标。而财政部则主要在保障外汇储备的财富属性方面负责，通过主权财富基金实体来实施外汇储备资产积极管理，实现外汇储备的保值增值（王永中，2013）。沿着这一思路，进一步的拓展是合理划分外汇储备的层次，确定基础性、战略性、收益性等不同类别的储备资产形式，针对不同的层次，制定不同的管理模式和管理策略。由央行负责管理基础性外汇储备，主要用于对外支付性需求。由财务部授权中央汇金公司对战略性储备资产实施管理，重点用于海外融资、支持人民币国际化战略、推进"一带一路"倡议和国内民生领域的投资，如医疗、养老、教育和社会保障等，发挥储备资产对国家战略的支撑。最后由财务部授权中国投资有限公司（简称中投公司）对收益性外汇储备资产实施管理，投资于高风险高收益资产，以实现储备价值的最大化。

进入 21 世纪以来，亚洲新兴市场经济体积累了大量商品外汇，石油输出国等能源出口国也积累了大规模的石油外汇，通过建立主权财富基金的方式来提高这些储备的投资效益成为主流的管理方式，主权投资基金公司也是各国管理外汇资产的重要平台。与中央银行及财政部门等政府储备管理主体相比，主权财富基金的模式具有更大的灵活性、更广的投资范围、更专业的管理方式等特点。中投公司是中国的主权财富基金，该基金成立于 2007 年，初始注册资本 2000 亿美元。截至 2018 年末，中投公司总资产达到 9406 亿美元，净资产 8588 亿美元，境外投资业务过去十年累计年化净收益率达到 6.07%，超出十年业绩目标约 45 个基点[①]，具有较好的资产保值增值能力。随着 "一带一路" 倡议与沿线各国发展战略的对接，沿线国家主权财富基金间的合作也具有广阔的前景。中投公司是我国最具有代表性的主权财富基金，财政部通过发行特别国债置换央行资产，将这些资产交由中投公司在全球范围内投资，以达到外汇储备增值的目的（孔立平，2015）。目前中国的主权财富基金仍然主要配置于美国金融市场，在欧盟及新兴市场范围内的投资还不足，未来在实现投资资产与市场范围的多元化方面仍有较大提升空间。

中国的外汇储备结构配置方面，国内学者应用资产组合理论对我国外汇储备币种结构进行了分析，结论支持资产和币种多元化管理能在显著降低风险的基础上提高自由储备收益（龚峻，2008）；币种结构选择应遵循经济实力原则、币值稳定原则和交易匹配原则，运用资产组合模型可以确定最优的外汇储备币种结构（杨胜刚等，2008）。根据 Roger（1993），储备结构的研究方法分为三类：第一类是交易法，强调满足对外交易支付或流动性的需要；第二类是均值—方差法，将外汇储备管理当局视作普通投资者，按照约束条件的风险最小或收益最大为目标，确定储备最优结构；第三类是干预法，强调储备结构要满足央行干预市场、预防危机的目标。这几种方法各有优劣，均值—方差法无法充分反映中央银行的投资行为，交易法的口径过小，且不易得到明确结论。因而综合上述方法对外汇储备结构开展研究成为趋势。实际上中央银行与普通投资者之间存在较大的区别，外汇储备资产性质特殊，投资目的不仅是追求收益，因而无法局限于风险和收益权衡的框架。从交易性需求的角

---

① 资料来源：中国投资有限公司 2018 年度报告。

度看，中国外汇储备应能满足对外贸易、外债、FDI 支付，汇率稳定和预防性审慎需求等多种用途，因而持有的币种与资产应与这些需求相匹配，合理币种结构估计为美元 67.30%、欧元 13.05%、日元 14.75%、英镑 4.88%（周光友、罗素梅，2014）。在考虑到外汇储备的预防性需求时，美元作为"安全港"货币的需求会增加，美元在外汇储备中短期内难以下降（白晓燕、郭叶花，2018）。

从人民币国际化的视角看，外汇储备作为重要的战略资产，应当为推动人民币国际化提供必要的支撑。因而，外汇储备的结构管理也应当与人民币国际化的战略相匹配。如前所述，在规模管理方面人民币国际化要求持有一定数量的充足外汇储备来支撑境外使用者对人民币的信心。具体到结构管理上，外汇储备的结构也应当与人民币国际化战略的实施阶段和具体策略相匹配。简单来说，外汇储备的结构首先要与人民币国际化的阶段匹配，处于周边化阶段时，外汇储备应持有周边国家广泛使用的货币和资产；而在货币国际化高级阶段，外汇储备结构要更多地追求收益性和长期战略目标的匹配性。具体到一些储备货币上，随着人民币国际化的推进，多元化资产结构的自由度也随之增加。从实际操作层面看，多元化体现为减持美元资产的同时，多样地持有其他货币计价的资产。如国内的部分研究发现，英镑资产同美元、日元、欧元资产在对冲外汇储备风险时的方向相反，持有一定比例的英镑资产可以达到很好的分散风险作用。而欧元资产波动和风险较大，不确定性较大（阎素仙，1997）。澳元资产也是一种收益较高而风险较小的资产，黄金和石油收益率高，不过价格波动过大，应当在价格偏低时持有作为战略储备（余湄、何泓谷，2013）。黄金储备是保值增值性较好的资产，其投资的比例可以继续提高，提高至 5% ~ 10% 甚至更高（范德胜、王心怡，2014）。另外，一些非主要国际货币发行国的资产也有高收益、风险相对可控的特征，适当持有这些货币资产可以实现降低风险、提高收益的作用。

第二章　人民币国际化的理论与实践

第一节　货币国际化的概念体系

一　货币国际化的含义

货币国际化是指某种货币（主权货币或超主权货币）超过了该货币发行主体所覆盖的经济区域，为货币发行区域之外的居民、企业和国家等主体所接纳，行使国际货币职能的过程。国际货币基金组织（IMF）给出的定义是："货币国际化是指某国货币越过该国国界，在世界范围内自由兑换、交易和流通，最终成为国际货币的过程。"该定义重视的是货币职能超过国家范围在国际上的体现。货币国际化通常伴随着一国的商品与服务通过贸易渠道向国外市场拓展，在本国经济稳定增长的支撑下，通过国际收支流出国境并逐步实现境外货币自由兑换，在本国对外经济交往以及国际其他经济体的经济交往中，充当流通工具、支付手段、储藏工具和价值尺度。

货币的国际化首先是空间上的概念，是主权国家的货币突破国家的范围，在更大的地理范围中使用，货币覆盖的空间范围的大小是国际化水平的基础性测度。空间上的货币国际化还体现为超主权货币的创设，即并非使用某一主权国家的货币作为国际货币，而是由多个国家共同发行超主权的统一货币，实现货币功能的国际化。货币国际化同时也是一个时间的概念，是一种货币逐步为其他国家接受，部分地替代其他国家货币发挥国际支付、结算、储备功能的过程。货币国际化是一个动态过程，是按照国际货币发展的规律不断演进的历史进程。从时间发展阶段看，货币国际化大都经历了周边化、区域化到最终全球化的发展历程。更重要的，货币国际化还是一个货币职能深化的概念。随着世界经济从商品全球化，到资本全球化，再到生产全球化，特别是 20 世纪 70 年代以来全球化的快速推进，世界经济体系前所未有的高度融合，需要能够满足全球化经济交往的支付手段、计价标准和价值储备方式，对国际货币的需要大幅增加。作为国际准公共产品的国际货币成为全球经济金融治理体系的一部分，为实现全球化条件下的经济繁荣提供了必要条件。从职能的角度看，货币国际化经历了从贸易结算手段，到国际投资计价货币，再到国际价值储备的功能演进。

货币国际化既是受世界经济发展，特别是经济全球化演变引致的过程，同时也是受到主权国家或国家联盟主观推动的产物。从世界经济的视角看，全球经济体系经历了以国际贸易为驱动力的商品国际化时期，以跨国投资为驱动力的资本国际化时期，发展到以全球价值链布局与整合为驱动力的生产国际化时期，国际间的各种关联日益紧密，一体化程度不断提高，客观上需要全球性的支付结算与价值表示体系。国际货币的出现可以降低国际贸易、国际投资等国际经济活动的交易成本，使得跨国生产与分配行为能够在全球的范围内得以实现，极大地促进了全球经济的繁荣与稳定。

（一）货币国际化的作用

从发行国或超主权经济体的角度看，货币国际化至少具有以下几个方面的好处。

第一是货币发行主体可以得到国际铸币税收入。在以贵金属为储备或者以国家信用为支撑发行法定货币的条件下，发行货币的数量大于储备价值的数量，或者货币发行的成本低于货币发行所取得的实际财富时，货币发行主体将会获得财富增加的部分。在当代信用货币的条件下，铸币税更多地表现为货币发行主体低成本发行获得高额实际财富的情形。发行法定货币的政府可以不需偿付地用纸币兑换居民或其他主体所持有的实际经济资源，这种由于垄断货币发行权而产生的收益与税收类似。

当然，与税收相同，铸币税不可以无限制收取，否则会导致币值下降，政府信用受到威胁。与税收不同，铸币税又是隐性的，且向所有持有货币的主体收取。货币国际化过程中，铸币税的范围也将超越国界，收益来源不仅包括本国居民，也包括非居民。国际化货币发行国可以以近乎无成本的货币，获取其他国家或地区的商品与服务，占有他国财富。

第二是为本国对外贸易与投融资提供便利。本币的国际化可以降低对外经济交往的交易成本。对外贸易与跨境投资活动需要货币作为支付手段和计价工具，本币非国际货币条件下，对外收支需要经过货币兑换的过程，增加了对外交易的成本。更为重要的是，本国的经济活动通常是以本币计价的，在对外经济交往中，兑换外币的过程会面临汇率波动的风险，除了直接增加外贸和投资主体的汇兑风险外，还会影响国内各类经济主体的经济行为与经营决策，造成间接的影响。虽然可以利用汇率衍生品作为对冲风险的工具，但无法完全消除风险，而使用本币结算则可以完全消除汇率风险。对外收支的低成本性增加了交易的便利性，提高了国内经济效率。

第三是创造更加有利的贸易地位。在直接降低对外贸易与投资活动交易成本，降低价格风险的基础上，随着本币在外部使用范围的扩大，本币交易网络所带来的规模经济与范围经济效应将显现。从长期来看，随着国际化程度的提高，本币的实际购买力是逐步增强的，除了表现为名义汇率有升值预期外，实际汇率也将有上升的趋势，进而提升了本币的购买力，不断增强铸币税的规模。

第四是提升影响或制定国际经济规则的能力。国际货币发行国有能力影响国际贸易、国际投资与国际储备，进而形成了对国际经济规则的控制力。使用国际货币进行的国际经济活动，必然受到货币发行国的影响。国际经济秩序是以国际货币体系为基础的，没有国际货币体系，就无法建立国际间的经济关系，这赋予了国际货币发行国在国际经济规则制定和秩序维护上更大的话语权。而这种话语权必然与货币发行国的利益直接相关，有利于维护其在国际社会的影响力，提升本国获得经济政治利益的能力。

第五是有利于本国利用国际市场缓冲国内经济压力。由于拥有国际货币发行权，本国国内流动性可以通过贸易与金融市场途径传导到国外，对本国经济的波动起到缓冲的作用。流动性过剩时，本币融资成本降低，资本外流套利降低了国内流动性压力；流动性不足时，本币融资成本上升，国际套利资本回流，充实国内流动性，避免过度紧缩。同时，国际货币发行权还可以提高本国货币政策独立性，提高本国抗击外部冲击的能力。

第六是有助于提高本国金融的国际竞争力。发行国际货币需要强大的经济实力、足够的国际储备、完备的金融市场、开放的资本流动通道等条件，这都有助于提高本国金融体系的国际竞争力。作为国际货币最大的流通市场，本国金融资产交易规模和效率都会随着货币国际化而提升，有利于本国成为国际金融中心。同时，国际货币结算与支付服务的需求也有利于本国金融机构收入的提高和业务能力的拓展。

总之，货币国际化对一国而言，具有重要的经济、政治意义，从世界经济发展历程来看，争夺国际货币地位是各大经济体国际竞争的重要目标。

（二）货币国际化的驱动力量

首先是经济总量规模。持续稳定的经济增长是驱动货币国际化的最主要力量。货币国际化的本质是一国经济影响力的国际化，是本国全球经济实力在货币层面上的反映。货币是财富的体现，是虚拟的价值符号，对应着实际的经济财富。经济规模巨大的国家，其所发行的货币对应的实际财富也同样规模巨大，持有该货币可以兑换的潜在财富更有保障。同时，经济规模巨大的货币发行国其经济结构也更加复杂，宏观经济各部门所生产的产品与服务的品类更加齐全，使得持有该货币可以兑换的实际财富的表现形式也更加多样化。经济规模足够大也为货币的可兑换性提供了更为可信的保障，从而为货币注入了更高的信用。从主要国际货币发行国的情况看，无论是美国、欧盟，还是日本、英国，其货币国际化的快速推进时期都是该经济体在全球经济比重持续上升的阶段。表现为总量规模的经济实力是决定货币国际化的第一个驱动力量。

其次是国际贸易的大量开展。贸易是国际间联系的基本途径，也是国际货币职能发挥的基础性领域，是最基本的国际货币需求。因而，货币国际化是与该货币发行国或超主权组织参与国际贸易直接相关的。国际贸易的开展催生了作为交易媒介和支付手段的国际货币需要，对充当结算支付角色的国际公共产品产生了需求。从早期的易货贸易，到贵金属的普遍使用，再到信用货币，国际间的贸易需要通过国际货币作为媒介，才能得以展开。从历史角度看，曾经或当前的国际货币发行国，无一不是国际贸易大国。使用何种货币进行贸易结算也体现了一国在国际贸易当中所处的地位。

再次是金融市场的成熟及其国际化拓展。除国际贸易之外，随着资本的国际化流动，国际投资成为各经济体间经济关联的重要形式。作为国际投资的计价货币和国际资本的表现形式，国际货币在国际计价手段上的职能逐步凸显。完备的金融市场可以为资本的跨国流动提供支撑，也为全球范围内的资产配置提供平台与渠道，促进本国的资本向全球其他地区流动、配置。另外，完善的金融市场也为本币作为国际货币在全球范围内的循环提供必要条件。通过贸易途径、长期投资途径等方式流出的本币，需要通过国际金融市场，最终回流到本国金融市场中，才能有效地实现货币职能的发挥，并实现境外持有人的资金安全与保值增值。可以说，本国良好的金融市场条件是促进本币国际货币职能的必要条件。除了本国金融市场外，离岸货币市场的发展也对国际货币的地位至关重要。离岸市场为境外本币的配置提供了支撑，也有利于国际结算与投融资，形成在岸与离岸市场之间的良性流动，从而更好地实现国际货币的功能。

最后是本国货币币值的稳定。货币广为接受的基本前提是币值稳定。对国内而言，币值稳定意味着国际货币发行国的通货膨胀水平保持稳定，本币在境内的实际购买力不出现持续性的大幅度下滑，通胀的波动率也保持在相对较小的水平上。从本质上来说，货币是对实际财富的债权，如果本国通胀率过高或者波动性很大，意味着本币对财富债权的不稳定，阻碍居民与非居民对本币的认可。对境外而言，币值稳定则意味着国际货币的汇率保持稳定的状态，或者说至少没有大幅度贬值预期，且汇率的波动率保持在较低的水平上。汇率波动过大或持续性贬值预期会影响该国际货币的信用状况和声誉。

一般情况下，国际货币的发行国都会在全球经济体系中发挥核心作用，经济体量巨大、在国际贸易中占有较大比重，同时具有发达的金融市场，因此其汇率的自主性更高。但为国际货币找到稳定的铸锚以保证该货币对内与对外价格的稳定，是确保该货币国际货币地位的重要支撑。在新兴的货币进入国际化进程时，汇率的稳定，甚至升值预期是常见的现象，进一步说明币值与货币国际化之间的关系。

二 货币国际化的影响因素

经济增长与国际贸易、金融市场的健全与本币的稳定是货币国际化的基础性驱动力，除这些条件之外，货币国际化还受到多重因素的影响，是一个非常复杂的历史过程。国际货币主要发挥交易媒介、价值尺度和价值储藏三项基本货币功能。在经济全球化与金融自由化的背景下，国际货币的职能可以在不同的领域分别实现，即国际货币的功能可以是互相分离的。因而，影响到货币国际化各种职能的因素也有所不同，或者说，货币国际化受到不同市场条件的影响。

（一）交易媒介职能的影响因素

交易媒介职能体现为国际货币在国际商品与服务贸易中充当支付手段，以促成国际商品与服务交易的功能。在不存在国际货币的条件下，国际商品与服务的交换职能通过易货的方式实现，或者通过贸易参与国双方一国的货币作为媒介，双方需要在货币兑换过程中支付较高的交易成本。而且由于双方货币比价的波动，贸易参与双方都要承担较大的汇率风险。更为重要的，本币结算不利于国际交易网络的形成，一国出口时接受了贸易伙伴国的货币作为支付工具，却不为第三国所接受，因而更多的货币只能用于购买伙伴国的商品或服务，国际贸易的范围会受到抑制。因此，国际货币的出现不仅是降低国际贸易交易成本的需要，也是国际交易网络形成的必然要求。从国际货币发展的历史来看，无论是贵金属，还是信用货币，都是作为准公共产品存在于国际贸易之中，通过交易成本的降低，达到促进国际贸易的作用。

交易货币是国际贸易的必要条件，影响国际贸易的因素必然成为影响国际货币交易媒介职能的因素。一国经济实力的强弱、在国际贸易中占的份额、金融市场的发达程度等是影响交易货币职能的主要因素。

首先，经济实力是交易货币的基础影响因素。货币是实际财富价值的符号，货币经济与实体经济之间也互为表里。一国经济实力的强弱直接反映在该国货币的价值及其为其他国家经济主体所能接受的程度上。经济总量为本国货币币值的稳定奠定了坚实的基础。经济规模巨大、经济活力高、实力强的国家，货币代表的财富总额也更多，持有该货币可能兑换的价值也更可靠。经济实力强也为在开放经济条件下抵御外部冲击提供了更加坚实的基础，外部波动影响本国经济的可能性越低，货币的价值就越稳定。同时，货币发行国经济实力越强、经济规模越大，则与其发生经济往来的国家越多，其交易的网络化程度越高，货币交易网络也就越大，使用该货币进行国际交换的交易成本就越低，进而使货币的国际购买力更强和支付范围更广。从全球国际货币体系的历史演进来看，能够成为国际货币的主权货币，其发行国必然都拥有很大的经济规模，经济整体实力较强。当前主要国际货币美元、欧元、日元、英镑，其发行主体均为全球经济总量和实力排名靠前的发达经济体。

其次，国际贸易规模是交易货币的直接影响因素。国际货币在国际贸易中直接体现其交易媒介职能，通过国际货币的使用，降低国际贸易交易成本，促进交易主体间信用关系，拓展国际贸易交易网络，进而促进国际贸易的发展。从交易成本角度看，使用贸易大国发行的货币来完成贸易结算，是节约货币兑换成本、降低交易成本、促进交易达成的更好选择。贸易大国往往是国际贸易体系的核心，各国同这些核心的进出口大国之间进行的贸易是国际贸易的主体部分。使用贸易大国货币作为交易的媒介可以有效地降低交易过程中的交易成本，这种交易成本的降低还会随着规模经济和范围经济的出现而得以进一步强化。从信用关系角度看，贸易大国通常也是经济总量的大国和经济实力强国，其货币由于有坚实的经济基础和贸易规模支撑，因而更容易获得国际贸易参与方较高的信用评价。参与国际贸易的不同国家，使用国际贸易大国的货币作为交易媒介，可以提高双方交易信用的程度，促进国际贸易的发生。反过来，国际贸易则会产生用以顺畅完成交易的国际货币内在需求，需要确定一种或一些货币发挥国际交易媒介的职能，进而内在地要求国际贸易大国的货币充当这样的角色。从交易网络的角度看，国际贸易规模巨大的国家，以其为核心所形成的贸易网络范围更大，通过使用其货币寻找新的贸易对手、拓展贸易范围也更为有利，因而也增加了对国际货币职能的需求，反过来贸易角色对国际货币地位也具有反作用。

再次，金融市场与货币流通机制是交易货币的保障机制。发挥国际贸易交换媒介功能的货币需要货币发行国金融市场的支持，这源于贸易渠道外流货币回流的需要。货币的基本功能是交易中的媒介，但由于交易活动所收支的货币始终有一定的沉淀规模，需要通过金融市场予以配置，导致货币向本国金融市场的回流。因此具有相对发达、开放、体系健全的金融市场，也同样是一国货币成为交易媒介的基础性条件。国际货币发行国金融市场的规模决定了其对国际范围内回流本币的吸收能力，显然，货币发行国外汇交易规模巨大，本国金融资产种类齐全，可以为回流资金寻找到适宜的配置方式和渠道，有利于提高境外货币持有人对本币的认可程度，增加其持有规模。另外，成为国际货币还需要发行国的金融市场具备很高的开放程度和充沛的流动性，货币可兑换程度决定着持有本币的境外主体跨币种交易的能力，而流动性则对其资产变现能力具有较大影响，从而决定了国际货币被境外主体接受的程度。开放发达的金融市场会增加境外持币人对本币的信心，从市场流动性的角度降低跨境货币交易与资产投资的总体成本。另外，从风险管理角度看，开放发达的金融市场也可以增强本币对境外投资者的吸引力。货币发行国的金融市场可以为持有其货币的主体提供更加有力的风险管理工具，为国际贸易中的风险管理提供更加便捷和低成本的工具。除此之外，金融市场弹性也对国际货币具有影响，一个发达的金融市场可以对外部冲击做出快速响应，并快速地找到新的均衡价格，金融市场不会因为突发事件或外部冲击而产生系统的功能丧失或价格失真。市场较强的弹性有利于增强市场稳定性，进而吸引外部本币资金的回流。

（二）价值尺度职能的影响因素

价值尺度是货币最基本的功能，人们使用货币来衡量一般商品或服务的价值存在性与价值数量的大小，使货币成为价值衡量的尺度。货币的价值尺度职能来自其自身的商品属性，货币本身也具有价值。货币的价值尺度职能首先体现为记账单位的功能，即以货币作为其他商品价值会计记录的单位标准，成为人们衡量商品价值的测度方式。从国际货币的视角看，从国内货币到国际货币的发展过程中，具有内在的稳定价值，并且与此前用于国际经济往来的计价单位之间具有稳定的价值关联，才能逐步成为新的国际交易的计算标准。境外交易主体愿意在不同的国际价值尺度之间进行转换是货币国际化的驱动力之一，这就要求新的国际化货币比传统的价值尺度更具有价值稳定性，或者并不逊色于后者，但有更低的交易成本。从国际货币发展的历程看，英镑的国际化在金本位制时期实现，是因为英镑本身就是金属货币。美元的国际化也是在同黄金之间建立稳定关系中实现的。因此，作为计价标准，新晋国际货币需要与传统的计价方式之间具有内在关联。货币的价值尺度功能还体现在作为计价货币的使用上，记账单位的功能是静态的，体现在经济活动的会计结果上；而计价货币的功能则是动态的，体现在交易过程当中作为衡量交易商品或劳务价值的工具，也表现为投资行为或债权债务关系上。从国际货币的角度看，计价货币主要体现在国际投资活动的价值计算上，是国际货币职能在交易支付工具基础上的延伸和拓展。

首先，从影响作为计价货币的因素来看，价值稳定是作为计价货币的首要条件，频繁价值变动会导致使用该货币计价的会计处理难以实施，同时也增加了国际投融资的风险，不利于国际资本流动。早期的国际计价货币都是贵金属，正是因为其内在价值的稳定性，促进了国际贸易和国际投资行为。从这个角度看，信用货币的国际化首先需要稳定的价值储备工具作为支撑，即货币铸锚，才能保持货币价值的稳定，进而达到充当计价工具的条件。价值稳定的货币可以有效地降低经济主体的经济核算成本，降低经济风险，也有利于减少因规避价格变化风险而产生的额外成本。美元国际化进程中与黄金的挂钩是其成为国际核心货币的关键，黄金稳定的价值为美元提供了信用基础，使其成为最主要的国际货币，甚至是唯一的国际货币。

其次，金融市场的发达程度同样影响着计价货币的职能。发达的金融市场可以提供有效的风险分担工具。在浮动汇率体制下，即便是核心国际货币，也会有价值的波动。同时，主权国际货币的价值还会受到发行国货币政策的影响，呈现出中长期价值变化趋势与短期的价格波动性。在货币发行国有比较发达金融市场的条件下，利用金融工具对持有货币或者使用货币计价的风险进行管理就更为方便易行，因而更有利于货币为境外主体所接受。

最后，计价货币的使用也有历史习惯的依赖。货币的计价功能是长期发展的产物，也受到网络外部性的影响和路径依赖的限制。一种货币确定为国际货币后，使用该货币的主体数量与该货币的国际化程度是循环累积的，新国际货币的国际化进程必然受到传统国际货币网络的外部性限制。计价货币的选择往往也与历史上的经贸往来直接相关，部分国际货币是有其特定的货币使用圈子支持的，如脱胎于宗主国与殖民地之间经济往来的货币圈子，英镑、法国法郎等货币的国际化也与这一因素有关。在交易过程中用于支付的货币改变成本较低，但计价货币的调整与整个会计计算系统有关，更需要系统性变革，因而更不容易发生。

（三）价值储藏职能的影响因素

价值储藏职能是货币一般等价物性质的体现。一般等价物是可以与任何商品或服务交换的商品，在流动过程中，货币代表着等价物在交换中的功能体现，而当货币沉淀作为财富代表的时候，就意味着价值储藏职能的发挥。在一国内部，货币的价值储藏功能主要体现在官方发行的货币被市场主体接受用来储存价值的功能。而国际货币价值储藏功能则表现为两个层面：一是为国外企业和私人部门所接受，成为价值储存的工具；二是为外国的官方部门所接受，成为该国官方储备的币种。无论是私人部门还是官方部门，对国际货币的要求首先必然是价值的稳定。

与价值尺度职能类似，价值储藏职能所依赖的价值稳定体现在两个层面：一是货币所对应的国内购买力是否稳定，它决定该货币兑换成其他价值形态和具体商品形式的能力是否稳定；二是该货币在国际市场上的价值是否稳定，体现为该货币在国际金融市场中与其他货币之间的比价是否稳定。稳定的内在价值是稳定汇率的基础，因此，价值储藏职能最重要的基础仍是本币的购买力及其未来变化的趋势。

从本质上来讲，储存货币作为价值形式的目的是未来获得更多的消费能力。消费可以产生效用，而投资行为是消费在不同时间点上的平滑。投资者让渡当前消费，将财富投入生产或流通领域，以期在未来产生更多的消费，或将当前消费转移至未来。储存当期价值，无论是否投入实际的生产或流通环节中，都是在时间上平滑消费的行为，因而要求储存的货币具有稳定的价值。对国际货币而言，保持价值的稳定是实现其价值储藏功能的基础条件。稳定的币值也可以体现为对未来货币价值有比较明确的预期，如果国际货币的币值变化大，储藏这种货币的个体的利益就会受损，进而影响到该货币的国际地位。这里的币值主要指的是货币同本国商品或服务之间的比价关系，是货币的购买能力。

价值储藏货币的另一个要求是汇率的相对稳定性，即货币的对外价值保持稳定的预期。作为价值储藏的货币通常是国际汇率体系的核心，是其他货币钉住的目标，因而其汇率具有一定的稳定性。同时，国际货币发行国货币政策应更透明，给予市场更为明确的预期，进而使得市场对汇率的变化也具有稳定的预判，保证汇率体系的稳定。保持汇率的稳定需要国际收支保持稳定或顺差的状态，以形成对货币价值的有力支撑。另外，强大的经济实力也是提升汇率稳定性的基础条件。

从官方的角度看，国际货币的价值储藏功能表现为其持有的外汇储备，持有外汇储备的目的是对外支付与防范冲击风险。持有外汇储备意味着储备国拥有国际货币发行国的意向债权，从官方的角度看，除了要求币值稳定外，还需要国际货币发行国有比较庞大且发达的金融市场，能够为各国的官方储备管理提供配置资产组合的市场空间。另外，作为国际价值储藏手段，一种国际货币是否为官方储备国所认可，还与其可兑换性有关。这里的可兑换性是指该货币能够无损失地兑换为其他价值储藏手段的能力。显然，持有足额的黄金或一篮子其他有足够价值体现的资产可以为本国货币作为价值储藏手段而为其他国家认可提供可兑换性上的有力支撑。一种储备大量黄金的货币，其价值稳定性一定较高，如战后布雷顿森林体系下的美元，正因为黄金的支撑，美元才有了价值储备手段的作用。除黄金外，充足的外汇储备也是支撑国际货币价值储藏职能的重要条件。与黄金类似，充足的外汇储备保证了货币的可兑换性，同时也有利于汇率稳定性信心的提升，进而强化了国际货币职能。

第二节　全球主要国际货币发展状况

从全球货币国际化的历史来看，仅有少数几种货币曾经或正在行使国际货币的职能，可以被称为国际货币。在贵金属货币时代，由于金银充当着一般等价物，且金属货币可以自由铸造，国际货币本质上是由贵金属充当的，主权信用货币的概念并不存在。即便是在二战之后，国际货币体系仍然在相当长时间内以黄金作为最终的价值来源，实行本质上的金汇兑本位制。20 世纪 70 年代后，主权信用货币时代开启，货币的形式发生了系统性变革，货币的国际化也失去了黄金等贵金属的实际支撑，货币国际化的形式变得复杂，其影响因素也越来越多。本节将简要地回顾主要国际货币的国际化历程，更加详细的国际货币发展历程将在第六章中展开，本节的重点是通过回顾历史，给出主要国际货币的发展现状。

一　主要国际货币的国际化进程简要回顾

（一）英镑的国际化

按照货币国际化的定义，一国货币至少要在交换媒介、价值尺度与储藏手段三个功能维度上得到境外私人部门和官方的认可，才能称其为国际货币。遵循这样的原则，英镑是最早出现的国际货币，19 世纪国际金本位确立的同时也确立了英镑的国际货币地位。1816 年英国确立了金本位制度，黄金与英镑可自由兑换且流入流出受限制。其后，欧美主要国家也开始采用金本位制度，进而形成了以黄金为基础、以英镑为核心的国际货币体系。英镑的国际货币作用充分体现在交换媒介、价值尺度与储藏手段三个方面，甚至在以美元为核心的布雷顿森林体系初期，英镑在各国外汇储备中的比重仍然达到一半以上。英镑的国际化实际上是黄金作为国际贸易与国际投资本位货币的一种具体实现形式，是国际金本位制的具体体现。

英国的贸易地位是英镑成为国际货币的基本条件。通过早期海外贸易与殖民地完成原始积累后，工业革命巨大地释放了生产力，使英国成为世界经济的核心，并确立了自由贸易的政策。自由贸易与工业经济互相强化，形成了不断向全球拓展的贸易网络。贸易所及之处，交换媒介的结算功能自然产生，英镑也随着英国国际贸易的开展而成为核心国际货币，有超过一半的国际贸易使用英镑作为结算货币。在贸易立国的战略与工业革命技术推动的共同作用下，英国的经济实力迅速增强，19世纪中，英国长期处于世界工业第一强国的地位。强大的经济实力成为推动英镑成为国际货币的重要推手，英国是世界上最大的工业品供应国，英镑自然就成为国际商品交易中最基础的媒介。更重要的，经济实力的强大还为英镑币值的坚挺提供了保障。此外，英国金融市场的发展也为英镑的国际化提供了有力支撑，英国的银行体系与资本市场为英镑的国际流通提供了条件。英镑国际化的另一个重要特点是脱胎于英国殖民体系的英镑区，这既是英国传统殖民经济体系在货币上的体现，也是英国有意维护其货币的统治地位，应对后发的美元等货币挑战的反映。英镑区是以英镑为核心的货币集团，是货币同盟的一种形态。但这种制度性设计的货币同盟对英镑赋予的角色与英镑实际的实力并不相称，英镑在战后以美元为核心的国际货币体系中失去了其作为国际核心货币的控制力，英国经济也无法支撑英镑的国际地位。

（二）美元的国际化

美元的国际化是制度化安排的产物。尽管美国的经济在19世纪末、20世纪初已经实现对老牌欧洲工业国家的赶超，并在两次世界大战中因远离战场、大发战争财而实现了经济实力的全面超越，但战后初期，美元并未完全取代英镑在国际货币体系中的位置。真正确立美元成为国际核心货币的是布雷顿森林体系的建立，制度化的安排确定了美元作为超级货币所具有的优越性。

在恢复战后国际经济秩序的方案中，1943年7月提出的怀特计划成为构建国际金融体系的最终方案。该计划提出取消外汇管制，允许各国间的国际资金自由流动，建立规范国际金融秩序的国际金融机构等。正是这一方案提出了美元与黄金之间的挂钩关系。1944年的布雷顿森林会议实现了怀特计划的主要内容，建立起以美元与黄金挂钩的金汇兑本位制，明确了美元在国际货币体系中的中心地位。在汇率上，美元同黄金之间保持固定的比价，其他货币与美元之间的汇率保持固定。布雷顿森林体系依然闪耀着金本位制的余晖，即便黄金已经不再直接充当货币，但货币与黄金之间的稳定关系仍赋予了货币足值的信用支撑，美元也正是借助其与黄金间联系的垄断地位，成为唯一的国际本位货币。

然而，布雷顿森林体系因为"特里芬难题"的存在而具有内在的不稳定性。作为国际货币发行国，美国需要通过国际收支的逆差来向全球供给美元，但逆差又不利于币值稳定，损害国际货币的信誉。更为重要的，在可自由兑换的条件下，美元与黄金的固定价格很难长期维持，黄金的增长无法满足世界经济战后飞速发展的需要。同时，当美元有贬值压力时，持有美元的国家倾向于将美元兑换成黄金，美元与黄金之间必然冲突不断。当美国经济出现下滑时，这种固定汇率的体系难以维持，布雷顿森林体系最终于1973年瓦解，国际货币体系转向浮动汇率制。同时，美元独家垄断的国际货币格局也逐步走向多元化，主要工业化国家，如德国、法国、日本等国的货币逐步崛起，并开始发挥部分的国际货币职能。布雷顿森林体系的瓦解并不意味着美元国际货币地位的丧失，正如英镑在战后仍有较高的国际支付份额一样，美元即便失去了垄断国际货币的权利，但作为最核心的国际货币的能力仍存在，国际金融体系的历史惯性仍维持着美元的国际地位。从经济基础来看，美国仍然是全球最大的经济体与贸易、投资大国，也支撑着美元地位的稳固。

与英镑不同，美元的国际化是全球性货币制度安排的产物，是制度设计的结果而不仅仅是经济行为所导致的自发过程。自上而下制度设计的优势是体系建立过程时间短，国际货币的影响力与控制力更大，但其缺陷在于制度性矛盾的存在，如"特里芬难题"。美元的国际化是一个特例，无论是早于其的英镑还是晚于其的欧元，都不是依靠体制性设计而成为国际货币的。美元的特殊性一方面源于战争对既有体系的彻底破坏，它要求以一个全新的设计方案对传统进行替代；另一方面美元的国际化也是在货币从贵金属本位向信用本位过渡的阶段实现的，因而美元本身就具有金属与信用的双重属性。20 世纪 70 年代后的牙买加时期，美元仍能充当国际货币的主要原因在于国际货币体系已完成从金属向信用过渡的阶段，即便没有黄金的支持，美国经济、政治、军事实力所赋予美元的信用仍可以支撑起其作为国际货币的地位。

（三）欧元的国际化

欧元的国际化是超越国家界限的经济一体化发展的产物，也是超主权货币的大胆尝试。欧洲一体化进程是欧洲各国一致推动的结果，而欧元的出现及其国际化更是国家间深度合作的产物。1950 年 16 个欧洲国家联合建立了欧洲支付联盟，以试图解决彼此间的结算和货币兑换问题。伴随着欧洲经济一体化的进程，货币一体化也被提上议事日程，建立共同汇率和一体化货币的呼声不断。1969 年欧共体提出建立欧洲货币联盟，为后来欧元的出现奠定了基础。1991 年欧共体 12 个国家统一签署了《马斯特里赫特条约》，约定建立欧洲经济与货币联盟，欧洲一体化进程走出了决定性的一步，1993 年欧盟替代了原来的欧洲共同体，统一货币的基础已经具备。1995 年欧元被确立为欧洲统一货币，1999 年欧元正式启动。

作为超主权货币，欧元一诞生就是国际化的。它超越了国境的限制，在多个国家之间建立了统一的货币，表明主权国家并非货币发行的必需信用支撑。除了在区域内对其他主权货币的替代外，欧元的国际化还体现在其作为区域货币在欧盟外的国际市场中的使用。从 1999 年产生到三年过渡期满是欧元国际化的初级阶段，这一阶段内，欧元区各国在计价和支付方面将使用统一的欧元，同时为形成统一的单一货币计价的资本市场，欧盟各国的证券交易所也采用单一的欧元作为交易货币。三年过渡期满后，欧元正式取代欧元区内原有的 12 种主权货币，正式被确立为唯一的法定货币，其国际化取得实质性进展。

欧元的国际化还有另外一层含义，那就是作为欧洲的统一货币，参与到欧洲同其他国家和地区的经济交往中，充当交易媒介、价值尺度和价值储藏工具。欧元的诞生替代了原来欧洲各国的主权货币，同时也继承了这些货币的国际化基因。在欧元出现之前，德国马克、法国法郎、荷兰盾等欧洲主权货币已经具有一定程度的国际化职能。尤其德国、法国等欧洲核心国家的货币，都有各自的流通区域与国际影响力。欧元诞生后，继承了这些货币的国际性的同时，更发挥了欧洲一体化的规模优势，大大提升了欧元在全球范围内的国际化程度。如今，欧元在国际贸易结算、投资计价、储备货币等方面已经成为仅次于美元的第二大货币。其国际化之路不仅是主权让渡的区域一体化，更是超主权货币的全球化尝试，为未来更加高效的国际金融体系的建立提供了宝贵经验。

（四）日元的国际化

日元的国际化是非制度化安排的典型。不同于英镑与金本位制、美元与布雷顿森林体系、欧元与欧洲一体化之间的体制化关联，日元的国际化是以日本经济和贸易为基础自我推进的过程，是自发的渐进式国际化的典型模式。日元的国际化起步于 20 世纪 70 年代，浮动汇率制度建立后，日元因贸易顺差而具有升值压力，日本为降低出口风险，在贸易领域逐步使用日元结算，促成了最初的日元国际化。进入 80 年代，日元国际化加速，日本政府也将其作为一项经济战略来实施，积极地推动日元的国际化，采取建立东京离岸市场、对外开放日元商业票据市场和外汇商业票据市场等措施推动日元在国际金融市场中的使用。到 90 年代初期，日元在日本进出口贸易结算中的比例超过了 10%，出口更是接近40%；日元在全球各国外汇储备中的占比也超过英镑，达到 8%，日元国际化呈现出强劲势头。

90 年代之后，日本经济因泡沫破灭而陷入低迷，经济停滞严重削弱了日元国际化的基础，限制了日元的国际化进程，致使其进入相对萎缩的状态。日元在国际贸易结算中的比重、在他国外汇储备中的比重，以及金融机构对外资产中以日元计价的比重都呈现出明显的下降趋势。其后日本政府展开了多轮的金融改革，希望扭转经济衰退与日元国际化的全面倒退，但都收效不大。

相比于英镑、美元、欧元，日元的国际化对人民币国际化更具有启示意义。而且难得的是，日元国际化进程为人民币国际化提供了可供借鉴的教训，有助于避免人民币国际化陷入误区和陷阱。总体来说，日元的国际化是其经济自我成长的结果，也是主动式金融开放配合下的产物。日本经济实力的迅速扩张是日元能够实现国际化的基础，日本在国际贸易、投资领域的影响力推动了其货币的国际化使用。而日本的金融自由化和金融市场的开放为日元国际化提供了制度和市场条件。日元的国际化伴随着日本外汇管理、资本流动、利率决定、金融市场等多个金融市场领域的自由化进程，人民币国际化大体也要按照这一方向和路径发展。从教训的角度看，日本泡沫经济破灭对经济造成的打击以及日本宏观经济政策上的失误，阻碍了原本发展顺利的日元国际化，严重削弱了日元国际化的宏观经济基础。日本经济对美国依赖严重，在国际经济金融治理体系中缺少话语权，无法应对外部经济失衡，乃至危机对国内经济的传导溢出。加之不合理的贸易结构，且缺少货币定价权，导致宏观经济暴露在高风险的市场环境中。在金融自由化的进程中，对市场监管与控制的力度不足，造成金融上的泡沫化。这些都是人民币国际化进程中，中国从宏观层面应当避免的错误。

二　全球主要货币的国际化状况

国际货币既是一种货币也可以被定义为一种货币职能，是超越国家发挥货币作用的概括。国家之间存在着贸易与投资等经济交往，因而需要一种或多种货币超越本国的范围，在国际甚至是全球范围内流通，这种在国际或全球范围内充当一般等价物的货币，就可以被称为国际货币。按照 Kenen（1983）的定义，国际货币主要行使三个方面的功能，包括记账单位、价值储藏以及支付手段。以之为基础，Krugman（1984）进一步明确，按照古典经济学的传统，货币在国内交易中具有交换媒介、记账单位和价值储藏的功能，这是货币的三项基本职能。而国际货币无非是货币职能在国际的拓展，其基本范畴仍然是货币的三项基本职能。如果进一步从货币发挥功能的范围看，可以对应区分官方和私人部门交易中的角色，进而将国际货币的角色分为六种（如表 2 - 1 所示）。依据在六个角色领域的功能发挥情况，对货币国际化的程度进行测度。在测度指标的构建上，六个领域的职能也是基本的信息来源，可以通过各项角色加权求和的方式来构造货币国际化指数。

表 2 - 1　国际货币主要职能

基本职能	官方部门	私人部门
交换媒介	干预外汇市场	贸易与金融结算
记账单位	铸锚货币	贸易与金融交易计价
价值储藏	国际储备	货币替代

资料来源：Krugman（1984）。

（一）世界主要货币国际化总体程度

国际货币的概念并非集中于几种主流货币，只要在一定程度上具备三个基本的货币职能，都可以称为国际货币。而货币的国际化也同样是包含所有潜在国际货币职能的过程，只要一国货币突破本国的边界，行使国际货币职能，就可以称其为货币国际化过程。对货币国际化总体程度的测度也主要沿着三个基础货币功能在国际经济中发挥的程度来展开，同时加入其他一些补充信息。货币国际化研究的一个关键问题是对某种货币的国际化程度进行定量的测度，当前研究中测度货币国际化的方法有多种，构造的指数也反映着特定的国际化特征。主流的指数编制方式多数采用货币在某项特定国际货币功能领域的占比，通过加权平均的方法得到最终的指数，其中权重赋予往往是指数科学性的关键。自 2012 年始，中国人民大学国际货币研究所开始按年度编制《人民币国际化报告》，该系列报告构造了人民币国际化指数（RII），用以测度人民币在国

际市场中实际行使国际货币职能的综合程度。根据其编制方法，世界主
要国际货币的国际化水平变化情况如表 2 - 2 所示。

表 2 - 2 2015 ~ 2018 年世界主要国际货币的国际化指数

	美元	欧元	英镑	日元
2015Q1	55.33	22.13	2.76	4.05
2015Q2	54.47	21.50	3.96	4.04
2015Q3	53.46	24.38	4.10	3.94
2015Q4	53.55	23.70	4.57	4.04
2016Q1	53.94	23.93	4.55	4.02
2016Q2	56.38	20.53	4.04	4.14
2016Q3	55.34	22.78	4.10	4.64
2016Q4	54.02	24.57	5.50	4.26
2017Q1	55.58	22.68	3.85	4.68
2017Q2	54.84	22.09	3.87	4.26
2017Q3	54.50	24.07	5.02	4.42
2017Q4	54.85	19.90	3.92	4.73
2018Q1	51.95	25.75	3.98	4.38

资料来源：《人民币国际化报告 2018》《人民币国际化报告 2019》。

国际货币地位并非一成不变，而驱动货币国际地位变化的因素也有
很多，机制也比较复杂。其基本的驱动力量是国际贸易、投资格局的变
化，以及国际金融市场供求关系的变动，这体现了货币现象与实体经济
活动之间的关联。哪些货币与国际贸易、投资和资产交易等经济活动的
关联密切，其在国际市场中就会被人们越来越多地使用，就更有可能成
为国际货币。"次贷"危机发生后，美国采取了超常规的货币政策。在
多重经济刺激政策的作用下，加之美国经济的周期性回暖，最近几年美
国经济表现出复苏向好的总体态势。美元也在美国实体经济表现较好的
基础上，伴随着加息周期而逐渐走强，这一阶段美元的国际化程度整体
表现出平稳的状态。2015 年第一季度到 2016 年第四季度，美元国际化指
数保持稳定，整体处于 53 ~ 57 之间的位置。2016 年第二季度，美元国际
化指数达到这一时间段内的峰值 56.38，美元在全球货币中一枝独秀的

绝对控制地位并没有发生变化。相比之下，受"英国脱欧"、难民问题等政治原因拖累，加之欧洲整体经济表现仍存在不确定性，欧元与英镑的国际化水平呈现出一定的波动趋势。尤其是英镑的国际地位受到动摇的迹象比较明显，这也在英国完全脱欧后反映得更加明显。如图2-1所示，欧元国际化指数近期有缓慢波动下行的趋势，且波动幅度扩大，与美元走势之间形成了一定的背离。日元和英镑的整体国际化程度显著低于美元和欧元，两种货币的国际化程度相当，处于国际货币的第三梯队。除四种货币外，其他部分货币也具有一定的国际货币职能，如主要工业化国家的货币，包括加元、澳元、瑞士法郎等，但此类货币仅仅是在部分国际化货币职能领域具有一定的功能，并不具备完全的国际货币职能，尤其是在储备货币领域，这些货币尚不能构成各国最主要的储备货币来源，这一类货币可以作为国际化货币的第四梯队。此外，还有一些新兴市场经济体与发展中国家货币近年来也取得了一定的国际化进展，如人民币的国际化进程，特别是在储备货币领域，由于加入 SDR，人民币潜在国际货币的角色日渐清晰。除人民币外，新加坡元、韩元、港元、巴西雷亚尔等货币也都有一定的国际化功能，这一类货币可以作为国际化货币的第五梯队。

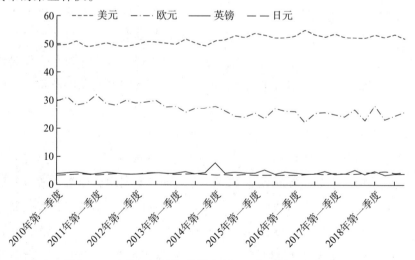

图 2-1　2010~2018 年世界主要国际货币的国际化指数

由于第四梯队以下的国际货币，尤其是新兴市场经济体和发展中国家的货币缺少国际货币的核心功能，即储备货币的功能，因而仅仅是潜在的国际货币。从当前国际市场的整体交易状况看，美元、欧元、日元、英镑仍然是最重要的四种完全意义上的国际货币。因而，在货币国际化指数的构造上，这四种货币有比较全面的测度数据，可以形成连续的货币国际化测度。

（二）世界主要国际货币职能发挥情况

（1）交换媒介。国际货币的交换媒介职能，对于私人部门而言，主要体现在国际贸易与金融结算手段上，而对官方部门则意味着干预外汇市场的货币工具。我们可以通过全球市场的外汇交易数据来体现某一国际货币在全球范围内的总体需求量。图2-2和图2-3分别给出了2010年、2013年、2016年、2019年这4个时点上，国际清算银行报告披露的世界主要货币全球市场中日均交易额及交易占比情况，日均交易额是总交易额与交易天数的比值。由图可知，四个时点上的外汇交易中，美元交易的规模始终保持了比较大的占比，具有绝对优势；欧元的全球日均外汇交易量紧随美元，是全球第二大的外汇交易货币，有欧元参与的外汇交易大约占据了总交易的三成；日元的外汇交易也有较大的规模，虽然与欧元有一定差距，但总体上也相当可观；而英镑的数据则落后于日元。从横向对比情况看，几大主要货币在全球市场中的份额大体保持稳定状态，欧元在全球外汇交易中的重要性有所下降，英镑的外汇交易情况是四种货币中总体表现最差的。总体而言，美元在交换媒介功能上的国际货币主导地位依旧稳固。

图2-4给出了2015~2019年世界主要国际货币在国际支付领域中的使用情况，该指标可以反映其在国际支付领域的重要性程度。如图所示，在这一时期内，美元、欧元、英镑和日元这四种货币在国际支付领域中的规模和排位一直表现平稳，虽略有波动，但变化不大，并不足以更改其排名和位次。横向比较来看，从2015年到2019年，美元在国际支付市场的份额大体都保持在40%以上，在世界国际货币中仍处于绝对的统治地位。欧元在国际支付中的占比整体上呈现上升的趋势，并已经

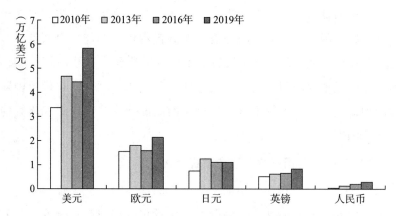

图2-2 2010~2019年世界主要国际货币全球日均外汇交易量

资料来源：国际清算银行（BIS）。

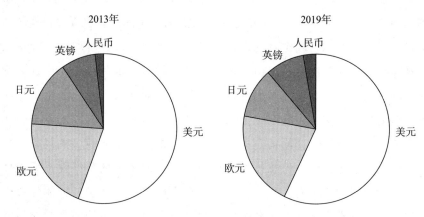

图2-3 2013年和2019年世界主要国际货币全球日均外汇交易占比

资料来源：国际清算银行（BIS）。

接近美元的占比，逐渐成为可以与美元在支付领域抗衡的货币。英镑和日元的比例保持基本稳定，都处于份额较低的区间。

（2）记账单位。这一职能体现在贸易与金融交易中计价货币的使用情况上，由于全球贸易数据缺少按计价币种统计的数据，通常使用国际货币的金融交易计价数据来呈现国际货币记账单位功能的情况。图2-5给出了国际货币基金组织统计的2016年和2019年世界主要国际货币在国际债券和票据交易中的余额分布状况。

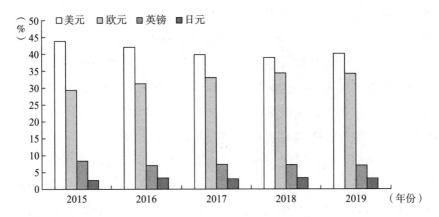

图 2 - 4 2015 ~ 2019 年世界主要国际货币国际支付占比

资料来源：国际清算银行（BIS）。

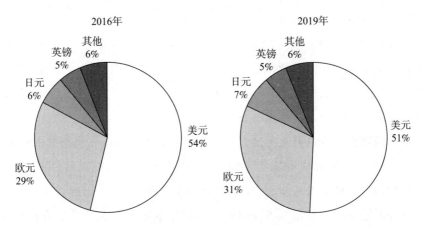

图 2 - 5 2016 年和 2019 年世界主要国际货币国际债券和票据余额占比

资料来源：国际货币基金组织（IMF COFER）。

如图 2 - 5 所示，美元在世界国际债券和票据余额中的份额在两个时间点上都超过了 50%，美元作为全球最大的金融交易记账货币的地位仍然比较稳固。2016 年由于美国经济复苏势头强劲，市场信心受到很大提振，国际资本流动方向转换，全球市场的美元需求显著增加。以美元计价的国际债券与票据交易份额再次呈现增长势头，在全球余额中的比例达到 54%。相比之下，2019 年美元在世界国际债券和票据市场计价交易的份额有一定下降，占比为 51%，但总体上美元的统治地位并未动摇。欧元一直以来在国际债券与票据市场中都占有重要的位置，但 2016 年由于欧元区的经济整体表现不理想，欧元呈现出走弱的趋势，其在国际债券与票据市场计价交易的份额维持在 29%。2019年这一比例有所上升，达到 31%，大体上与美元让出的市场份额相当。英镑在这一市场中的份额基本上维持在 5%，没有太大变化。由于英国脱欧的不确定性，市场对英镑的信心始终不足，英镑在国际市场中的表现始终疲弱。随着英国"脱欧"进入实质性操作阶段，市场对这一利空冲击的预期落地，有利于稳定市场判断。然而"脱欧"操作中带来的新的不确定性是增加的，英镑在国际金融资产计价领域面临的潜在冲击仍然不容小觑，同时也会对欧元构成压力。日元在这一市场的份额不大，也基本稳定在 6%~7%，高于英镑的份额，但与排名第二的欧元还存在较大的差距。

（3）价值储藏。价值储藏功能是国际货币的高级职能，在全球范围内能够达到这一职能的货币不多，仅有少数几种货币能够成为国际储备货币。鉴于国际储备货币这一终极功能的重要性，大量关于货币国际化测度的研究文献经常会使用一种货币在世界官方外汇储备中的占比作为该货币国际化程度的简化测度方式，而避免构造货币国际化指数的麻烦。表 2-3 列出了国际货币基金组织（IMF COFER）公布的美元、欧元、日元、英镑、人民币五种货币 2016 年第四季度至 2019 年第四季度在世界官方外汇储备中的规模和占比数据，可以直观地反映出各币种在世界储备货币中的位置。

表 2-3　官方外汇储备的世界主要国际货币构成

	2016Q4		2017Q4		2018Q4		2019Q4	
	规模（万亿美元）	占比（%）	规模（万亿美元）	占比（%）	规模（万亿美元）	占比（%）	规模（万亿美元）	占比（%）
美元	5.50	65.34	6.28	62.70	6.62	61.69	6.75	61.78
欧元	1.61	19.13	2.02	20.15	2.22	20.69	2.19	20.07
日元	0.33	3.95	0.49	4.89	0.48	4.47	0.61	5.60

续表

	2016Q4		2017Q4		2018Q4		2019Q4	
	规模 （万亿 美元）	占比 （%）	规模 （万亿 美元）	占比 （%）	规模 （万亿 美元）	占比 （%）	规模 （万亿 美元）	占比 （%）
英镑	0.37	4.43	0.45	4.54	0.56	5.22	0.48	4.43
人民币	0.09	1.08	0.12	1.23	0.20	1.89	0.22	2.01
合计	7.90	93.93	9.36	93.51	10.08	93.96	10.25	93.89

资料来源：国际货币基金组织（IMF COFER）。

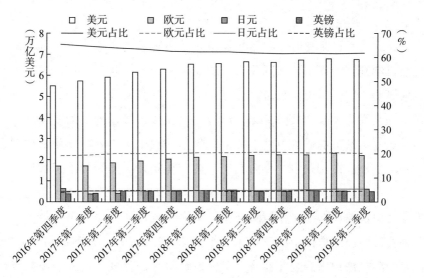

图 2 - 6　2016 ~ 2019 年世界主要国际货币在官方外汇储备中的规模及占比

资料来源：国际货币基金组织（IMF COFER）。

图 2 - 6 数据显示，国际储备货币领域的结构特征与其他国际货币职能领域的结构大体类似，四种主要货币占据了绝大多数份额，美元、欧元、日元、英镑四种货币加总所占的比例始终超过全球的 90%。从规模角度上看，在全球储备货币中仅有美元和欧元两种货币达到 1 万亿美元以上；对应着占比，也仅有美元和欧元达到了 10% 以上的比例。对比美元和欧元，美元大体可以达到欧元规模的 3 倍，无论总量还是占比都有差不多相同的表现；下一个梯队是日元和英镑，两者的规模相差不大，大体都是欧元规模的五分之一上下。从时间趋势上看，除

了个别货币的特定年份外，各币种国际储备的规模都随时间呈现出不断扩张的趋势，美元的规模在 2017 年突破了 6 万亿美元大关；欧元呈现出连续上升的趋势，但 2019 年的规模有小幅度下降；日元储备的规模在 2017 年第四季度出现了小幅度的下降；英镑的份额在 2016 年第四季度到 2017 年第一季度出现了一个大幅度的下降，此后迅速转回了增长趋势。值得注意的是，人民币在储备货币中的规模与比例在近几年呈现出明显的稳步上升的趋势，到 2019 年总规模已经达到 0.22 万亿美元，占比也上升到 2% 以上，说明人民币在货币国际化核心领域的进展比较平稳扎实。

讨论货币国际化时，必然涉及国际货币之间的竞争，一种货币国际化会影响到其他货币的国际化市场功能份额，进而对其他货币的国际化构成影响。国际货币体系是动态变化的，国际货币发行国国内政治、经济、社会局势等各领域的变化，都会体现在该国货币地位的变化上。当然，这一结论更加适用于处于货币国际化进程中，或者国际化地位明显下降的货币。在实践中，我们发现，美元和欧元在国际货币领域保持了非常稳定的状态，尤其是美元的国际地位并未随着美国经济社会变化而发生大幅度波动。欧元作为超主权货币也表现出了一定的平稳特征。这两种货币的国际地位始终没有其他货币可以完全撼动。这种格局的出现，既是国际经济秩序和全球经济治理体系稳定性的体现，也缘于国际货币使用的历史惯性，人们一旦接受了一种货币作为国际货币，改变这一习惯也必然是长期的过程。除去美元和欧元两种超级货币，其他的国际货币则有较大变动的可能。如日元和英镑两种货币的地位就经常互相发生变化，时而日元超过了英镑，时而又被英镑反超。就国际货币职能的数据来看，日元在全球交易领域中的重要性要高于英镑，但英镑又在国际支付领域占有优势，两者有相似的储备货币份额。另外，可以看出，人民币的国际化首先会对第三梯队的英镑和日元发起挑战，两种货币将首先面临人民币的有力竞争，国际货币的格局将会在未来一个时期发生变化。

（三）世界主要货币国际化最新动态

1. 美元国际化程度的变动

如前所述，美元始终是全球最大的国际货币，近年来其货币国际化指数始终稳定在 55 上下，2017 年，该指数基本在 54~55 之间。指数的稳定反映了美国在全球经济中的影响力，也反映出美国经济走势呈现出复苏回暖的迹象。2018 年以来，得益于新税法所释放的居民消费需求以及投资的增长，美国宏观经济表现出强劲增长态势。然而，在中美贸易摩擦，以及美联储加息周期的背景下，美国资本市场的泡沫化风险增加，美元国际信贷有所放缓，贸易保护主义影响了美国经济的前景预期，2018 年第一季度美元国际化指数为 51.95，同比降低了 0.33%。

美元的国际化水平主要受到美国政策和外部因素的影响。特朗普当选后，政策选择上做出明显的逆全球化姿态，贸易保护主义势力抬头。近期，欧元的回升势头比较强劲，对美元构成一定的替代和冲击，主要体现在各国官方外汇储备中美元的占比明显下降，美元走弱与欧元走强同步，导致在储备货币中出现了替代的趋势。另外，美元受到来自国内资本市场走强的支撑，避免了陷入三大货币职能全面弱化的局面。美国经济基本面向好、企业盈利预期增强，资本市场繁荣强化了美元在国际金融交易中计价货币的职能，2017 年美元在国际债券与票据市场中计价货币的份额出现了同比回升。总体来说，美元作为国际市场最重要货币的角色短期内不会出现明显变化。即便短期内可能有冲击因素，对部分国际货币功能产生一定影响，但美元总体表现平稳，占据国际货币一半以上比重的格局短期内不会发生根本性变化。

2. 欧元国际化的近期状况

欧元区的经济在 2017 年呈现出超预期增长的状况，经济复苏强劲。消费、投资与贸易均呈现出显著增长的态势，政府债务稳定并有所改善。欧元区的失业率持续下降，并形成了对消费的推动效应。从结构上看，欧元区目前呈现出普遍增长的格局，作为核心国家的德国表现持续平稳，中东欧地区呈现出明显的复苏迹象，南欧地区逐渐走出主权债务危机的阴霾。2017 年欧元区的 GDP 实现了 2.5% 的增长，基本面的持续改善为欧元国际地位的巩固提供了基础。2017 年，欧元的国际化程度有所回升，其货币的国际化指数稳定在 22 左右，保持着第二大国际货币的地位。欧元在国际贸易中作为支付手段的功能稳步回升，这缘于欧元区贸易形势在国际经济形势好转条件下的回暖，促使欧元在国际贸易结算中的占比有所回升。在金融市场计价货币方面，欧元的地位也逐渐恢复。2017 年第四季度，欧元计价债券与货币市场工具余额占市场比例上涨到 39.06%，同时，欧元在各国官方储备中的占比也呈现出回暖的迹象。近期随着欧元区经济基本面的持续改善，欧元汇率走强带动了欧元储备回升到 20% 以上。总体来看，欧元近期虽然表现出了国际化水平回升的趋势，但与之前欧元曾达到过的国际化程度相比，仍处于相对较低的状态，并未达到"次贷"危机发生之前的国际化状态。欧元区内外需求呈现出低迷状态，私人消费支出、进出口增速均有所停滞，经济有疲软迹象。英国脱欧的不确定性将逐渐转化为实际的经济冲击，欧洲经济还将面临巨大的挑战。在相对宽松的货币政策下，欧元债券余额全球份额有所提高，欧元国际化指数也有一定提升，2018 年第一季度欧元国际化指数达到 25.75，同比增长 2.83%。

3. 日元国际化的近期状况

日元在国际货币中处于弱势地位，其货币国际化指数稳定在 4.5 上下，是一种主要的避险货币。从基本面看，日本经济也受到全球经济回暖的提振，外贸条件得以改善，经济增长势头较好。2017 年日本 GDP 增速为 1.6%，实现了连续多个季度的正增长，失业率整体呈现下降趋势，私人消费和企业投资稳步提升。从货币环境看，由于日本的通胀水平仍处于低位，与目标的核心通胀率之间存有差距，日本央行维持量化宽松的政策意愿明显，短期内不会退出，货币环境仍然处于宽松的状态。在美元走弱的大背景下，日元的避险功能得以凸显，日元对美元汇率显著升值，对提高日元国际化程度具有重要推动作用。从国际货币不同职能看，2017 年日本贸易表现抢眼，出口实现了 9.2% 的增长，进口增长 13%，经常项目盈余重回历史高位，促进了日元在国际贸易结算中份额的上升。在计价货币领域，日元也呈现出稳中有升的势头。日元在国际信贷市场中的份额实现了对英镑的超越，达到 3.89%。国际债券与货币市场工具交易中，日元计价份额为 1.9%。随着经济的回升，日本对外商直接投资的吸引力增加，全球直接投资中以日元计价的部分增加了 2.3%，呈现出显著上升的势头。在价值储藏方面，日元在全球各国外汇储备中的占比因日元避险货币功能的增强而有所增加，截至 2017 年末，日元在全球外汇储备中的比例为 4.9%，超过了英镑的占比，成为第三大储备货币。2018 年，日本经济增长仍然保持低迷的状态，全球贸易保护主义抬头，局部贸易摩擦不断升级，日本国内消费税上调等因素叠加，导致日本内外总需求低迷。不过，由于全球经济金融形势的不确定性增加，市场避险情绪上升，日元作为避险货币的性质进一步得到巩固，日元外汇储备占比超过英镑，成为全球第三大储备货币，日元国际化指数为 4.38，与上年同期基本持平。

4. 英镑国际化的近期状况

相对于日元的提升，英镑的国际化程度在 2017 年呈现出下滑的态势，英镑的国际化指数在 2017 年末为 3.92，显著低于日元的国际化程度。英镑国际化程度的迅速下滑与英国经济基本面的不确定性增加直接相关。"脱欧"对英国经济形成了明显的冲击，导致英国经济增长显著下滑，呈现出近年来的最低水平。2017 年英国的 GDP 增长仅为 1.8%，是近五年来增长速度最慢的一年。"脱欧"的不确定性抵消了全球经济回暖对英国经济的提振作用，英国经济表现不如人意。从货币环境看，英国的通胀水平持续上升，2017 年末的通胀水平超过 3%，为近年来的高位，英国央行的货币政策环境转向紧缩，开启加息进程。英镑的汇率也在低位徘徊，对其国际地位构成负面影响。英国经济的整体增长前景不乐观，"脱欧"进程一波三折之后尘埃落定，"脱欧"冲击将在未来长时间内被消化。英镑的贸易结算和国际信贷状况保持平稳，在储备货币中的份额也基本稳定，金融市场受到"脱欧"影响有所震荡，英镑国际化指数为 3.98，同比增加 0.16 个百分点，但仍处于历史低位。

第三节　人民币国际化的历程与现状

人民币国际化是人民币跨越国界，在境外充当国际货币职能的过程。人民币的国际化体现为三个方面跨越国境的使用：一是人民币在国际贸易中作为贸易支付手段达到一定比重，成为国际支付手段；二是人民币作为金融产品计价工具，在国际金融交易当中充当价值尺度；三是人民币作为价值储藏手段，为境外他国政府或居民作为价值储备工具，成为国际储备货币。人民币国际化是中国经济实力增强和国际经济治理体系话语权不断提升的必然结果，同时也是中国对外拓展国际生存空间，维护正当国家经济利益与经济安全的战略选择。在当前国际货币体系与国际经济治理结构框架内，人民币的国际化必然打破国际市场的货币使用惯性，重塑源于国际货币的利益格局，最终实现人民币在国际经济活动中的使用与中国的国际经济政治地位相匹配的状况。显然，人民币国际化是一个漫长的历史过程，需要付出长期的努力才可能实现。

一　人民币国际化的历程

人民币国际化最早可以追溯到 1996 年人民币经常项目的可自由兑换，随着贸易支付人民币开始了同国际货币之间的市场化交换，从而为国际化提供了基础。2005 年人民币汇率改革建立了以市场供求为基础，参考一篮子货币进行调节，单一的、有管理的浮动汇率制的建立被认为是人民币汇率市场化进程的发端，人民币国际化的初始条件开始逐步形成。2007 年首只人民币债券登陆香港，人民币国际化迈出了实质性的步伐。2008 年中国人民银行的官方文本中出现了人民币国际化的提法，人民币国际化作为一个历史进程，正式纳入官方的政策框架内，这可以视为人民币国际化的发端。自彼时起，人民币国际化经历了从贸易领域到投资方面，从放松金融市场交易到资本市场的逐步开放化和自由化的进程，循序渐进，稳步推进，作为国际货币的各项功能渐次体现。经过十余年的发展，人民币已经成长为第五大国际货币，国际化程度显著提高。

（一）跨境贸易人民币结算

人民币国际化的第一步是作为支付工具，在跨境贸易结算中发挥国际货币的作用，这也是一个先周边化，再区域化，最终国际化的过程。2008 年 12 月，国务院决定进行人民币结算试点。这一试点的范围选定为长江三角洲地区、广东和港澳地区，广西、云南同东盟（ASEAN）国家的城市之间的货物贸易。此外，中国同蒙古、越南、缅甸等周边八国签订了自主选择双边货币结算协议。

2009 年 3 月，央行确定香港试点充当人民币跨境结算中心，4 月，"跨境人民币结算"业务的帷幕正式拉开。加入跨境贸易人民币结算试点的是上海、广州、深圳、珠海等城市与港澳、东盟地区间的跨境贸易，人民币周边区域化的进程大大加速。扩大人民币跨境使用是应对国际金融危机、规避汇率风险、改善与周边国家/地区经贸关系的重要举措。此后，中国于 2010 年 6 月及 2011 年 8 月前后两次扩大试点范围，初步实现了跨境贸易人民币结算的境内基本区域和境外主要国家（地区）的全覆盖。根据中国人民银行、国家统计局的数据，2017 年，使用人民币进行结算的跨境货物贸易总量达到 3.27 万亿元，占我国全部货物进出口额的 12%，同比下降了 5 个百分点；使用人民币结算的跨境服务贸易总量达到 0.59 万亿元，占我国全部服务贸易进出口额的 13%，同比下降 7 个百分点。央行公布的《2018 年金融统计数据报告》显示，2018 年，以人民币进行结算的跨境货物贸易、服务贸易及其他经常项目、对外直接投资、外商直接投资分别发生 3.66 万亿元、1.45 万亿元、8048.1 亿元、1.86 万亿元。2018 年人民币结算的跨境贸易额达到 5.11 万亿元，使用人民币结算的国际直接投资额达到 2.66 万亿元。

（二）人民币跨境结算与交易体系建设

早在 2003 年，中国银行（香港）有限公司依托其业务网络上的优势，开始在香港开办人民币业务，为香港持牌银行办理存款、汇款、银行卡项下的人民币清算。人民币国际化正式启动后，为了实现人民币跨境使用的便利化，中国人民银行开始在境外设立人民币清算行，跨境人民币结算体系建设启动。2009年7月,中国人民银行与中国银行(香港)有限公司签订《关于人民币业务的清算协议》,中国人民银行正式委托中国银行成为香港地区的人民币清算行。目前境外人民币清算行约23家,全部由五大国有商业银行的海外分支机构担任。2016年9月,中国银行纽约分行被委托为人民币在美国的清算行,人民币国际化的体系大体成型。2012年,中国人民银行着手开始建设"人民币跨境支付系统"(CIPS),这一系统定位为国际化的支付标准,通过ISO 20022报文标准,为跨境人民币支付业务的参与主体提供直通处理服务,通过集中清算,实现结算路径的缩短和支付效率的提升。CIPS的直接参与方达到28个,另有间接参与方560个。交易方分布在亚洲402家、欧洲79家、北美洲22家、大洋洲15家、南美洲16家、非洲26家,基本搭建起全球性的人民币结算支付网络。2015年10月,人民币跨境支付系统的第一期成功启动,这一支付体系按照国际标准和通行做法要求,构建整体制度体系和基础性框架,采用实时全额结算模式,客户与机构的人民币支付得到有效支持,比较好地响应了世界范围内各时区跨境人民币贸易、投资业务等的结算要求,为人民币在全球范围内的使用提供了便利。2018年3月,人民币跨境支付系统二期投入使用,本轮上线试点的机构包括10家中外资银行,升级的系统再一次提升了人民币跨境资金的支付与结算效率。截至2018年3月底,CIPS的境内外直接参与主体达到31个,间接参与主体也扩充到695家。从业务范围来看,已经有148个国家和地区纳入CIPS的实际业务范围之内。根据中国人民银行的报告,人民币跨境支付系统2018年第一季度处理业务达到32.87万笔、交易总额5.45万亿元,日均处理业务笔数达到5388.74笔、交易金额893.91亿元。

除了跨境结算支付体系建设外,人民币外汇交易体系也逐步得以完善。人民币与外国货币间的直接交易具有风险低、交易成本低、交易过程简化等优点,也有利于双边贸易结算的本币化。中国外汇交易中心已实现人民币对美元、欧元、日元、港元、英镑、澳元、新西兰元、新加坡元、瑞士法郎、加元、马来西亚林吉特、俄罗斯卢布、南非兰特、韩元、阿联酋迪拉姆、沙特里亚尔、匈牙利福林、波兰兹罗提、丹麦克朗、瑞典克朗、挪威克朗、土耳其里拉、墨西哥比索23个币种的直接交易，近几年新增的大多是"一带一路"沿线国家的货币。

（三）人民币资本与金融项下的业务

首先，人民币直接投资结算业务的开启。2010年10月，中国人民银行乌鲁木齐中心支行推出了《新疆跨境直接投资人民币结算试点暂行办法》，双向实施"人民币境外直接投资"（ODI）和"人民币外商直接投资"（FDI）业务的试点。2011年，中国人民银行于年初和年底分别印发了《境外直接投资人民币结算试点管理办法》和《外商直接投资人民币结算业务管理办法》，从国家层面确定了跨境人民币投资业务，包括ODI和FDI业务的具体办理流程。同时，商务部也对与此相适应的监管规则实施了进一步的补充规范。到2016年，人民币直接投资当年的结算量为2.46万亿元，同比增长6%。

其次，人民币金融市场业务逐步向外资开放。2010年8月，中国人民银行公布了业务规则，允许其他国家中央银行、港澳地区的人民币清算行和境外人民币业务参与行这三类机构参与银行间债券市场。银行间市场的开放即意味着人民币国际化向纵深的迈进，也代表着中国资本和金融账户进一步提高了开放程度。2015年7月，以国际货币基金组织（IMF）、主权财富基金为代表的境外机构投资者也被允许进入银行间债券市场，债券市场对外开放的幅度加深。截至2018年6月末，境外机构在中国银行间债券市场的债券托管余额达1.5458万亿元，单月增持规模达到1103.7亿元，创历史最高水平。除银行间市场外，资本市场的开放还通过RQDII和RQFII等形式深化开展。中国人民银行已经先后向17个国家或地区的机构投资者核定了RQFII额度，总额超过1万亿元。此外，沪港通、深港通、中港基金互认、债券通等也是人民币跨境使用在资产管理领域的具体体现。

再次，人民币离岸债券市场逐步形成。2012年4月，汇丰银行在伦敦发行了人民币债券，这是人民币境外债券的最早尝试；2014年9月，首只以人民币计价的主权债券在英国发行，伦敦进入最重要的人民币离岸债券市场行列。虽然与美元、欧元的国际债券体量差距仍然较大，但交易量的日益活跃反映出人民币在全球的认可度和接受度正在增强。

最后，跨境投融资逐步放开。2011年10月，中国人民银行发布了《关于境内银行业金融机构境外项目人民币贷款的指导意见》，放开了境内银行机构特定领域的境外贷款限制，包括对境外直接投资、对外承包工程和出口买方信贷等项目，充分体现了对"走出去"项目的融资支持，也拓展了人民币跨境融资的空间。同时，境内银行对境外企业和项目在贸易项下提供人民币融资的业务也逐渐放开。由于境内外市场存在分割，内外利率、汇率间的价差长期存在，离岸本币通常情况下的资金成本更低，更具有市场吸引力。因而，在境外市场进行本币融资具有竞争力。跨境融资的开放成为促进人民币资产回流，推动人民币国际化的重要举措。与实体经济有关的贸易融资最先被放开，跨境人民币贸易融资不占用短债指标，加之那段时期人民币汇率正经历单边升值的过程，在跨境人民币套利机制的进一步推动下，贸易融资也经历迅速扩张的过程。之后中国允许在各类试验区域内试点开展非贸易项下的跨境人民币融资业务。如上海自贸区分账核算单元确定了"跨境融资宏观审慎"的原则，在此基础上对跨境融资服务予以全面放开。现在跨境融资已经扩大至全国范围，也就是说，所有的银行和企业都可以在一级资本或净资产的一定比例内从境外借入资金。

（四）双边货币互换与储备货币功能

双边货币互换协议是人民币国际化真正的发端。货币互换作为一种备用安排，并不是实际发生的货币交易，即便如此，货币互换也为稳定双方经贸关系，规避国际支付的流动性风险提供了保障。除去特殊情况，如未来"解决短期流动性问题"的情况外，中国的货币互换更主要的目的是满足贸易需求。由于货币互换能够满足贸易、投资方面的日常支付需要，互换范围的扩大也为人民币的国际化创造了条件。2008年12月，中国人民银行与韩国中央银行签订了为期3年的货币互换协议，总规模达到1800亿元（合38万亿韩元），该协议主要为中韩之间的贸易与投资领域的货币支付提供支持。是中国第一次同境外货币当局签署双边本币互换协议，已续签两次，规模也扩大至3600亿元（合64万亿韩元）。

截至 2019 年 3 月，与中国签署货币互换协议的国家和地区有近 40个，其中仍然有效的协议共 31 份，总金额为 30240 亿元人民币。涉及的国家和地区既包括巴西、俄罗斯、阿根廷、埃及、泰国、土耳其、尼日利亚等新兴经济体，也包括欧盟、瑞士、英国、加拿大、澳大利亚、新西兰等发达经济体。其中，"一带一路"沿线国家或地区有 20 多个。虽然双边货币互换并不等同于货币的国际化，也并不是实质上的本币在境外行使货币功能，但以人民币为核心的双边互换网络为与中国经济往来密切的国家接受人民币结算和支付奠定了良好的基础，是人民币国际化的前期准备。

随着人民币国际化程度的提高，已有 60 多个国家或地区将人民币纳入外汇储备，既包括新型市场经济体和发展中国家，也包括欧盟、德国、法国、澳大利亚等发达经济体，人民币作为国际储备货币的职能不断强化。截至 2017 年底，全球官方持有人民币外汇储备 1228.02亿美元，在可识别外汇储备中占比达到 1.07%。此外，人民币储备货币功能的集中体现是加入特别提款权。2015 年 12 月，国际货币基金组织批准人民币加入特别提款权（SDR），这是中国经济在金融领域融入全球经济体系的一大步，也是人民币国际化进程加快的重要里程牌。2016 年 10 月 1 日，人民币正式加入特别提款权，这意味着人民币成为真正的"储备货币"。

二　人民币国际化发展现状

人民币国际化是一个循序渐进的过程，这一过程以中国经济实力的不断增强、商品与服务贸易的迅速扩大以及中国的国际影响力逐渐变大为驱动力，同时也是官方主动作为，多项促进人民币国际化战略措施作用的结果。人民币国际化是人民币国际货币职能不断丰富的过程，从人民币在贸易结算领域中的支付结算职能，到金融市场各类资产交易中的计价职能，再到加入特别提款权成为世界各国的官方储备货币，人民币国际化程度显著提高，已经成为具有一定竞争力的国际货币角色，然而与当前的主流国际货币相比，人民币国际化程度仍然处于初级阶段，还存在较大的差距。

（一）人民币贸易支付结算领域的国际化

2009 年 4 月中国的跨境人民币结算开始在五个试点城市实施，之后又先后两次扩大了跨境贸易人民币结算试点的范围，人民币跨境贸易结算开始向更加全面和纵深的方向发展。跨境贸易人民币结算是扩展人民币境外流通范围的基础性渠道，是人民币国际化最基本的功能阶段，有助于提高人民币在国际范围内使用的频率。此外，人民币跨境支付系统等基础设施的建设与完善可以促进跨境人民币结算业务的办理，为跨境贸易、国际直接投资形式的国际经济行为提供人民币形式的清算支付，为人民币国际化功能的拓展提供基础。

（1）跨境贸易人民币结算方面。中国进出口贸易的规模持续扩展，同贸易伙伴合作的不断加强拓展了跨境贸易人民币结算的空间范围。如图 2-7 所示，从 2013 年第三季度开始到 2015 年第三季度，中国跨境贸易使用人民币结算的规模平稳增加，但 2015 年第三季度之后跨境贸易人民币结算业务的总额开始下降，由图可知跨境贸易人民币结算额在 2013 年第三季度是 1.11 万亿元，之后一直呈现出上升的趋势。截至 2015 年第三季度，这一数额达到 2.09 万亿元，比 2013 年第三季度增长了 0.88 倍。从 2015 年第三季度开始下降，截止到 2017 年第一季度降到 0.99 万亿元，之后开始平稳增长，到 2018 年第四季度跨境贸易人民币结算额为 1.40 万亿元，比 2017 年第一季度增长了 0.41 倍。

受 2008 年全球金融危机的冲击，其后一段时期全球经济增长乏力，中国经济也进入三期叠加阶段，经济增速从高速降低为中高速，面临一定的下行压力。此外，美元进入加息周期导致美元进入强势周期，资本外流使人民币面临贬值压力。即便存在这些重重不利因素，2018 年的跨境贸易人民币结算总规模仍表现出不断增长的趋势，截至 2018 年第三季度末，人民币跨境结算共发生了 3.7 万亿元，保持稳定的增长趋势。在跨境贸易人民币结算的推动之下，人民币走出去的趋势不断扩大。伴随着全球贸易的发展，在贸易结算领域中国不断强化同贸易伙伴之间的联系，通过积极放开人民币跨境贸易结算，推动人民币结算规模的迅速扩

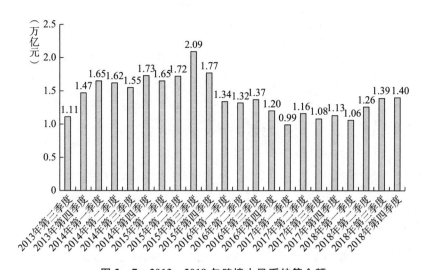

图 2 - 7　2013～2018 年跨境人民币结算金额

数据来源：中国人民银行，http://www.pbc.gov.cn/各年金融数据统计报告。

张，人民币在贸易领域的国际化取得了长足的进步。然而，从全球贸易结算格局角度看，截至 2017 年底全球贸易中人民币结算的份额仅为 1.78%，位列全球第六名，相比 2015 年底的 3.49% 下降了 1.7 个百分点。

（2）人民币国际支付方面。跨境人民币支付的规模随着人民币跨境支付系统的应用而快速增加，境内外金融机构可以为人民币跨境和离岸业务提供包括资金清算、结算业务在内的多种服务。与此同时，伴随跨境人民币支付业务规模的不断扩大，人民币业已成长为全球第六大支付货币。图 2 - 8 给出了 2011 年 7 月到 2018 年 8 月期间人民币国际支付占全球市场份额的变化情况。如图所示，人民币在国际支付市场中的占比在 2011 年仅为 0.42%，还不到全球的 0.5%。其后在跨境贸易人民币交易量快速增长的背景下，以及促进人民币跨境支付的政策支持下，到 2015 年 9 月，人民币国际支付的全球市场占比达到其峰值 2.7%，随后则出现了波动下行的趋势，并大体稳定在 1.5%～2%，在全球支付市场占比变化趋于平缓。整体上看，人民币国际支付相较于主要国际货币来看，还处于较低的水平。

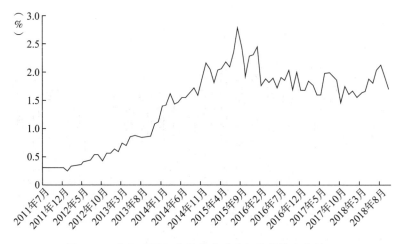

图 2 - 8　人民币国际支付占全球市场份额的变化情况

资料来源：Wind 数据库。

(二) 人民币金融交易计价领域的国际化

金融交易计价是人民币国际化的另一个重要领域，包括人民币计价的国际直接投资、有价证券投资及人民币外汇交易等，金融交易计价领域的发展是人民币国际化在更高水平上的拓展。

(1) 人民币计价的国际直接投资。这一类交易具体包括人民币对外直接投资 (RODI) 和人民币外商直接投资 (RFDI)。人民币计价的跨境直接投资是伴随着"一带一路"倡议，在国内企业"走出去"过程中得以实现的，也是中国与世界其他国家国际产业分工深化和合作深化的结果。从数量规模上看，人民币直接投资持续保持着高增长态势。按照中国人民银行的统计结果，2019 年全年的跨境贸易人民币结算业务总量达到 6.04 万亿元，其中人民币计价的直接投资总额达到 2.78 万亿元，同比增加了 1151.9 亿元。这一规模比 2014 ~ 2017 年的平均发生额增加了 6397 亿元，出现较大的回升。

由于国际贸易投资保护主义升温，打击了企业对外直接投资的信心，全球对外直接投资大幅萎缩。在这样的形势下，以"一带一路"建设为引领，中国对外投资规模依然稳步增长，布局全球价值链的能力进一步提升，呈现出总量平稳、结构多元、投资方式创新、境外合作加深等主要特点。2018 年，中国人民币对外直接投资规模总体保持平稳，以人民币结算的境外直接投资规模有所回升。2018 年中国以人民币结算的对外直接投资 8048.1 亿元，较 2017 年增加 3479 亿元，同比增长 76.2%，扭转了 2017 年出现的负增长局面，并且超过对外投资出现峰值的 2016 年的增速（见图 2 – 9）。

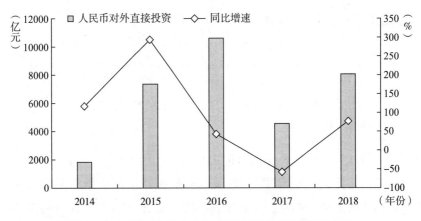

图 2 – 9 2014 ~ 2018 年人民币对外直接投资规模及增速

资料来源：中国人民银行。

2018 年全球跨国直接投资同比下降 19%，连续三年下滑。中国经济发展稳健，大大提高了对国际资本的吸引力，外商直接投资实现逆势增长，全年实际使用外资 8856.1 亿元，引资规模创历史新高。外商直接投资（不含银行、证券、保险领域）新设立企业 60533 家，同比增长 69.8%。其中，"一带一路"沿线国家对华直接投资新设立企业 4479 家，增长 16.1%；对华直接投资 64 亿美元（折合 424 亿元人民币），同比增长 16.0%。利用外资结构持续优化，特斯拉、宝马等项目落地，制造业利用外资占比升至 30.6%，高技术制造业实际使用外资 137 亿美元（折合 898 亿元人民币），增长 38.1%。以人民币结算的外商直接投资规模为 1.86 万亿元，创有数据记录以来最高水平，同比增长 57.6%（见图 2 – 10）。

（2）人民币证券投资。人民币计价的证券交易规模扩大是中国资本与金融项目日渐开放进程的重要结果，伴随着金融开放的稳步推进，双

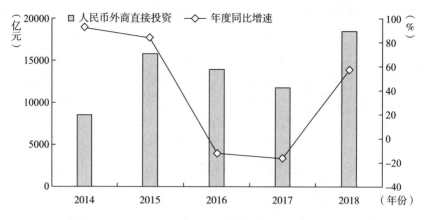

图 2 - 10　2014 ~ 2018 年人民币外商直接投资规模及增速

资料来源：中国人民银行。

向的人民币证券投资规模都不断扩大，境外机构在银行间债券市场发行的以人民币计价的"熊猫债"，以及国内机构在离岸市场上发行的人民币债券都呈现出规模不断扩大的趋势。截至 2016 年 8 月，银行间市场交易商协会披露共有 17 家境外机构获准在中国银行间市场发行"熊猫债"或开展"熊猫债"的注册，资金总额达到 1255 亿元，发行量为 391 亿元，债券余额存量为 311 亿元。中国香港特区市场的离岸人民币债券，也就是"点心债"，在推出后也得到境外不同投资者的认可和追捧。2015 年之后，境内的"熊猫债"市场热度上升，相比之下"点心债"表现得不尽如人意，总量有所下降，不过这并不影响"点心债"作为一种重要人民币债券的地位。除了上述两种债券外，还有世界银行旗下的国际复兴开发银行在 2016 年得到批准在中国境内发行总计为 20 亿特别提款权计价的债券。其中首期 SDR 计价债券的发行规模达到了 5 亿，其期限是三年期的，以 SDR 为计价货币，实际交易中以人民币支付，本轮发行的 SDR 计价债券也被称作"木兰债"。这一债券的发行进一步建立了人民币与特别提款权之间的联系，有助于促进人民币国际化进程，提高了人民币在资产计价领域中的作用。人民币国际化的进程还推动了人民币计价的国际债券发行的增加和品种的不断丰富。从国际清算银行的数据看，2015 年人民币国际债券和票据存量的总规模仅为 1247.92 亿美元，这一存量规模占全球债券和票据规模的比例仅为 0.59%，在全球资产交易版图中的位置微乎其微，无法同主要国际货币计价的各类债券和票据交易规模比较。图 2 - 11 给出了 2019 年与 2016 年全球主要国际货币计价债券与票据的发行余额情况的对比，可以看出美元计价的债券及票据余额仍然是最高的，紧随其后的是欧元，英镑与日元的占比较低，包含人民币在内的其余货币发行的债券和票据余额占比也很低。从这组数据的对比可以看出，人民币在金融资产计价方面的功能同美元、欧元等国际主流货币的差距还比较大，在金融市场中的地位还需进一步提升。

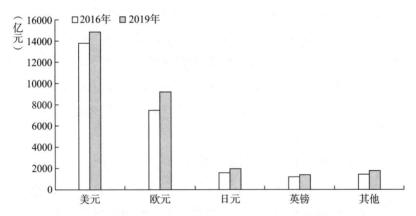

图 2 - 11 2016 年与 2019 年全球主要货币国际债券和票据的发行余额情况

资料来源：国际清算银行（BIS）。

在权益资产交易计价方面，我国资本市场的开放进程相对谨慎稳妥，基本上是在相对可控的范围内允许资本市场有限度地开放。资本市场开放与人民币计价股票交易主要通过香港市场间接实现，"沪港通"于 2014 年 4 月开通，成为中国资本市场开放的重大举措。"沪港通"的实现打通了港股市场和 A 股市场之间的通道，对境内 A 股市场以及港股市场都会产生重大影响。"沪港通"同时也是进一步推动资本与金融账户稳步开放，助推人民币国际化的战略举措。具体机制方面，"沪港通"可以通过以下几个方式推动人民币国际化进程：一是"沪港通"会拓宽内地人民币的投资渠道，同时成为中国香港市场的人民币回流通道，有利于形成人民币境内外流通的闭环，进一步扩大人民币在国际市场中的投资范围；二是"沪港通"扩充了投资 A 股的资金总量，对 A 股的活力提升是有利的，并有助于促进 A 股市场的完善和国际化程度的提升，有利于支撑人民币国际化；三是"沪港通"可以拓展香港和内地资本市场的融通以及投资者的交流，有利于香港资本市场相对成熟的制度体系和市场规则对 A 股市场进行机制和结构的优化，促进 A 股市场的健康发展，从而有利于实现人民币国际化。截至 2018 年 11 月，"沪港通"已经有四年的运营经验，累计实现资金的流动规模达到 10.31 万亿元人民币。这里面，有"沪股通"累计实现 6.06 万亿元人民币的成交，而"港股通"累计有 4.27 万亿元人民币的成交，双向交易特征明显。2016 年底，在"沪港通"经验的基础上，"深港通"也正式启动。在机制上"深港通"同"沪港通"相似，其作用也是加强香港与内地资本市场之间的一体化，完善资金与资产的互联互通机制，形成更大范围内配置资产的市场空间。"深港通"进一步拓展了香港市场的人民币回流投资渠道，有利于人民币国际化的推进。

（三）人民币跨境信贷领域的国际化

在支付结算与金融交易计价的基础上，跨境人民币信贷领域的拓展也是促进人民币国际化水平提升的重要渠道。跨境人民币信贷既包括外向贷款，即境内银行等金融机构向境外的企业或其他主体提供贷款，也包括内向贷款，即境外金融机构向境内的资金需求主体提供人民币信贷服务。显然，境内机构的外向贷款是人民币向外流出的渠道，而内向贷款则是回流机制，外向与内向两条信贷通道构成人民币信贷资金的流动闭环。截至 2017 年底，全国共有双向跨境人民币信贷资金池 1112 个，累计实现人民币流入 6511.7 亿元，流出 6257.3 亿元，累计净流入 254.4 亿元。

由于离岸人民币融资的利率比境内融资的利率更低，境内企业可以以更低的成本在境外实现融资，形成了人民币信贷渠道流动的动力机制。2013 年之后，中国人民银行先后审批了上海、深圳前海、昆山、天津、广西、云南等地区开展试点，允许企业从境外金融机构人民币计价的信贷融资，投入境内经营实体或项目，境外投资者持有人民币计价资产的渠道进一步丰富。从 2014～2019 年间境外机构和个人投资者持有境内人民币金融资产数额来看，其规模整体上有一定波动。随着人民币国际地位的提升以及人民币利率的下调，境外机构和个人持有境内人民币金融资产数额不断增长，中间虽有波动，但整体仍然呈现上升趋势。不过 2015 年汇率机制改革前后，人民币汇率有较大贬值压力，资本外流趋势明显，境外机构和个人持有境内人民币金融资产规模有所下降，2017 年后又迅速上升（见图 2－12）。

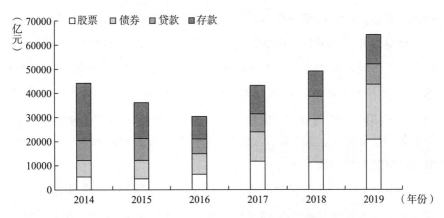

图 2－12　2014～2019 年境外机构和个人投资者持有境内人民币金融资产数额

资料来源：中国人民银行。

在资本项目放开的进程中，通过推出一系列的制度安排，如合格境外机构投资者（QFII）、人民币合格境外机构投资者（RQFII）、合格境内机构投资者（QDII）、人民币合格境内机构投资者（RQDII）、沪港通、深港通、债券通、熊猫债、基金互认等互联互通措施，人民币境内外金融市场间的流通渠道逐渐畅通，这有利于资本项目的可兑换，也对人民币国际化具有推动作用。众多境外投资者进入中国市场，有助于优化投资者结构和改善市场流动性。中国人民银行将完善相关制度规则、基础设施安排及配套设施，加强国际合作，有序推进资本项目可兑换，促进跨境投资和交易便利化、自由化，为推动形成中国金融市场全面开放新格局，提高人民币国际化程度做出积极贡献。

(四) 人民币外汇和衍生品市场

(1) 人民币外汇交易。从 2004 年开始，人民币计价的外汇交易规模从无到有，实现了快速的增长。2004 年单日的人民币外汇市场交易额仅为 20 亿美元，在全球外汇市场中的比重几乎可以忽略不计。这一数值到 2016 年，已经达到 2020 亿美元，在全球外汇市场中的份额也达到 4%，占有了一席之地。到 2019 年，人民币在外汇市场交易中的成交量持续平稳增长，全年累计实现的外汇市场成交额达到 1454.3 万亿元。2019 年，中国的银行间外汇市场持续活跃，成交总量保持平稳增长，全年实现人民币计价的外汇交易 246.0 万亿元，同比实现了 9.1% 的增长。其中，人民币外汇市场成交额为 172.4 万亿元，同比增长 4.4%；外币对市场交易成交额为 3.3 万亿元，同比增长 165.9%；外币拆借市场的成交额为 70.3 万亿元，同比增长 19.0%。2019 年 4 月 16 日，外币拆借单日交易量突破 600 亿美元；7 月 23 日，以境外外币债为抵押品的外币回购交易的累计成交量也突破了 400 亿美元。

(2) 人民币衍生品交易。人民币衍生产品市场尚处于起步阶段，其交易并未被国际清算银行单独统计。从目前掌握的数据看，人民币衍生品交易显著成长。2017 年，人民币利率互换交易的成交额达到 13.84 万笔，实现了 57.6% 的同比增长；名义本金的总额达到 14.4 万亿元，实现了 45.3% 的同比增长。2018 年，包括银行间外汇市场及银行在内的中国外汇市场，实现了中外汇衍生品交易总额 119.48 万亿元，同比增长 21.6%。银行间市场的人民币利率衍生品成交总量达到 21.4 万亿元，实现了 48.6% 的同比增长，交易笔数达到 18.85 万笔，实现了 36.2% 的同比增长。其中，利率互换名义本金的规模达到 21.3 万亿元，实现了 48.0% 的同比增长；债券远期交易的成交额达到 4 亿元，标准债券远期交易的规模达到 794 亿元，信用风险缓释凭证达到 67 亿元，信用违约互换达到 19 亿元。2019 年，银行间市场的汇率衍生品交易规模为 17.4 万亿美元，同比增长 0.4%。其中远期合约的交易量为 824.5 亿美元，人民币掉期合约的交易量为 16.7 万亿美元；人民币期权产品的交易规模达到 5813.3 亿美元。

如上所述，人民币逐渐充当国际货币的过程中，其在外汇市场交易的规模是日益扩大的，交易的活跃度也显著提高。然而，同主要国际货币相比，人民币在全球外汇市场中无论是交易规模还是存量都还存在着非常明显的差距。图2-13给出了2016年全球主要国家外汇场外交易市场（OTC）交易规模。显而易见，全球主要货币场外交易市场仍然是主流货币占据主导地位，其中美元在交易规模上占据绝对主力的位置，其后依次为欧元、日元、英镑、澳元、加元以及瑞士法郎。人民币交易的规模仅仅与瑞士法郎和加元有一定可比性，而美元在全球场外市场的交易规模仍可以达到人民币交易规模的22倍，从市场交易量所反映出的人民币国际化程度仍然处于起步阶段。

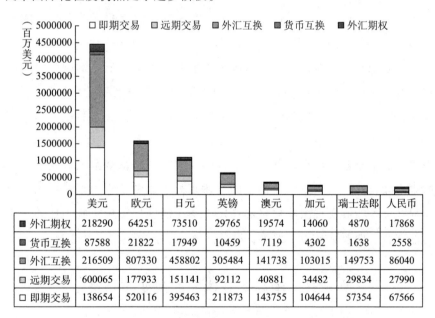

（百万美元）	美元	欧元	日元	英镑	澳元	加元	瑞士法郎	人民币
■ 外汇期权	218290	64251	73510	29765	19574	14060	4870	17868
■ 货币互换	87588	21822	17949	10459	7119	4302	1638	2558
■ 外汇互换	216509	807330	458802	305484	141738	103015	149753	86040
□ 远期交易	600065	177933	151141	92112	40881	34482	29834	27990
□ 即期交易	138654	520116	395463	211873	143755	104644	57354	67566

图2-13　2016年全球主要国家外汇市场OTC交易规模

资料来源：国际清算银行（BIS）。

第三章　外汇储备管理及其中国实践

外汇储备（Foreign Exchange Reserve）也可以称为外汇存底，是国际储备的主体组成部分，是一国以外汇或外汇资产形式所持有的，并在其控制之下的可用于国际支付，并能维持本国货币汇价的货币资产（IMF，2003）。从职能的角度看，国际储备主要用于国际支付需要，也兼具维护本国汇率稳定的功能，进而对以国际资本流动为主要形式的国际经济冲击具有防御功能。国际储备的形态随着国际货币制度变迁而不断演化，同时也因储备国同外国间经济关系的特殊性而有所变化。目前，国际储备资产主要的类别集中在具有较高流动性的金融资产上。具体包括以下形式：黄金储备、可自由兑换主要外币、国际货币基金组织储备资产和特别提款权等。其中，国际储备的主体是外汇储备，它包括：一国货币当局在境外能够实现国际支付和稳定汇率功能的货币等价物，如外国银行的支票、期票、外币汇票等，以及其他变现能力强的有价证券。

第一节　国际储备体系的演变与特征

持有国际储备的主要目的是确保国际收支的稳定，包括：调节国际收支，确保对外支付平稳畅通；在适当的情况下干预外汇市场，以维护本币汇率稳定；维护本国的国际信誉，支撑本国充足的对外融资能力；提高本国应对外部冲击，抵抗国际资本流动风险的能力。总的来说，持有外汇储备最重要的目标是保证国际支付和对冲风险。外汇储备作为国际储备的重要组成部分，是随着国际储备体系出现而产生的，其形态与管理方式也随着国际储备体系的变化而调整。国际储备体系是指在一种国际货币制度下国际储备货币或国际储备资产的构成与集合的法律制度安排。它是国际经济体系的一部分，是国际贸易支付、国际投融资、与国际其他经济往来相适应的国际储备管理方式方法的总称。

一　国际储备体系演变的简要回顾

从历史实践来看，自国际金本位制建立开始，国际储备体系演化大体经历了四个阶段，呈现出从单一化的储备体系逐步向多元化体系演进的过程。

阶段一：金本位制时期的国际储备体系。金本位制是以黄金为本位币的国际货币制度，在此制度下，黄金自然充当了国际储备的角色，并由此形成一系列国际储备规则。国际金本位制度大约形成于19世纪80年代，最早由英国在1816年前后确定了黄金作为货币的本位性质，其后随着欧洲与美洲主要国家的采用而成为全球第一个协调国际经济贸易关系的本位币制度。在金本位时期，黄金不仅在一国内部行使价值尺度、流通手段、储藏手段等货币功能，还发挥着国际货币的作用。这一时期，黄金作为国际货币，构成了国际储备体系的基石。国际金本位制度在各国内部的具体实现形式是金铸币本位制，各国可以自由铸造金币，自由兑换，同时黄金作为国际支付手段可以自由进出口。国际金本位制是内在稳定的国际货币制度，从国内看，金币的自由铸造保证了金币面值与黄金含量的一致性，金币可以自发地满足流通领域的需要；从国际看，黄金的自由进出口保证了各国货币以含金量为核心的比价体系，保证了各国汇率关系的一致性。金本位制的隐忧在于黄金储备数量与经济活动增长之间的差异，黄金自然增长的速度一旦低于经济活动需要的数量，就可能出现一国内部及国际的通货紧缩，造成黄金被窖藏，储备集中于少数大国，削弱了金币流通的基础。金本位体系下的储备体系，可以称为"黄金—英镑"储备体系。在这个全球储备系统中，黄金是国际进行结算的主要支付手段，也自然就是最重要的储备形式。

阶段二：两次世界大战间的过渡性储备体系。作为国际金本位制的典型形态，金币本位制终结于第一次世界大战。战争期间各国为满足作战需要，禁止黄金的自由流动，根本上破坏了国际贸易支付的规则，同时在国内大量发行不兑现纸币，造成金币本位制的瓦解。战争结束后，主要资本主义国家逐步恢复了其生产能力，国际经济秩序进入相对平稳的短暂时期，为恢复金本位制创造了一定条件。然而，由于战时的货币管制政策已经严重削弱了金币本位制的基础，典型的金币本位制始终无法得以重建。国际金本位体系进入一个相对残缺的阶段，黄金的货币功能不能完全发挥。除美国以外，多数资本主义国家实行了金块本位制和金汇兑本位制，这是一种没有金币流动的货币制度。随着金币退出历史舞台的还有典型金本位制的内在稳定性，黄金在该体制下的本位货币角色更多地体现为名义性的，在国际支付中的实际作用被弱化，但仍具有较强的储备功能。该制度在 1929～1933 年大危机中再度受到剧烈冲击，各国纷纷放弃了金块本位制或金汇兑本位制，转而普遍实行了不兑现信用货币制度。这一时期的外汇储备结构开始出现了多元化的趋势，逐渐形成不完全包含单一货币的多样化外汇储备体系。除了传统的英镑外，美元、法郎等货币也成为国际储备的重要币种，尤其是随着美国经济实力的快速膨胀，美元已经呈现出对英镑的替代趋势。这一时期的国际储备体系相对混乱，既有传统体制被破坏后的失序，也有新老货币的更迭，同时也有仍然笼罩在战争阴云下的国际政治格局的影响，整体呈现出不完备、不健全的特征，是新型国际秩序探索过程中的过渡阶段。

阶段三：布雷顿森林体系时期的国际储备体系。两次世界大战之后，国际经济秩序出现了暂时的平静，国际金融市场随即进入到动荡不安状态，国际货币体系也出现了多元化的分裂状态，各国货币竞相贬值，国际金融秩序混乱。二战后，为了稳定西方资本主义世界的经济，促进世界经济恢复与发展，1944 年以美元为核心的布雷顿森林体系得以确立。该体系的本质是金汇兑本位制，黄金仍然是确定货币价值的基础，而美元则充当其他货币与黄金之间的媒介。由于黄金只在名义上还具有货币属性，布雷顿森林体系的本质是以美元为本位的国际货币体系。在具体安排上，国际货币体系中美元与黄金挂钩，其他国家货币与美元保持相对固定的汇率，只在极小的范围内调整汇率。布雷顿森林货币体系也可以称为"美元—黄金"储备体系，在该体系下，充当国际储备的核心资产已经逐步从黄金转向美元，黄金只保留名义上的核心地位。在金汇兑本位制条件下，黄金增长与经济增长之间的矛盾仍然存在，黄金增长的速度无法满足经济增长的要求。同时，各国间黄金储备结构不平衡，美国持有了全球 3/4 的黄金储备，其他国家的储备数量不足，美元作为黄金的替代物，逐步成为国际储备的基础形式。在布雷顿森林体系解体之前，美元在全部国家外汇储备中所占的比例已经达到 90% 以上，美元一元化的外汇储备格局得以不断强化。

以美元为核心的金汇兑本位制与一战前典型的金币本位制有明显区别。在金币本位制下，不同国家的货币币值直接取决于黄金含量，国际储备形态在黄金和铸币之间是等价的。由于黄金内在价值稳定，外汇储备作为调节各国铸币价值的缓冲器，有效地促进了信用和价格体系的稳定性。然而，在布雷顿森林体系下，各国货币不再与黄金直接联系，而是以美元作为中介实现间接联系，即便在名义上可以确保各国货币之间比价的稳定，但存在不同于典型金本位制的隐患。如美元的核心地位来源于美国的黄金储备，而各国可以以持有的美元来兑换美国的黄金，从而改变国际黄金储备持有的格局。黄金外流会削弱美元的核心货币地位，而黄金的兑换又是不可避免的。随着二战后各国经济的快速复苏，尤其是欧洲在一体化进程中经济实力的迅速恢复，美国在经济规模与实力上的绝对优势也会发生一定程度的动摇，从而形成黄金流出美国，美元发生贬值的压力。另一种内在的不平衡来自所谓的"特里芬难题"，即世界各国的美元外汇储备需要美国通过贸易逆差实现美元供给，而美元作为核心货币的币值稳定又需要贸易顺差支撑，两者之间存在内在矛盾，因而，布雷顿森林体系是不稳定的。虽然在二战后一段时间该体系促进了全球经济的复苏与繁荣，并保证了国际经济秩序的稳定，但只要上述矛盾不断加深，布雷顿森林体系就将丧失其得以维系的基础，美元在外汇储备中的地位也很难维持。

阶段四：20 世纪 70 年代以来的多元储备体系。布雷顿森林体系的不稳定性最终造成了该体系的解体。20 世纪 60 年代美国深陷越战泥潭，国际收支恶化，黄金储备持续流失，爆发了多轮美元危机。1971 年美国宣布停止兑换黄金，并实施美元对黄金的贬值，美元与黄金脱钩。随后，各国货币也逐步与美元脱钩，进入浮动汇率时期。为规范布雷顿森林体系瓦解后的国际金融秩序，国际货币基金组织（IMF）于 1974 年提出了改革国际货币体系的建议，并在 1976 年达成牙买加协议。牙买加体系的典型特征是国际储备的多元化，美元不再是一头独大的国际储备货币，其他多种货币和多种形态的资产逐步成为国际储备的组成部分。美元在国际储备中仍然占有主导地位，但其垄断的格局已经被打破，美元在国际储备中的地位出现了大幅度下降。而马克、日元两种货币随着其发行国经济的快速恢复而迅速崛起，成为重要的国际储备货币。同时，英镑、法郎等传统国际货币也恢复了其在国际储备格局中的部分份额。国际货币基金组织（IMF）的储备头寸、特别提款权（SDR）也成为国际储备的重要组成部分。

二 国际储备体系的特征

首先，国际储备体系发展呈现出多元化的趋势。布雷顿森林体系解体后，国际储备体系进入了以美元为主导、以信用货币机制为基础的多元化时期。从单一的美元核心体系逐步转向多元化的国际储备体系，既反映了世界经济格局的深刻变革，也体现了单一化储备货币制度的内在缺陷。固定汇率体系瓦解后，主要货币汇率波动频繁，国际资本市场快速发展，应对国际清偿的支付需求迅速扩大，储备资产国际管理的需求扩张，美国和主要工业化国家的相对经济地位和实力出现了一定程度的调整。储备多元化既体现为非货币化资产的出现，如储备头寸、特别提款权、非货币化的黄金等贵金属，又体现为非美元货币在储备体系中规模的扩大，如欧元、日元、英镑等货币。由于美元在储备体系中仍然处于核心位置，国际储备体系的多元化发展仍然受制于美元。美元强势周期内，储备多元化趋势会受到抑制；美元弱势周期内，储备多元化则会得到推进。因此，当前的国际储备体系虽然已经告别了单一的美元本位制，但仍然不是完全多样化的体系，仍然受制于美元，其他主权货币虽然有一定的储备地位，但仍无法对美元形成替代。（见图3-1）

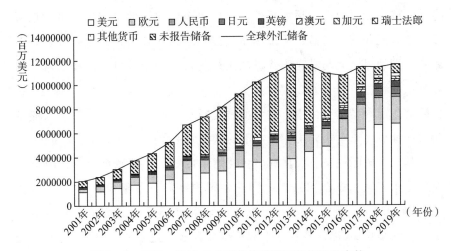

图 3-1　2001~2019 年全球外汇储备币种构成及走势

资料来源：国际货币基金组织（IMF）。

储备多元化趋势的出现是美元所具有的内在逻辑的结果。任何主权货币作为国际储备都无法避免"特里芬难题"，即本币作为储备货币所需要的币值稳定同境外国际货币需求所要求的国际收支逆差之间的矛盾。任何一种货币替代美元都会导致其陷入特里芬困境，这限制了其他国家货币对美元的替代。无论是欧元、日元还是英镑，其货币国际化都是建立在本国顺差的基础上的，而顺差国只能通过资本流出实现国际货币供给，而国际金融市场是美元主导的，这也从一定程度上限制了其他国家货币国际化的发展。事实上，以马克和日元为代表的国际储备货币功能的提升更多的是被动而非主动的。前联邦德国与日本在20世纪70年代都不希望本币的国际储备货币角色得到强化，成为国际货币需要币值的稳定，在资本流动的条件下，本国的货币政策效果会受到影响。同时，本币国际化程度的提高也可能会导致国际资本的流入，对本国经济与金融市场构成冲击和影响。进入20世纪80年代，日本与西德都对本币的国际化持消极态度。但是这一时期，美国财政赤字持续快速增长，国际收支逆差也持续扩大。美国希望通过美元贬值来增加出口竞争力，改善国际收支状况。1985 年 9 月，美国、日本、联邦德国、法国、英国五国财政部部长和央行行长在纽约广场饭店达成联合干预外汇市场的协议，主动实施美元对主要货币的贬值，以解决美国国际收支赤字问题。该协议迫使日元和马克升值，从市场角度强化了这两种货币的国际储备货币地位。即便以日元与马克为代表的主权货币在一定程度上承担了国际储备货币的角色，但美元在国际储备体系中的决定地位并未发生动摇。在国际储备币种结构变化中，美元所占比重虽有所下降，但其第一大储备货币的地位从未动摇，国际资本市场以美元主导的格局并未发生变化。

其次，国际储备总额呈现出快速增长的势头。从数据上看，1950 年全球除了苏联、东欧国家与中国外各国国际储备总额仅有 183.25 亿美元，到 1970 年达到了 932.43 亿美元。而到 1983 年迅速激增为 4154.6 亿美元，约增长 23 倍，平均每年增长 68% 还多。进入 20 世纪 90 年代，随着经济全球化与金融自由化的加速，主权国家在国际游资冲击下，频繁发生货币危机，凸显了以外汇为主体的国际储备的作用。充足的外汇储备对国际游资冲击防范，确保本国货币汇率稳定，维护金融市场安全十分重要。此后，以东亚国家为代表的新型经济体与发展中国家开始大量积累外汇储备。1990 年全球国际储备为 6887 亿 SDR，到 1995 年突破 1 万亿 SDR，达到 1.023 万亿 SDR。二战后全球国际储备的增长速度进一步加快，2006 年底已经达到 3.4 万亿 SDR 的规模。截至 2018 年，全球各国全部外汇储备总额达到 11.48 万亿美元，这里包括已分配的外汇储备约有 10.52 万亿美元。其中，截至 2018 年 8 月中国的官方外汇储备总额约为 31097 亿美元，约为全球外汇储备总额的 27%。从结构上看，20 世纪 70 年代之后随着国际储备规模的扩张，国际储备的构成结构也发生了明显变化。总体来看，外汇储备在国际储备中所占的比重日益扩大，黄金的储备功能逐步弱化，特别提款权的比重也随着国际货币基金组织在全球金融治理中功能的弱化而下降。1980 年，黄金储备仍占全部国际储备的 9.4%，特别提款权为 3.3%，外汇储备的占比则刚刚超过 80%。到 2006 年，黄金储备、SDR、在 IMF 头寸三项非外汇国际储备资产在全部国际储备中的占比都已经不足 1%，外汇储备的占比已经超过 98%。

外汇储备在国际储备中的作用不断强化，而在 IMF 头寸、特别提款权等资产的作用是下降的。(见图 3 – 2)

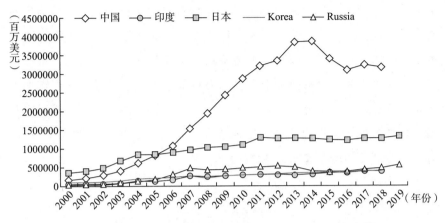

图 3 – 2 2001～2019 年储备规模前五位国家国际储备变化情况

资料来源：国际货币基金组织（IMF）。

　　国际储备规模与结构的变化反映的是储备资产作用的变化和性质的调整，国际储备最基本的功能是应对国际收支不平衡，用以弥补逆差所需的对外支付。在 20 世纪 70 年代前，国际经济秩序在布雷顿森林体系下保持相对稳定状态。国际货币基金组织与世界银行在金融秩序与国际开发方面维系着国际资金往来；在国际贸易领域，关税及贸易总协定（GATT）协调着各国的贸易往来秩序。这一时期的国际经济秩序相对平稳，国际贸易与长期资金流动是主要的收支形式，短期资本流动面临比较大的约束，各国汇率与利率的管制程度也比较高。因此，在储备结构中，黄金由于与美元间的直接关联而成为核心储备资产，而国际货币基金组织的协调能力仍比较显著，无论是储备头寸还是特别提款权，都具有相当的清偿国际支付的功能，外汇储备虽是储备的主体，但其他储备形式仍有一定的份额。然而，70 年代之后，随着布雷顿森林体系的瓦解，金融自由化程度日益提高，国际经济往来不再局限在贸易与长期投资领域，国际短期套利资本兴起，国际资本市场与外汇市场的整合联动程度越来越高，金融风险在国家间的传导途径更为通畅。在浮动汇率体制下，汇率波动与各经济体资产价格之间的联动关系也不断强化。在此背景下，各国面临国际短期冲击的压力逐渐增大。为应对压力，持有适度甚至是较多的外汇储备，是保障一国宏观经济安全和金融市场稳定的必要条件。90 年代以来的货币危机与金融危机的频繁出现，各国为应对短期冲击风险，对外汇储备的需求快速上升，并直接导致了外汇储备规模的迅速扩大。另一方面，由于储备功能从支付逐渐转向预防，传统的黄金、特别提款权等资产由于变现能力有限，也无法形成对外汇市场的干预，其储备功能出现了下降。而外汇资产既具有强流动性，同时也具备干预外汇市场、保障汇率稳定的作用，其在储备中的比例越来越高，并几乎将其他储备形式完全替代。

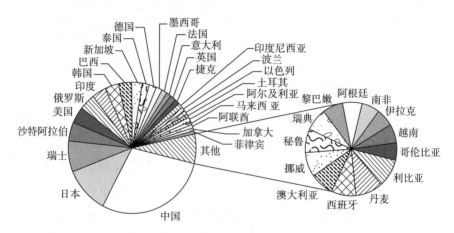

图 3 – 3 2017 年全球国际储备持有情况（排名前 40 位）

最后，储备在不同国家间的分布不均衡。储备作为财富的一种体现形式，其分布不均衡是国际竞争的必然结果。各国由于发展历史、要素禀赋、经济制度等方面存在差异，在国际市场上的竞争力也有区别，因而其储备积累能力也存在差别。总体来看，发达经济体所持有的黄金储备和外汇储备占据较大比例，而发展中国家持有的黄金储备、外汇储备都较少，国际清偿能力有限，应对国际资本短期冲击的防御力也不足。图 3 – 3 给出了 2017 年全球排名前 40 位的国际储备持有情况。如图所示，储备排名在前 40 位的国家大体有三类：一是美国、德国等西方发达国家，这些老牌发达国家无论是黄金储备，还是非黄金储备都占有全球的相当份额；二是中国、印度、俄罗斯和巴西等金砖国家，这类国家都是发展中大国或转型国家，从经济体量和影响力来说都颇具规模，在充分参与国际分工的过程中，其积累外汇储备的能力也较强，储备的需求也较大；三是韩国、新加坡、泰国等为代表的亚太新兴市场经济体，这些国家由于实施外向型发展战略，经济增速较快，积累外汇储备的能力也较强。同时，由于历史上发生过亚洲金融危机，其积累储备的倾向也较高。这些国家通过积累外汇储备来应对短期资本流动，并确保本国汇率稳定以有利于宏观经济。此外，以沙特阿拉伯、阿联酋为代表的中东石油输出国也持有较多的外汇储备。由于国际石油交易主体以美元计价，出口石油形成的石油美元成为中东产油国外汇储备的主体来源。除了这三类国家，其他经济相对落后的发展中国家，外汇储备的规模都较小，积累储备的能力也相对有限。从储备集中度来看，2017 年储备规模（含黄金在内）排名在前 10 位的国家储备总和占全球储备的比例为 72.27%，前 20 位国家总和占比为 84.89%，前 30 位国家总和占比为 93.56%，前 40 位国家总和占全部储备的 98.02%，国际储备集中化程度显而易见。

第二节　外汇储备管理的理论与实践

一　外汇储备管理的原则

外汇储备管理是一国货币当局或其他政府管理部门，依据特定的原则和方法，根据本国国际收支状况和宏观经济运行需要，从总量和结构两个角度对外汇储备实施持续动态调整，以实现国际收支平衡及其他特定政策目标为基础，以储备资产的规模适度、结构优化和资产安全为目标的过程。外汇储备管理主要包括两方面内容：一是外汇储备规模管理，即总量上的管理，其优化目标是通过合意的外汇储备规模以实现储备当局的最优化；二是外汇储备的结构管理，既包括大类的币种结构，也包括具体的资产选择，即投资何种资产。结构管理的目标是实现外汇储备风险与收益之间的平衡。对于外汇储备管理当局而言，其想要实现的目标是在保证其他宏观经济目标功能最大化的前提下，实现持有外汇储备的收益最大，或者成本最小。

由于外汇储备管理的多目标属性，其管理过程是复杂的，也是动态的，需要随着一国所面临的国际经济形势的不同而进行调整。总的来说，外汇储备要服务于一国宏观经济发展需要，除了保证国际收支的正常进行外，促进宏观经济平稳发展也是重要的功能取向。多目标之间经常会存在冲突，因而外汇储备管理无论在总量上还是结构上都涉及在不同的目标之间权衡取舍的问题。当前，无论理论研究还是各国具体的外汇储备管理实践，通常都将安全性、流动性和盈利性作为外汇储备管理的基本原则。其中，安全性是第一位的；流动性次之，是保证安全性的一个条件；最后是盈利性，在满足安全与流动的前提下，外汇储备还要兼顾盈利性。从三项原则的顺序可以看出，外汇储备管理是不以盈利为第一目标的，更强调其作为预防性资产的功能。

（一）外汇储备管理的基本原则

安全性原则指外汇储备管理中的风险最小化原则，是外汇储备管理原则中最重要的原则。外汇储备作为货币当局持有的官方储备资产，其所面临的风险同一般的外汇持有人承担的风险相同。广义的外汇风险包括交易风险、会计风险、经济风险等不同层次的风险，官方外汇储备的风险也主要来自这三个层次。交易风险是外汇价格变化产生的直接风险，会计风险则是外汇储备在账面上价值变化的不确定性，经济风险反映的是外汇汇率变化对经济行为以及经济结果的影响。持有外汇储备的风险中，最基础的是持有外汇资产价格变化产生的储备价值变化的风险，还包括外汇储备资产的发行方违约造成的储备财产损失。除了直接的风险外，外汇储备风险还包括间接的风险，即由于外汇储备因风险暴露而缩水，或者储备资产流动性出现障碍导致变现困难，进而可用储备资源下降，最终导致原本用于对外支付或应对外部冲击的储备资产难以发挥作用，这种间接的风险可以被理解为储备资产的经济风险。由于外汇储备的预防性功能，必须保证外汇储备在应对支付和冲击时具有国际清偿力。因此，多数国家在外汇储备投资的选择上都将安全性放到首位，更多地将资产配置到经济、政治、社会都相对稳定和有实力的国家，选择信誉高的大型金融机构作为中介。在币种的选择上，外汇储备也要更多地选择风险小，币值比较稳定的货币作为资产币种的配置方向。在具体资产类别的选择上，应更多地将储备配置到低风险低收益组合的金融工具上，如国债、信誉良好的机构债等是外汇储备的资产选择。

流动性原则是指外汇储备在选择币种或资产的配置方式时，应当以变现能力作为重要的考量目标，选择变现能力强的资产作为配置的主要方向。流动性原则与安全性原则具有一定的同一性，流动性强的资产，其安全性一般情况下也会更高一点。但流动性与安全性又不完全等同，流动性更加强调的是外汇储备的随时可用性，强调其用于支付或应对冲击的可能性与效率。流动性还体现在外汇储备资产变现时价值损失的程度很小，并且对市场资产价格的冲击微乎其微。按照流动性的标准，适合做外汇储备的资产主要局限在市场中存量巨大的现金及其等价物，以及政府债券等固定收益类产品上。这些资产的共同特征是市场规模庞大，市场交易活跃，资产变现能力强，价格相对稳定。实际市场操作中，外汇现金、外国短期国债、中长期国债等都是外汇储备常见的资产选择。机构债、公司股票等有价证券虽然也具有一定的流动性，但其安全性相对较低，风险较大，因而较少成为外汇储备的选择标的。由此可见，流动性原则是从属于安全性原则的，在保障安全的前提下，应将储备配置给流动性较强的资产。

盈利性原则是排位在最后的外汇储备管理原则，是位于从属地位的原则。只有在充分保证安全性和流动性的前提下，盈利性才是外汇储备管理应当考虑的目标。盈利性原则的从属性并不意味着不需要，作为财富的一种形式，外汇储备仍然是追求保值增值的，只是需要以安全性与流动性两重目标的实现为基础。盈利性原则要求外汇储备管理者能够有效地通过分析储备资产市场走势与风险状况，通过建立投资组合的方式，达到资产增值的目标。对盈利性的要求常常是民众对外汇储备管理误解的根源。外汇储备管理不同于一般的资产管理，并非只要在风险收益匹配的资产市场中按照风险偏好程度来配置资产即可，更不是国家持有外国资产来牟利以增加财政收入或提高国民福利。而是应当按照安全性、流动性、盈利性的顺序来进行决策。

在外汇储备管理实践中，安全性、流动性和盈利性三者之间通常存在冲突，而无法达到协同一致的效果。金融市场的均衡规则是风险与收益的对应关系，高风险的资产需要高收益来对风险承担者进行补偿，而高收益也必然蕴含着高风险。此外，流动性也与收益性之间存在关联，高流动性的资产由于变现能力高，其风险也相对较小，收益率也不会太高；反之，流动性差的资产，其风险也较大，收益补偿要求更高。如上所述，在三者无法协调一致的情况下，安全性应作为第一原则，收益性应最后考虑。但实际操作中，这种原则也会受到不同外汇储备规模、国家经济实力与偏好结构的影响而有所差异。当外汇储备规模不足时，安全性和流动性至关重要，盈利性几乎可以忽略；而储备过剩，即超过了维护国际收支与经济稳定的基础需求时，盈利性会显得更加重要。另一方面，经济实力强的国家更多重视储备的流动性，强调储备的目的是为了随时进行支付与干预；经济实力弱的穷国可能更加看重储备的财富价值，关注盈利性。此外，一国宏观经济弹性以及外汇储备管理当局的风险偏好也很重要，实施浮动汇率制度的国家由于汇率调节机制效果更大，其外汇储备管理的风险容忍度也会更大。总之，国家间的异质性会导致外汇储备管理原则间关系的权衡调整，但安全性、流动性与盈利性的三大原则及其一般性次序关系是外汇储备管理的一般原则。

（二）外汇储备管理原则的变化

外汇储备管理原则根源于其功能。早期以外汇为核心的国际储备理论重视储备在市场中的实际作用，即当发生国际支付需求或汇率异常需要干预的情况下，能够动用外汇支付进口、偿还债务或在外汇市场中对汇率进行适当干预。这是一种事中或事后干预的思路，外汇储备的积累、管理与应用是被动的，是受到实际市场状况应对的需要驱动的。在早期的这种思路下，外汇储备的积累和管理应当满足实际经济的需求。一是在外汇收入不足以支撑外部进口支付的情况下，外汇储备能够满足一定时间内的进口支付需要；二是外汇收入不足以应对短期债务本息偿付的情况下，外汇储备可以满足应对一定规模短期债务归还本息的流动性需要；三是当汇率出现过度波动时，外汇储备可以满足在外汇市场干预的需要，从而保证汇率的相对稳定。

随着金融自由化与经济全球化的推进，外汇储备的管理思路也在发生着变化。从传统的只关注国际收支平衡和汇率稳定，逐步拓展到其他功能的范围，注重其在宏观经济调节、内外均衡调节中的重要作用。当国际收支出现逆差时，除了作为支付手段，保证国际收支的连续性之外，外汇储备的作用还可以拓展到促进国际收支平衡的恢复。外汇管理当局可以卖出外汇同时买入本币，增加对国内投资和商品的需求，吸引国际资金流入，实现弥补逆差的目的。这是使用外汇储备实现外部均衡的目标。当国内宏观经济出现失衡，如总需求大于总供给时，外汇储备可以用来增加从外国的进口，实现对总供给与总需求关系的调整，进而促使内部宏观经济更加趋于均衡。可见，外汇储备除了支付与干预外，从宏观层面也具有促进经济均衡实现的作用，逐渐成为实现经济内外均衡的一个必要的手段。

除了在作用范围上的拓展外，外汇储备管理原则的变化还体现在其作用机制的变化上。概括其特点，就是从传统的实际支付与干预的作用机制，逐步转为强调外汇储备对宏观经济以及微观金融市场信心的作用上，更加强调外汇储备的"威慑力"。国际货币基金组织（IMF）于2001年发布了《国际储备管理指导》，总结了全球化时代，国际外汇储备管理的新实践。在该文件中，国际货币基金组织（IMF）对国际储备管理目标的定义是："①有充分的外汇储备来达到一系列被定义的目标；②用谨慎原则来管理国际储备的流动性风险、市场风险和信用风险；③在流动性风险和其他风险的约束条件下，通过将国际储备投资于中长期金融工具而获得一个合理收入。"展开对外汇储备目标的具体定义，主要包括："①支持货币政策与汇率管理政策的信心；②通过吸收货币危机的冲击以及缓和外部融资渠道的阻塞来限制一国经济的外部脆弱性；③提供一国能够偿还外债的市场信心；④支持对国内货币的信心；⑤支持政府偿还外部债务与使用外汇的需要；⑥应付灾难和突发事件。"

可以看到，在国际货币基金组织（IMF）的话语体系中，信心被视为外汇储备管理目标的重要关键词。无论在货币政策领域，还是在市场领域中，支撑信心都是外汇储备管理的重要目标。这意味着，外汇储备管理原则已经从传统的事中及事后的补救，逐步转向事前的预防。传统的目标，诸如应对汇率变化、支付国际收支逆差等仍然被包含在内，但整体上外汇储备管理的重心已经转向预防性的预期管理。与目标的变化相适应，外汇储备管理的安全性、流动性、盈利性原则的内涵也会有所调整。安全性与流动性原则的重点从变现能力，扩展到对与宏观经济相关的各主体预期的影响上。外汇储备管理的主动性更强，预判基础上的预期管理需要主动通过储备总量与结构的调整而实现预期效果。外汇储备管理的政策性作用得到强化，与货币政策、财政政策等形成共同维护一国内外均衡与稳定发展的政策工具箱。

二 外汇储备管理的内容

外汇储备管理是指一国货币当局按照特定的宏观经济与国际收支目标，对该国外汇储备的总量与结构等实施各种措施，以保证外汇储备功能得以有效实现的各类行为与措施的总称。在外汇储备管理三原则的框架内，外汇储备管理的主要内容可以分为规模管理和结构管理两个方面。

（一）规模管理

外汇储备的规模管理是以外汇储备总量优化为目标的管理过程。规模管理作为外汇储备管理首先需要确定的目标，是结构管理的前提，管理的目标是保障外汇储备在总量上达到功能需要，并实现优化状态。具体的总量管理可以分为两个层次：一是充足性问题，即保证外汇储备功能的外汇储备规模的确定与管理实施的问题；二是适度性问题，即在规模充足的前提下，实现优化目标的最适度规模确定与管理实施的问题。

1. 充足性管理。充足性管理的出发点是保证基本的外汇储备功能需要。根据上节的论述，外汇储备功能存在着不断演进的变化过程，因而对其充足性的认识也是随之变化的。早期衡量外汇储备充足性的方法是指标法，即使用外汇储备与具体外汇支出需要之间的比值来确定充足性的条件。如针对外汇储备的贸易支付功能，构造外汇储备占进口额比重的比率指标，以及针对外汇储备偿债能力构造外汇储备与外债规模的比率指标等。其中，外汇储备与进口额的比值的含义非常明确，它表示在无法取得外汇收入的情况下，一国使用外汇储备来支付进口贸易，能够维持当前进口水平稳定的时间。这一指标描述了经常账户平衡所需的外汇储备规模，早期的经验数据通常要求至少满足 3 个月的进口支付需要。外汇储备与外债规模的比率则衡量了资本账户下，一国在无法获得外汇收入情况下应对外债的能力。20 世纪 70 年代以来，随着自由主义在西方社会的复兴，经济领域的全球化与金融自由化逐步形成席卷全球的浪潮。布雷顿森林体系瓦解后，西方主要货币进入自由浮动时期，国际资本流动，特别是短期资本流动发展迅速，形成了破坏力越来越大的国际经济冲击。在此背景下，积累外汇储备以应对由于汇率波动或国际资本流动构成的外部冲击，成为持有外汇储备的重要目的。外汇储备与短期外债的比率指标逐步受到越来越多的关注。实证分析的大量研究表明，外汇储备与短期外债比率较低的经济体，其受资本流动冲击的风险更大，进而发生货币危机的可能性也更大。根据国际货币基金组织（IMF）的建议，以外汇为主体的国际储备与短期外债的比率指标应当成为衡量一国储备充分性的基础标准。在此基础上，同时需要纳入考虑的影响因素应当包括汇率制度、外债计价货币、宏观基础性因素、微观市场环境等。

除短期外债之外，衡量储备充足性的指标还包括外汇储备与货币总量的比率。同与外债规模的比率不同，该指标重点关注的是应对潜在资本外逃的能力。资本外逃既包括归还短期外债造成的资本外流，更包括该国之前吸引的外部短期资本流入在本国短期资本市场中投资获利后，在受到利空信息冲击后集中向外转移的部分。资本外逃所造成的影响要大于偿还短期债务，它会造成国内资本市场的大幅缩水，甚至引起一定程度的金融风险，乃至金融危机，最终还会传导到实体经济部门，造成一国宏观经济的不稳定。因而，应对资本外逃成为外汇储备的重要功能。外汇储备与货币总量比率指标在一国货币需求出现波动以及金融体系，特别是银行系统有比较显著的脆弱性背景下，是比较有效的衡量外汇储备充足性的指标。如果一国货币需求稳定、金融系统稳健，则该指标只能作为资本外逃的潜在信号，起到一定的预警作用。从近年来的实践看，以国际货币基金组织为代表的全球金融治理体系对外汇储备的充足性给予了高度关注。其关心的外汇储备对经济风险的覆盖程度，也从进出口支付需求、偿付外债本息等传统领域，逐步拓展到金融市场安全与宏观经济稳定性等更广阔的领域。20世纪90年代以来的多次金融危机表明，充足的外汇储备是应对短期资本流动冲击，避免陷入更大规模金融与经济危机的重要保障。以外汇为核心的国际储备充足性问题也需要在新的国际经济环境下予以审视。

2. 适度性管理。在充足性的视角下，外汇储备多多益善，规模与安全性之间必然是正向关系。此外，较大规模的外汇储备是政府宏观调控能力的有力保障，对于提升主权国家及其企业的国际市场声誉与信用具有基础性作用。同时，充足的外汇储备也有利于一国国际贸易的开展、对境外资金的吸引、为本国企业提供更有利的国际融资环境、进行金融风险处置等。然而，从优化的视角看，外汇储备并非越多越好，因为持有外汇储备是有成本的。具体而言，持有外汇储备的成本主要由三个方面构成：一是直接的持有成本，即因持有外汇储备资产而产生的直接费用。如为管理外汇储备而支付的人员机构的费用，为实现储备在不同币种和资产间进行配置及进行调整所产生的交易成本等。直接持有成本在外汇储备管理成本中的占比很小，而且随着外汇储备规模的扩大，此类成本在边际上是下降的。二是机会成本，即因持有外汇储备而无法投入实际生产或购买所丧失的机会。外汇储备的本质是国家持有的以外币计价的金融资产，包括债权与权益。既然是外币资产，就无法投入到本国的实体经济中，无法用储备资金进口商品、购买劳务，进而生产实际的财富，增加国民收入，提升就业。因而，持有外汇储备的机会成本就是无法利用这些储备资金在实际经济中发挥作用而造成的潜在损失。三是经济成本，即因持有外汇储备而产生的本国经济遭受损失的风险。外汇储备通常是一国货币当局使用本币在外汇市场中购买而积累的，这意味着外汇储备的增加会导致本币供应量的上升。外汇储备规模过大，就会形成通胀压力，并且造成货币政策效果的损失。综上，虽然从应对支出与风险的角度看，外汇储备的持有是越多越好的，但考虑到与成本间的权衡，实际管理中存在理论上的最优规模，以及实践上相对适度的规模区间。

适度外汇储备规模的确定要考虑到多重因素的影响，主要考虑到进口需要、偿还外债需要、利用外资情况、短期资本流动规模等需求侧因素；同时还要充分考虑外汇储备投资收益与风险状况、外汇储备的持有成本等外汇储备供给侧因素。在综合各方面因素的基础上，按照外汇储备管理部门的目标函数来确定适度的外汇储备规模。确定一国适度的外汇储备规模，实现外汇储备保障性功能的有效发挥，又减少过度储备所产生的浪费，成为各国外汇储备管理当局确定最适度储备规模的平衡选择。经验上确定适度储备规模所使用过的指标包括储备与 GDP 的比值、储备与外债总额的比值、储备与进口额的比值等比率指标，其构造的原理是从储备的具体应用方向与功能的角度，对外汇储备应对国际支付的能力进行评估，是否合适的标准是能否满足一定时期的外汇支付需要。这种确定方式本质上并非适度规模的测度，而是最低规模的测度，评价的是"多少够用"而非"多少适度"。实际上，适度性与最低限度是不同层次的要求，因而早期外汇储备适度性研究关于比例的探讨实际上是对保底充足性的讨论。

从技术与实践的角度，确定外汇储备适度性的方法主要包括两大类，一类是定性分析，另一类是定量计算。定性分析是通过归纳总结的方式，根据历史经验判断外汇储备规模是否适度的分析方法。其遵循的基本逻辑是根据历史上影响外汇储备是否适度的各类因素与外汇储备关系的经验结果，分析当前此类影响因素的变化情况，进而判断当前外汇储备管理的状况以及未来适度储备规模确定的大致方向。实践中，常常以一些关键指标呈现出的状况来推演储备充足与否。具体例如：①利率的持续走高；②外汇与外贸管制；③紧缩性需求管理；④汇率出现持续的波动；⑤新增储备主要来自信用安排等。这些指标一旦出现，则说明该国外汇储备干预市场、确保宏观经济稳定和外汇市场平稳的作用已经呈现弱化迹象，因此，政府不得不动用利率政策，甚至是直接进行市场管制的方式来应对国际收支问题，此时外汇储备的规模存在不足的问题。由于没有充足的储备，该国政府缺乏市场干预能力，汇率的不稳定性增强，该国甚至会通过举借外债的方式来应对短期的流动性困境。

定性分析的合理性在于一些国际收支或宏观经济迹象的确是储备不足的客观体现，因而通过此类现象来倒推储备规模不足是有一定逻辑的。然而，定性分析的缺点也是显而易见的，当出现这些经济迹象时，一国的实际外汇储备不足已然发生了，而且处于困境中的该国又缺乏内生应对的方法，因此国际收支恶化的可能性会增加。这显示出该方法的滞后性，其不能够对外汇储备不足进行预警，也无法在出现问题时给出解决问题的答案。同时，定性分析虽然可以给出充足性判断的一些证据，但无法给出具体的合意储备的规模区间，因而其政策含义是模糊的，仅仅是具有方向性的。另外，定性分析还容易反映虚假的因果关系。经济与政策变量出现了不利变化，其原因除了外汇储备不足外，还有可能是其他经济、政治因素所导致的，因此，因果性问题仍是制约定性分析效果的关键因素。

定量分析法是通过数据分析定量得到适度规模的分析方法，例如比例分析法、成本—收益分析法、最优化方法等。比例分析法将外汇储备的适度规模定义为满足某一宏观经济变量的一定比例，或应对一段时期某方面经济支出对外汇需求的量，以此来衡量外汇储备的适度水平。该方法最早使用在进口支付上，特里芬首先提出了将外汇储备同一国进口额的比例（R/M）作为衡量外汇储备适度性的标准，并认为，一国的R/M应在20%~40%之间为宜。换算成储备应对进口额的规模，一国的适度外汇储备应能够满足3~4个月的进口需求。

与进口比例法类似，其他的一些短期支付需要也可以构造比例指标，常用的包括储备与短期外债规模的比例、储备与GDP的比例等。储备对外债的比例显然是借鉴了进口比例的思路，用储备应对短期外债作为其适度性的测度，比较符合对外汇储备基本功能的认识。比例法的另一个好处是简单实用，因而也成为国际货币基金组织所推崇的方法。然而，比例分析法的缺点同其优点一样明显：一是比例法对储备功能的认识单一，仅从某个角度考虑储备是否适度，缺乏全面的外汇储备功能考察；二是比例的适用性也存在不同个体、不同时间点的差异，不可一概而论。不同经济体的异质性以及偏好差异，可能导致其对外汇支付与冲击的应对能力存在不同，整齐划一地使用一个经验比例作为衡量储备是否充足的依据显然无法概括这种异质性。为此，比例法只能作为早期的经验方法，而无法成为精确的外汇储备适度规模管理方法。

与比例法相比，更加具有适用性的方法是成本—收益分析法，该方法是从机会成本角度对外汇储备的适度性展开研究的。根据微观经济学的基本原理，厂商会在其边际收益与边际成本相等的点进行生产，此时是利润最大化的。受此启发，以海勒等为代表的部分研究外汇储备的学者，使用了外汇储备的边际成本与边际收益的概念，并认为成本与收益在边际上相等，就构成了最优外汇储备的规模。外汇储备的收益相对比较便于计算，只需对储备投资组合的资产预期收益加权平均就可以得到预期收益。而持有外汇储备的成本则稍复杂，除了计算上的复杂外，成本计算范围也是一个需要讨论的点。在此类模型中，学者们使用机会成本作为衡量储备收益成本的替代变量，持有储备的机会成本是不持有该储备，并将其运用到进口资源要素所实现的国内经济边际产出，即储备在国内投资所带来的潜在收益。外汇储备的适度水平同持有外汇储备的机会成本负相关，与外汇储备投资的边际收益正相关。货币当局的目标是社会福利的最优化，此时外汇储备的边际收益与边际机会成本是相等的。

成本—收益分析法在思路上较比例法具有更扎实的理论基础和更严密的逻辑，在实际操作上也可以针对不同国家、不同时段储备行为的环境变化做出调整，因而也较比例法更具有适用性。同时，使用回归或统计分析的方式，成本—收益法可以构建储备需求函数，从而更加精确地得到适度外汇储备规模。这一系列优点使其成为分析适度外汇储备规模问题的基础性方法。但该方法同样存在着弱点，计算方法相对复杂，涉及的变量较多，模型本身也比较复杂等，这些都影响了该方法的使用。

（二）结构管理

外汇储备的结构管理是国际储备管理的重要组成部分。国际储备资产的结构管理主要从两个层次展开：第一个层次是四大类国际储备资产之间的结构分配；第二个层次是在确定了各种大类储备资产的适合比例后，在具体的资产配置上进行选择。从实际业务操作上看，由于普通提款权与特别提款权在国际储备中支付能力有限，获取的渠道比较固定，构成方式也比较简单，因此，这两类资产在国际储备结构中主动配置的余地较小。另一方面，黄金虽然曾经具有国际货币职能，但近年来在世界各国国际储备中的份额持续下滑，作用日益减弱。因而，国际储备结构管理归根结底还是要聚焦到外汇储备的结构管理上来。外汇储备结构管理可以分为三个层次来讨论：第一个层次是外汇币种的选择，即在不同的国际货币上的分配；第二个层次是大类资产配置，即在同一种货币标价的资产大类间进行配置；第三个层次是证券选择，由于外汇储备多数情况下会投资于变现能力强的有价证券，因而如何选择合适的证券是这一层次需要做出的决策。实际操作中，外汇储备一般通过主权基金的方式投资于大类资产组合，因而第三个层次的证券选择通常不作为外汇储备结构管理的重点。学术研究中，币种结构与资产结构两层次分类法更加常用。

1. 外汇储备的币种结构管理。外汇储备币种管理是其结构管理的第一个层次，是决定外汇储备在不同主要国际货币之间进行配置的过程。外汇储备币种的选择也应遵循安全性、流动性与盈利性的基本原则，同时考虑币种结构与储备功能的匹配性。具体地，外汇储备币种管理一般遵循以下原则：一是与对外支付结构相适应的原则。外汇储备的币种结构应当以满足本国对外支付所需要的外汇为基本要求。对外支付结构包括经常项下进口支付的需要，也包括资本与金融项下国际债务或短期资本流动的支付需要。同时，外汇储备在维护一国汇率稳定，确保宏观经济安全方面的功能也需要在结构上满足最优汇率干预原则，即币种结构安排上要充分考虑影响本国汇率的因素，进而对相对应的外币币种进行储备安排。二是适度分散化管理的原则。该原则要求通过币种的分散化来规避单一币种汇率波动的风险，同时规避该储备货币发行国的宏观经济风险，为资产结构管理提供风险保护。另一方面，外汇储备币种多元化是相对的，核心货币在储备结构中的占比仍要保持相当规模，以适应国际结算、外债支付及汇率稳定对核心货币的需求。三是主动性调整的原则。外汇储备的币种结构除了由国际收支与汇率稳定的客观需要决定外，还应在充足性得以保证的基础上，积极主动地进行币种结构的动态调整。币种调整应根据不同货币汇率变化的情况进行，步入升值通道的坚挺货币应当增加配置，汇价有下跌趋势的货币应当在储备中适度减少，这样既可以保证国际支付清偿能力，也最大程度上兼顾了收益性。操作层面，可以通过购买力平价、利率平价等理论方法，并参考储备货币发行国货币政策的趋势，对不同货币汇价的调整进行预判，确保外汇储备的安全与价值稳定。

与三个基本原则相一致，外汇储备币种结构管理主要沿着三类方法展开：一是交易结构方法。此类方法认为对外交易的需要是确定外汇储备币种结构的关键依据，而对外交易需要又反映在该国对外资产和负债上。为此，储备管理当局不仅要关注外汇储备，更要将对外资产负债情况，特别是将该国对外净负债作为决策的依据。外汇管理当局可以通过调整对外资产或负债结构的方式，使该国的对外净资产的币种结构与其对外支付的需要相匹配。二是风险收益平衡法。该方法的基础是资产组合理论，其原理是将不同的外汇储备币种看作不同的风险资产，在比较严格的假定之上，通过币种组合给定预期收益水平下的风险最小（体现为方差最小），或给定预期风险水平下的收益最大（体现为期望值最大）来确定外汇币种组合的有效前沿。在此基础上，综合外汇储备管理当局的风险偏好，确定最优币种配置策略的方法。三是干预需求法。这一方法强调一国使用其外汇储备时，储备资产的价值将要发生变化，进而决定其对储备结构的作用。该方法判断储备币种结构合理性的标准是，当该国国际收支出现困难时，所用来干预的外汇储备组合的资产价值应当是对所需要支付的进口商品篮子而言价值最大的一个组合。而该国外汇储备积累的目的正是在于对本币相对一篮子货币的汇率波动进行移植，以保证汇率的平稳，或者说实现最大的汇率干预效果。

2. 资产结构管理。外汇储备资产结构是在币种结构确定的前提下，将储备资金在不同的资产间进行配置的管理过程。根据国际货币基金组织（IMF）的定义，外汇储备可以投资的资产形态主要包括两类：一是外币有价证券，如权益类证券或债务类证券，但这类资产应当具有较强的变现能力；二是存放在金融机构，如国际货币基金组织、国际清算银行等机构中的短期货币存款。存款的性质与有价证券相同，都要求有较强的变现能力，以保证外汇储备的安全性和流动性。实践当中，外汇储备经常被配置到储备货币发行国的中长期国债上，而权益类投资会相对谨慎一些，这主要也是为满足安全性与流动性的需要。

与币种结构类似，外汇储备的资产结构也需要兼顾三种储备管理原则，注重三性协调，尤以安全性为首。与币种结构不同，资产结构的管理是在币种结构的基础上进行的，因而不需要对汇率干预功能进行特别的设计，进而有比币种结构更大一些的自由度。外汇储备资产结构管理的方法论基本上沿袭了资产选择理论的方法论体系。在给定一国外汇储备的币种结构后，具体如何在该币种发行国资本市场中配置仍然可以根据均值—方差模型进行判断，即选择风险最小或收益最大的组合作为资产配置的方向。假设风险资产可行集合仍然由风险资产组合有效前沿给定边界，那么外汇储备管理当局仍可根据自身偏好确定的无差异曲线与有效前沿相切的点来确定最优风险组合。需要指出的是，在资产选择环节，外汇储备管理当局面临的自由度更大，因而可以对资产组合选择进行不断的修正。在确定币种结构时，由于本国汇率与其他货币汇率总是存在着波动性，无论是将本币换为外币并持有，还是将资金存入对方国家的银行，汇率波动的风险都是存在的。因而，从币种结构的角度，所有可配置的资产品种都是风险资产，这是满足马科维茨资产组合模型基本假设的，保证了模型的可解性。然而，资产结构确定时，假设已经完成了币种结构的确定，即币种不同的汇率风险已经假设不存在了，我们只需要把确定好的外汇分配到不同资产即可。在此条件下，资产结构的选择就需要考虑无风险资产的问题了。假定投资于一个币种内的不同资产时，可以包括无风险资产，如银行储蓄、中长期国债等近似无风险的资产。此时，根据分离定理，资产配置的过程将分解为两个步骤，一是在风险组合与无风险资产间的大类资产配置，二是在风险证券间进行组合。此时，马科维茨资产组合模型的有效前沿将扩展为以无风险收益率 r_f 为截距，与风险组合前沿相切的一条射线，即资本市场线 CML，切点定义为 M，在均衡市场中，M 是最优的，因而不同投资者会选择相同的风险组合。这意味着第二个步骤是可以省略的，外汇储备币种管理实际上就退化为大类资产配置问题。此时，外汇储备管理当局根据自身的风险偏好，在无风险的国债或储蓄等资产与风险组合 M 之间进行选择，而将具体的风险证券配置问题交给基金来做，不用采取主动积极的配置形式。这种配置方式在实践中广泛地为主权财富基金所使用。

3. 风险管理。在外汇储备的结构管理中，币种与结构的选择已经可以涵盖风险管理的问题，即风险管理与币种和资产管理不是一个层级的问题。但由于外汇储备的特殊性，对安全和流动的追求是大于对收益追求的，因而外汇储备风险管理受到了更大的重视。外汇储备的风险管理是在规模管理的基础上，针对外汇储备投资的各类资产所构成的风险组合实施的，旨在控制外汇储备整体风险，保证外汇储备安全性的一系列管理方法的总和。20 世纪 90 年代以来，全球各国的储备规模快速扩张，以应对经济全球化与金融自由化背景下国际资本流动的冲击。在此背景下，储备规模的扩大、资产种类的不断丰富、投资工具的复杂化、国际金融市场一体化与波动性的增强，都意味着外汇储备的风险管理的重要性不断上升。为此，近年来各国外汇储备管理实践中对风险管理的重视程度日益提高，各国具体在管理实践中主要采取了以下措施：一是建立识别外汇储备风险的框架，对风险进行识别与测度，并将其控制在一定范围内；二是要定期对外汇储备风险程度进行监测，以识别风险是否超过可接受范围；三是建立有效管理控制外汇储备风险的方法体系，注重判断衍生品及外汇的操作风险；四是对外汇储备定期开展压力测试，以此来评估储备资产组合结构上的脆弱性。

三 全球外汇储备管理的历史沿革

外汇储备并非一个历史悠久的概念，早在金本位时期，由于黄金充当国际货币，黄金储备是国际储备的主体，外汇也要换算成黄金来完成国际支付。最早的外汇储备概念出现在第一次世界大战后，1922年世界金融会议在意大利热那亚召开，会议提出了建立"节约黄金"的金汇兑本位制度，外汇储备的概念也随之出现。一战前，全球化经历了一次快速推进的浪潮，此时金本位是全球货币制度的基础，各国以黄金为储备，发行纸币或铸币，同时通过存款机制形成信用货币的扩张。一战的爆发改变了国际局势，也打破了金本位制下的国际金融秩序。由于欧洲国家在战争期间需要大量黄金来采购军事物资，黄金不断流入美国，而欧洲国家的黄金储备不足，进而产生了金汇兑本位制。在金汇兑本位制制度下，银行券无法在国内兑换成黄金和金币，只能兑换成可以在国外兑换黄金的外汇，因此称为"虚金本位制"。实施金汇兑本位制后，货币发行国只规定纸币的法定含金量，不允许金币铸造与流通。在实际交易中，实施金本位的国家也有限，经济实力强的国家的货币都可以作为收兑的对象，外汇储备的概念也就出现了。热那亚会议之后，黄金储备最多的美国仍然实施金本位制，英国与法国则实施金块本位制，而其他欧洲国家基本上都实施了金汇兑本位制。直至1925年，国际金汇兑本位制得以正式建立起来，外汇储备的作用也日益得以强化，成为与国际收支直接相关的基础性概念。

热那亚会议后不久，席卷全球的经济危机爆发，刚刚建立的金块本位制与金汇兑本位制难以抵挡危机的冲击，国际金本位货币体系迅速瓦解。在金本位制难以为继时，主要西方国家纷纷转向了纸币流通制度，而缺乏黄金稳定作用的信用纸币制度无法有效地维护国际贸易秩序，西方社会的信用货币制度危机频现，始终无法建立起统一的国际货币体系。脱胎于一战前的国际殖民体系，国际货币体系分裂为若干个货币集团，如英镑、美元、法郎都在其殖民势力所及范围内建立起了货币集团。货币集团的内部，主要货币处于核心地位，是其他参与这个集团的国家在国际清算时使用的货币，同时也可以作为该货币集团内部的外汇储备。集团内各国家间的外汇支付不受限制，国际间的资本流动也是完全自由的。但集团国家同外部之间的国际支付则受到比较严格的限制，黄金通常还是要作为不同集团间结算的储备手段，其国际货币功能仍未丧失。应当说，这一阶段中，外汇储备从国际金本位制条件下的单一储备，逐步分裂为不同货币集团的内部核心货币储备与集团间的黄金储备作为主体的二元储备体制。在这种体制下，国际货币体系处于分裂状态，没有统一的国际规则。不同国家在参与国际市场时，国家间货币战争经常上演，通过对外倾销来缓解国内矛盾的操作也比较普遍，国际关系处于混乱时期，国际贸易体系也被破坏。对现状的不满催生了建立新的国际货币体系的呼声，但由于大危机的影响尚未消散，新的战争阴云已经出现，新的、统一的国际货币体系的建立仍然缺乏国际共识和足够的信用环境，致使该体系迟迟无法建立。在这一阶段，国际间的外汇储备仅仅是用来开展国际收支的手段，并未成为一国发行基础货币的依据。这种情况在二战中再次被彻底打破，并于二战之后建立起了一套新的国际支付与结算体系，在对外汇储备功能的定义上，也出现了与这一阶段不同的体制安排。

第二次世界大战彻底改变了整个世界的面貌。战后除了美国之外，世界上其他主要大国几乎都失去了其大部分生产能力，尤其是欧洲，几乎成为废墟。在这样的政治经济环境下，美元作为国际货币的核心地位得以确立，新的国际储备体系出现了。二战后的美国是世界上唯一工业生产能力未被破坏的大国，在战争中也通过组织反法西斯同盟而在事实上成为世界各国的领导，因而也同时具备了政治上的霸权地位。货币购买力的核心是货币发行国生产财富的能力，美国具备全球几乎唯一的工业生产能力，因而其货币也自然成了国际货币的核心，美元成为外汇储备中最重要，甚至是唯一的币种。1944 年，美国的战后国际重建方案怀特计划在同英国的凯恩斯计划竞争中胜出，成为战后国际经济秩序的框架，布雷顿森林体系最终得以确立。这一体系的本质是以美元为核心货币的金汇兑本位制，美元取代了其他主要货币，成为唯一可以兑换黄金的货币，其他主要货币只能以美元为中介。布雷顿森林体系下的金汇兑本位制与一战后的金汇兑本位制存在差异，其本质上是以美元为核心的，黄金实质上只保留了作为货币的名义地位。由于美元是事实上唯一的外汇储备，其他国家货币失去了黄金的支撑，这一时期的外汇储备管理重点在于应对国际收支的不平衡，储备结构自然是美元为绝对的核心资产。这一特征也反映在同期的储备理论方面，比例说成为用来确定外汇储备管理方法的基础理论。

战后的高增长和国际收支的平稳局面在 20 世纪 70 年代之后难以为继。美国政府宣布美元同黄金脱钩后，各国也将其货币同美元脱钩，1973 年后浮动汇率制成为西方主要货币汇率的基本制度。各国央行从理论上讲不参与汇率的干预，汇率完全由市场决定，但实际中为了避免汇率频繁大幅度波动可能造成的损失，外汇储备在汇率干预上的作用日益得到重视。外汇储备应对国际支付的同时，确保经济安全的作用不断得到增强。1985 年，西方七国建立了汇率联合干预机制，形成了主要货币在牙买加体系下的稳定机制。根据该机制的运行条件，保持一定数量的外汇储备以便对市场进行适当干预是基础性原则。使用外汇储备建立外汇平准基金，保证对外汇市场的干预能力，外汇平准基金主体是外汇资产，同时也包括黄金和本币等资产。具体操作是通过在外汇市场上买卖外汇和本币，来保证本币汇率保持在一定合理的浮动区间。外汇平准基金是外汇储备对外支付外的新用途，是牙买加体系下浮动汇率制出现后的必然。在此阶段，外汇储备管理的成本收益理论开始出现，应对外部汇率冲击作为收益成为决定外汇储备管理的重要参考条件。外汇储备的结构管理由原来的以美元单一货币为核心，向多元化的方向发展，其原因也同样在于外汇储备与汇率波动之间关联度的上升。使用外汇储备来保证汇率稳定，在 20 世纪 90 年代以来频发的货币危机中显得尤为重要。尤其是 1997 年发端于泰国，后波及马来西亚、菲律宾、新加坡等国的东南亚货币危机。

亚洲金融危机后，各国普遍认识到外汇储备在保持一国汇率稳定，进而保证经济稳定，避免发生危机中的重要作用，全球外汇储备积累的速度也进一步加快。储备规模增加的一个直接结果是储备管理的主动性增强，外汇储备进一步被分为基础外汇储备和超额外汇储备，基础储备主要用于应对各种经济冲击，而超额储备则具有更大的配置空间，可以进行主动的资产配置。从结构上，外汇储备规模的扩大也对更大程度上的多元化配置提出了新的要求，外汇储备结构管理的多元化程度也不断增强。在此阶段，外汇储备管理理论上进入了最优化时期，即通过对外汇储备管理当局的最优化行为，来决定外汇储备的最优规模与结构。显然，这种理论上的转向与超额外汇储备的主动化管理直接相关。

第三节　中国外汇储备管理历史与现状

新中国成立以来，新中国的外汇储备从无到有，规模从小到大，总体的充裕性也经历了从短缺到相对充足的迅速发展过程。改革开放之前中国的外汇储备规模很小，平均在 1 亿～2 亿美元之间，部分年份还出现了负值。这种情况与我国实施封闭条件下的计划经济是相适应的，改革前对外贸易很少，外资也不能流入国内，对外支付的外汇需要不高，同时获取外汇的能力更是有限。1978 年后，随着改革开放的实施，我国外汇储备数额在初期两年的波动后，开始进入快速增长的过程。2001 年中国加入世界贸易组织（WTO），对外贸易迅速发展，加之招商引资导致的资本流入，外汇储备增长迅速。2006 年中国超过了日本，成为全球外汇储备最多的国家。2014 年 6 月底达到 39932 亿美元的最高峰，此后一度快速回落，在 3 万亿美元附近止跌企稳，并进入相对平稳的状态。

一　中国外汇储备管理发展历程

改革开放以来，我国外汇储备规模的管理，包括规模的调整、结构的优化、具体投资方向的设定等，主要是由我国经济的内生因素以及国际金融市场的外在因素决定的。我国外汇储备的总量和结构是我国经济发展与国际经济发展趋势与结构变化共同作用的产物，同时也与我国金融市场的完善、汇率制度的市场化等改革进程直接相关。改革开放之前，我国的外汇储备始终处于短缺状态，2006 年我国成为外汇储备最大的国家，外汇储备管理经历了巨大的市场环境、决策目标、管理方式变化的过程，我们可以将改革以来的外汇储备管理历程划分为四个历史阶段。

第一阶段是中国外汇储备管理制度初步建立和调整的阶段，时间跨度为 1978～1993 年。随着改革开放的开启，我国对外贸易与经济关系逐步放开，活跃程度逐渐提高。这一时期的国际贸易快速增加，进而导致为了满足贸易往来结算所需外汇需求的快速增长。不过此时期我国出口能力还很弱，创汇的能力比较有限，外汇短缺仍然是常态，储备管理主要应对的是满足外汇充足性的问题。对外开放与外贸体制改革于 1979 年开启，随着沿海地区的逐步开放，我国的对外贸易体制也逐步从国营外贸公司对进出口的垄断，逐步转变为多种体制经营。1979 年，我国引入贸易内部结算价制度，形成了双重汇率制度，内部结算价虽然并非一个市场化的汇率，但却为市场作用的发挥打开了空间。1981～1984 年间贸易结算价未进行调整，同期国内通胀压力加大了对汇率的高估，国际收支出现逆差，外汇储备出现下降。随着经济体制改革的深入推进和对外开放程度的不断提高，我国企业的出口竞争力显著提升。1979 年开始实施外汇留成制度，允许企业和地方政府留存一部分用汇权，外汇留成制度催生了外汇交易需求，1980 年中国银行开办外汇调剂业务，1986 年这一业务移交给国家外汇管理局。1980 年，中国在国际货币基金组织和世界银行的合法席位得以恢复，在国际治理框架内开展的对外经贸交易日益频繁，外经外贸的规模和结构也不断发生变化。这一阶段，我国的外汇储备资产呈现出快速增长的态势。1984 年后，我国出现了一轮宏观经济过热，总需求迅速扩张导致国内通胀压力增加，出口受阻而进口快速增加，经常项目下的贸易逆差出现，外汇储备的积累受到限制。到 1986 年，我国的外汇储备总额仅为 21 亿美元，对外支付压力增加。这种情况在 20 世纪 80 年代末期再现，1987 年前后新一轮经济过热来袭，经常项目逆差导致外汇储备积累的压力增加，外汇储备的规模始终保持在比较低的位置。这一时期，我国的出口创汇能力还十分有限，外汇储备的积累速度虽然显著提高，但仍处于积累能力不足阶段。1989 年 12 月起，人民币汇率几次大幅度调整，一年内大幅度贬值，缓解了官方汇率定价过高造成的扭曲，国际收支状况快速改善，外汇储备出现了较快速的增长，并于 1990 年终于突破 100 亿美元。1992 年，我国金融管理体制改革开启，国有银行的商业化改造成为改革的主要方向。其中，中国银行完成了同中国人民银行的彻底剥离，实现商业化改造，与此同时，其外汇储备管理职能也进行了调整。这一阶段，与我国经济往来密切的国家主要是美国和俄罗斯，因而外汇储备的币种结构也主要以美元和卢布为主。另外，由于我国在国际市场中融资能力比较有限，外汇储备总量在这一时期有一定下降，且储备资产结构比较单一，投资渠道相对狭窄。（见表3-1）

表 3-1　中国外汇储备结构（1981~1990 年）

单位：百万美元

年份	国际储备额	黄金储备比重	外汇储备比重	在 IMF 头寸比重	SDR 比重
1981	5574	9.26	85.81	/	4.93
1982	11840	4.15	94.05	/	1.81
1983	15451	3.00	93.69	1.14	2.17
1984	17801	2.44	93.84	1.43	2.28
1985	13214	3.68	90.15	2.52	3.65
1986	11994	4.51	87.66	3.09	4.74
1987	16934	3.71	89.97	2.54	3.78
1988	19135	3.10	91.70	2.13	3.06
1989	18547	3.16	91.78	2.14	2.91
1990	30209	2.06	94.65	1.43	1.86

第二阶段是外汇储备管理的稳步发展阶段，其时间跨度为 1994~2000 年。1992 年党的十四大确立了中国特色社会主义市场经济体制的改革方向，1993 年党的十四届四中全会通过的《中共中央关于建立社会主义市场经济体制若干问题的决定》，进一步对经济体制改革做出了比较详细的部署。到 1994 年，社会主义市场经济体制建设进一步明确了制度创

新的战略方向，实现了对我国社会生产力的全面解放，经济增长进入快速时期。从 1993 年到 2002 年的十年间，中国的 GDP 实现了 3 倍的增长，年均增长率维持在 10% 左右的水平。宏观经济形势的向好也推动了我国出口的快速增加，外汇储备的积累速度平稳上升，储备规模持续增加。1994 年我国实施汇率制度改革，实现了官方与民间双重汇率制度的并轨。在汇率决定机制上建立了以市场供求为基础的、单一的、有管理的浮动汇率制度。建立了银行间外汇市场，取消企业外汇留成制度，配套实施商业银行结售汇制度。

这一阶段，我国参与国际市场分工的程度有所加深，与我国建立经贸合作关系的国家日益增多，对外经济活动频次越来越高，对外贸易规模也不断扩大。同时，外汇市场建立及其机制的完善使我国利用国际市场实现筹资融资的能力得以显著提升，这些变化为我国外汇储备结构管理提供了更大的需求，也创造了更大的空间，我国外汇储备的币种结构和资产结构变得更加丰富。20 世纪 90 年代，出口导向型战略成为我国的发展战略，一系列有利于出口的政策得以实施。人民币汇率制度并轨后，汇率大幅度贬值，其后有所回升并稳定在 8.3 美元左右，形成了稳定的汇率估值效应，为刺激出口、稳定出口提供了良好的价格和制度环境。在对外汇的管理上，资本与金融项目仍然受到严格管制，经常项目通过结售汇制度来实现官方对外汇储备的积累，这成为推动中国外汇储备快速增长的重要制度推手。1996 年人民币经常项目实现可兑换，贸易领域外汇储备积累的框架已经形成。另一方面，除了出口扩张外，我国吸引外资的数量也快速上升。中央和地方层面都将吸引外资作为促进经济增长的重要动力，出台各种政策来保证外资的增长，外资的快速流入也带动了外汇储备的增长。2002 年，我国成为全球吸引外商直接投资的第一大国。外商直接投资持续增加导致的资本与金融项目资金流入，与贸易项下的顺差共同构成了我国国际收支的"双顺差"格局，顺差的持续为外汇储备的迅速积累创造了基础性条件。

第三阶段是外汇储备快速增长阶段，其时间跨度为 2001～2012 年。2001 年，中国加入世界贸易组织（WTO），正式成为国际市场的组成部分，其后我国利用自身比较优势，在国际分工链条中寻找到适合我国发展阶段的模式，融入世界经济体系中。同全球其他国家的贸易往来与其他形式的经济交往的密切程度迅速提升，我国与世界经济体系之间联系的广度与深度都得到了极大的提升，国内宏观经济进入高速增长阶段，进出口总额与净出口额都呈现出快速增长势头。这一阶段，外贸总量的快速扩张为外汇储备的积累提供了良好的环境，外汇储备的年均增长速度达到30%的水平。这一时期我国国际收支的格局呈现出经常项目与资本金融项目"双顺差"的特征，并维持了十多年的时间。外汇储备总量增长的同时，结构上的多元化也逐步增强。在传统外贸市场的基础上，与我国有贸易往来的国家和地区快速增加，对外贸易与经济交往的交易便利性需要对我国储备的结构提出了多样化的要求，我国外汇储备币种结构趋于多样化。随着外汇储备的快速积累，日常国际收支需要、保持汇率基本稳定目标所需的储备规模已经得以满足，我国储备管理开始兼顾收益性，在超额外汇储备的配置上更加主动。2002年开始，美元进入贬值周期，由于人民币汇率实际上钉住美元，因而同其一起步入贬值周期，人民币升值的压力进一步增加。2003年，党的十六届三中全会通过了《中共中央关于完善社会主义市场经济体制若干问题的决定》，进一步指明了社会主义市场经济的改革方向。作为改革的一部分，人民币汇率制度改革也提上日程，同时来自国际市场的升值压力也越来越大。2005年7月21日我国对人民币汇率形成机制进行了改革，改变单一钉住美元，转而钉住一篮子货币。至此，人民币进入升值周期，而这又进一步促使"双顺差"的局面加剧。由于人民币升值，资本受套利机制吸引，大量流入国内，不仅推动了人民币汇率的进一步上升，而且还推动了国内资产价格的上升。另一方面，外贸出口的强劲并未受到人民币升值的影响而收敛，如图3-4所示，我国进出口总额自2002年后开始进入快速上升周期，同时进出口差额也出现了快速上升，这为外汇储备积累提供了一定的客观条件。加之同时仍在实施的企业强制结售汇制度，官方的外汇储备积累速度再次大幅度提高，实现了平均每年20%的增长。2006年，我国外汇储备突破万亿美元大关，并超越日本成为全球第一大外汇储备国。2009 年,我国外汇储备再上新台阶,超过了 2 万亿美元,实现三年累计万亿美元的速度。截至 2011 年底,我国的外汇储备总规模达到 3.181 万亿美元,外汇储备迅速从总量趋紧转变为总量宽松,外汇储备的有效管理问题开始引起注意。

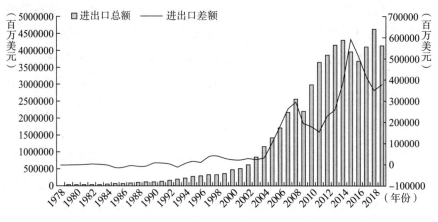

图 3-4　中国进出口总额与差额(1978~2019 年)

资料来源:Wind 数据库。

第四阶段是外汇储备的调整阶段,其时间跨度从 2012 年起至今。这一时期外汇储备管理的基调从解决总量不足的问题,转变为在规模总体过剩的背景下,实现优化结构管理,提升储备效益的目标。从总量来看,这一阶段的外汇储备规模能够有力地确保我国在国际收支平衡、汇率稳定、对外支付等方面的储备需求,但过大的储备规模也面临巨大的储备成本,同时我国外汇储备在结构管理方面存在币种与资产过于单一、收益性不足等结构失衡的弊端。2008 年美国"次贷"危机引发的全球金融危机导致美元资产大幅贬值,引起我国外汇储备的大幅度缩水,进一步凸显了外汇储备结构管理方面的不足。另一方面,中国经济在 2012 年之后也进入结构转型的新常态,高质量发展取代高速增长,成为经济领域的主基调。国内供给侧结构性改革面临经济下行的巨大压力,同时"次贷"危机后全球经济低迷造成的外需疲弱也导致出口受阻,人民币面临比较大的贬值压力。2014 年中期,我国外汇储备规模为 3.99 万亿美元,达到历史峰值,储备规模占全球总量的三分之一。以此为拐点,外汇储备强劲增长势头戛然而止，直至逆转。为了保证人民币汇率水平的稳定，保障人民币汇率形成机制改革的顺利推进，我国动用了大量外汇储备对汇率及其预期进行干预，在保障汇率安全的同时，也消耗了大量外汇储备。从管理思路的角度，国内这一时期也出现了"保汇率"与"保外汇储备"之争。"保汇率说"认为汇率是重要的经济变量，在我国宏观经济不确定性增强的背景下，动用外汇储备保持汇率稳定是必然的选择，这一点也被历次国际货币危机所证明。"保外汇储备说"则认为外汇储备是真实的国民财富，是其他国家对我国的负债，而汇率是一个价格，应当具有弹性以便对经济进行调节，实现内外均衡。两者看似各有道理，但从政策一贯性以及我国当前的经济环境而言，保汇率显然成为货币当局的选择。2015～2016年间，我国外汇储备迅速缩水，截至2016年11月30日，我国外汇储备规模为3.05万亿美元，两年多时间里减少了近万亿美元。这里除去这一时期美元强势导致其他非美元储备资产计价缩水外，强美元导致的资本外流是重要的推手。

从规模管理角度看，外汇储备规模快速扩张的势头发生了逆转，外汇储备规模管理的压力得以缓解。目前，从学术界对外汇储备适度规模的讨论看，认为中国外汇储备超过合理范围的共识仍存在，但从这两年外汇储备大幅快速下降的趋势看，保证汇率和宏观经济稳定的外汇储备规模从某种程度上是多多益善的。或者说，对于中国这样一个大国而言，外汇储备的规模与小国的安全规模应该是存在差异的。从结构管理看，避免单一美元化与追求三性统一之间的协调仍是外汇储备结构管理的难点。美元储备约占全部储备的2/3，理应更加多元化以分散风险，但在美元强势周期中，持有美元的安全性与收益性都更好，其他国家资产对美元资产的替代性不足等困扰还在。综上，结合当前国际经济政治环境背景和我国经济社会发展战略需要，进一步合理优化外汇储备的结构，平衡好安全性、流动性与收益性之间的关系，同时发挥好储备在国家战略层面的重要作用，特别是推动人民币国际化进程方面的积极作用，对优化我国外汇储备管理，提高储备的综合效益具有重要意义。

二 中国外汇储备规模管理的实践

外汇储备规模管理的焦点是充足性是否得到满足的问题。改革前期，我国出口创汇能力有限，外汇储备难以保证充足。进入到 21 世纪以来，我国的外汇储备快速积累，并在 2014 年达到峰值，充足性得以满足之后，适度性问题又开始被关注。总体来说，当前我国外汇储备规模呈现出以下几个特点。

首先，外汇储备高位运行，处于相对稳定状态。如图 3－5 所示，改革开放以来，特别是 21 世纪之后，我国与世界各国间的经济活动关联日益紧密，经常项目和资本与金融项目下的外汇结余较大，外汇储备长期短缺的状况得以快速缓解。2001 年，我国加入了世界贸易组织（WTO）；2002 年，我国成为世界上最大的贸易和资本顺差国，2006 年成为世界上最大的外汇储备国，并以年均 30% 的增速快速增加；2012 年开始，随着金融危机的爆发以及其在全球的蔓延，我国巨额的外汇储备面临着资产减值和缩水的风险，我国开始着手对外汇储备的规模进行调整和管理，随后进入缩减外汇储备的阶段。直到 2016 年底，外汇储备规模才止跌企稳，进入相对平稳的状态，并略有增长，外汇储备规模总体保持在 3 万亿美元左右。虽经历了储备规模的迅速缩水，但从总量上来看，我国的外汇储备仍然是全球规模最大的，这为我国宏观经济的稳定起到了保障性作用。在当前汇率预期相对稳定的状态下，外汇储备再度迅速缩水的可能性下降，同时外汇储备快速积累的市场环境也有所改变，整体上保持高位平稳应是大概率事件。

其次，我国外汇储备占全球外汇储备总量高比例的现状短期内仍将维持。我国外汇储备在 2010 年的规模为 2.8 万亿美元，占全球外汇储备总量的比例达到 29.3%，接近 30%，且远超第二大外汇储备国的日本。2011 年，这一比例进一步达到 30.4%。截至 2019 年末，我国外汇储备占全球储备的份额稳定在 30% 左右。储备占比高既反映了我国经济总量在全球的比重，也同我国参与国际贸易的地位相适应，更与我国转轨的国情有关，是国内外多重因素合力作用的结果。从全球储备结构看，外

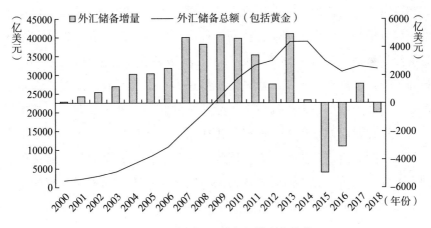

图 3 - 5　我国外汇储备规模变化趋势

资料来源：世界银行。

汇储备占比与一国经济实力相关，也反映着该国参与国际市场的程度。我国经济虽然从高速增长阶段转向高质量发展阶段，宏观经济进入结构调整、动能转化的新常态，经济增速有所下降，但经济中高速增长的态势仍然得以保持。我国日益开放，并以开放促进改革的战略仍然没有发生变化，预期未来会更加深入地参与到国际市场的竞争中，因而国际经济交往的规模仍将保持扩张态势。同时，虽然我国目前初步建立了市场经济体制，但转轨过程仍然没有完结，这意味着保持对经济的适度控制力，仍将是未来建立完善市场经济体制的基本选项。保持适度规模的外汇储备，特别是规模比例维持在全球领先的水平，对于稳定外汇市场信心，促进汇率平稳，提高应对国际市场冲击能力具有重要作用。

　　最后，外汇储备的功能进一步拓展，服务于我国对外发展战略是外汇储备的重要任务。改革开放初期，我国的外汇储备曾较长期地处于十分短缺的状态，特别是 1980 年还出现外汇储备为负的极端情况。按照国际储备规模的比例说，外汇储备达到一国进口额的 30% 可以认为处于可以接受的范围。如果按照这样的标准，我国外汇储备肯定处于过量状态，这也是很多学者批评中国外汇储备过多的依据。然而，比例说所代表的储备管理理论并不足以解释中国的储备现象，也无法对我国储备规模适度性进行判断。外汇储备的功能绝不仅仅是应对进口支付，保持汇率稳定和应对宏观经济冲击的作用也十分重要。2014～2016 年我国外汇储备的大幅度缩水已经为外汇储备过剩论提出了警告，对于我国这样一个体量的经济体而言，外汇储备充足与否与小国存在明显差异。另一方面，提高国际经济安全的重要手段是稳步推进本币的国际化，通过提高本币国际支付和干预能力来提高应对国际冲击的能力。外汇储备在支持本币国际化过程中非常重要，本币国际化初期，对货币的信心很大程度上来自货币的购买力以及货币兑换成国际通货的能力。充足的外汇储备将有利于支撑人民币信心，同时支持人民币国际化进程，因而对规模的讨论还应当关注外汇储备在战略层面的功能。

三 中国外汇储备结构管理的现状

截至 2019 年第三季度末，世界各国外汇储备主要的币种为美元、欧元、英镑、日元以及其他货币，分别占比 57.90%、18.81%、4.16%、5.25% 和 13.88%。出于维护汇率安全和政策有效性的考虑，多数国家都不会披露其外汇储备的结构，因而各国外汇储备结构的数据缺少官方信息。从理论角度可以通过其他公开信息对一国外汇储备的结构进行推算，如根据大量的理论研究结论，并参考美国的《外国持有美国证券年度报告》信息中涉及中国的有关数据资料，我们可以得到直观结论，即中国的外汇储备币种结构中，美元的占比超过了其他任何货币，学者普遍猜测美元资产的占比要超过中国全部外汇储备的 55%（孔立平，2012）。由数据可知，中国持有的美元证券资产的规模呈现不断扩大的趋势。多年以来，中国在持美国有价证券的国家排名中始终都排在前几位。除了美元之外，中国的外汇储备也包括其他的国际货币，具体结构主要取决于中国的对外经济联系。从我国进出口结构角度考虑，2015 年我国贸易伙伴中除去中国香港特别行政区外，处于前几位的为欧盟、美国、东盟和日本，与这四个贸易伙伴之间的贸易总额占我国总进出口额的比例分别为 14.28%、14.11%、11.93% 和 7.04%。根据适应贸易结构的原则，这些国际贸易结算支付的货币主要是美元、欧元、英镑和日元等国际货币。由此，可以粗略判断我国的外汇储备资产的币种结构应当由美元、欧元、英镑和日元等货币组成。从全球情况来看，美元资产仍然是最重要的外汇储备资产投向，近年来美元资产在全部外汇储备中的比重有增加的趋势。根据国际货币基金组织（IMF）的外汇储备币种结构数据，1995 年以来，全球外汇储备中美元的平均占比达到 65.24%。世界各国 2019 年（截至第三季度）外汇储备中美元占比 61.77%、欧元占比 20.04%、英镑占比 5.58%、日元占比 4.39%。相比十年前，外汇储备的结构有所变化，美元的比例有所下降，而欧元与日元作为下一梯队的国际货币保持稳定状态，并略有上升，英镑变化波动则较大。这样的储备比重结构为分析我国的外汇储备结构管理提供了基础。

一直以来，美国作为中国最重要的贸易伙伴，美元也是人民币汇率钉住的对象，因此美元始终占有中国最大的外汇储备比重。根据美国财政部的数据，2000 年以来，我国所持有的美元证券资产占外汇储备比重平均为 63.29%，考虑到其他美元形式的投资，这一比例在我国外汇储备中的比重会更高。实际上，近年来我国在外汇储备投资多元化方面也做出了一定努力，美元资产在外汇储备中的比例也出现了下降，最低点出现在 2013~2014 年，在 45% 左右。其后又呈现出上升的势头，并达到 50% 以上。相比官方储备的比重数据，我国私人部门在投资资产中的美元选择还是呈现出显著的调低倾向的。如中国投资者持有的美元资产与海外总资产比重从 2011 年的 38% 下降到 2016 年的 26%。中国对外投资呈现出官方储备美元，私人部门更加多样化的特征。同期出现下滑的还有日元储备资产，其与中国储备总量以及中国海外净资产的比重都在 2015 年之前出现了明显的下降，说明日元汇率影响了中国投资者的储备行为。但总体上看，我国外汇储备的币种结构与全球储备结构大体相同，保持了美元占据绝对优势的特征。

从资产结构来看，中国投资于美元形态的金融资产中，长期债券在所有资产中是最主流的资产，其中尤以国债和机构债最受青睐。股票等权益资产以及短期债券在外汇储备投资组合中所占的份额较小（见表 3-2）。资产结构反映出我国在外汇储备结构管理中，仍然是将安全性与流动性放在首位，更多地将资产配置到风险低的债券类资产上，这样的配置方式无疑会损失一定的收益，但也做到了风险的最小化。从全球主权财富基金所代表的超额外汇储备结构投资倾向来看，更加重视组合的分散化和多元化成为趋势。在"次贷"危机之前，主权财富基金的投资多集中于金融市场，特别是金融业，在"次贷"危机中此类资产产生了巨大损失，因而危机后分散化投资开始流行。另外，"次贷危机"后投资股票、债券等传统类金融资产的主权财富基金变化比例不大，然而投资房地产、私募债券、私募股权、基础设施以及自然资源等非传统类金融资产的比例在上升。也就是说，越来越多的主权财富基金开始投资非传统类金融资产。在外汇储备的管理上，主动型投资选择的范围越来越大，国际上储备投资管理的趋势也为我国外汇储备资产管理提供了新的思路。配合"一带一路"倡议，配套国家对外经济合作战略，同时兼顾国际市场资产价格变化的大趋势，做好资产结构配置，应当成为未来中国外汇储备资产结构管理的重点。

表 3 - 2　中国持有的美国证券的种类与规模

单位：十亿美元

日期	合计	股票	长期债券		短期债券
			ABS	其他	
2004.6	341	3	320		18
2005.6	527	3	485		40
2006.6	699	4	122	566	17
2007.6	922	29	217	653	23
2008.6	1205	100	376	700	30
2009.6	1463	76	360	866	160
2010.6	1611	127	299	1180	5
2011.6	1727	159	220	1343	5
2012.6	1592	221	182	1180	9
2013.6	1735	261	160	1310	3
2014.6	1817	320	196	1292	9
2015.6	1843	331	215	1295	3
2016.6	1630	178	196	1259	2

续表

日期	合计	股票	长期债券		短期债券
			ABS	其他	
2017.6	1541	194	181	1163	3
2018.6	1607	217	180	1206	9

资料来源：Report on Foreign Portfolio Holding of U. S. Securities。

关于外汇储备管理的讨论还涉及管理权限划分的问题。根据全球范围内的实践，外汇储备的管理主要有以下几种模式：一是由央行主导进行外汇储备管理的模式，包括中国、欧元区等经济体；二是由财政部门主导进行管理的模式，如美国；三是分层级的管理模式，即财政部门负责制定储备管理的规范与政策，具体管理操作的执行由央行来负责；四是分工式管理模式，即财政部门与央行都参与到外汇储备的管理中来，各自负责其中一部分。我国目前是由央行国家外汇管理局对外汇储备进行集中统一管理。近年来，理论与实务界也有调整我国外汇储备管理权限划分的呼声，认为财政部门对于管理好作为国民财富的外汇储备，更加具有优势。但在实际操作中，鉴于外汇储备在当前仍然主要用于维护我国宏观经济稳定，特别是保护汇率免受冲击，因而由央行来实施管理仍具有合理性。近年来，央行在外汇储备管理方面也开展了一些尝试，如于2007年设立了中国投资有限责任公司专门从事外汇储备的投资业务。

（一）中国外汇储备资产结构现状

如前所述，根据美国财政部数据，在中国外汇储备中美元资产证券占50%以上，其中包括股票、长期债券、短期债券等，而长期债券又占70%～80%。这种配置结构显示出中国在外汇储备资产结构的管理中更加注重稳定性，将外汇储备的安全性和流动性放到了更高的优先级。如图3-6所示，危机之前美元资产占外汇储备的比重始终维持在55%以上，部分年份维持在60%以上，这种美元资产一头独大的储备结构管理受到广泛诟病。特别是在危机之后，中国外汇储备中大量的美元长期债券大幅贬值，中国外汇储备资产严重缩水，遭受巨大损失，多元化储备

结构的呼声渐高，优化外汇储备资产的配置显得更加重要。在人民币仍
有升值预期，美国国债上限不断创出新高的背景下，外汇储备管理的多
元化趋势出现，中国减持美国国债、增持其他国家主权债券和跨国公司
优质股票的呼声增强。2009 年之后，中国外汇储备中美元资产占比持续
下降，并于 2013 年降到 50% 以下，达到谷底。其后，2015 年"汇改"
及其伴随的人民币贬值预期和资本外逃，导致中国外汇储备迅速缩水，
外汇储备的充足性受到重视，外汇储备管理的安全性和流动性需求再次
得到关注，美元资产在外汇储备中的比例快速上升，其后稳定在 50% ~
55% 之间。总体来看，中国外汇储备中美元资产的占比虽有波动，但总
体处于绝对优势的结构并未发生根本性改变。外汇储备结构管理战略仍
然处于单一化阶段，这也与人民币国际化进程处于初级阶段是相称的。

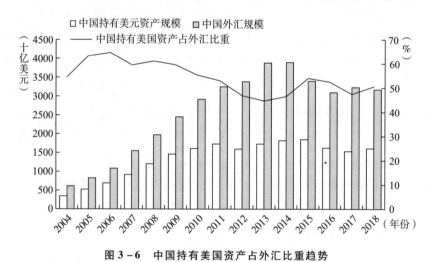

图 3 - 6　中国持有美国资产占外汇比重趋势

资料来源：美国财政部。

从大类资产结构看，根据美国财政部的数据，2019 年中国官方外汇
储备 3.223 万亿美元，持有证券共 3.098 万亿美元，占比 96.12%，还包
括基金组织储备头寸 100.64 亿美元，特别提款权 111.26 亿美元，黄金
954.06 亿美元。对中美外汇储备资产结构进行初步的对比，如表3 - 3
所示。可以看出中国储备结构的单一化特征非常明显，证券资产的集
中度过高，其他大类资产的占比过少。而美国的外汇储备结构更加均

衡，其证券资产的占比仅为 9.67%，储备结构的多元化和多样性特征明显。

表 3 - 3　2019 年中国与美国外汇储备结构对比

国别		总量	证券资产	外币存款	IMF 头寸	SDR	黄金	其他
中国	总量（亿美元）	32229.32	30978.6	186.27	100.64	111.26	954.06	0.33
	占比（%）	100	96.12	0.58	0.31	0.34	2.93	0.00
美国	总量（亿美元）	1289.28	124.61	290.93	256.82	506.51	110.41	0
	占比（%）	100	9.67	22.49	19.92	39.29	8.56	0

资料来源：中国外汇管理局，美国财政部网站。

从具体的证券资产配置结构看，长期以来，美国长期国债都是中国外汇储备中最重要的资产。近年来，中国持有美国长期债券的规模稳步提升，短期债券在资产组合中的占比非常低，特别是在 2009 年之后，短期债券持有份额更是大幅锐减。另一方面，在短期债券持有比例下降的同时，对美国股票的持有量是在逐年递增的，说明随着人民币国际化进程的推进，中国外汇储备结构配置的自由度和风险是增加的。这一趋势也与国内多元化外汇储备结构的变化相一致，是中国外汇储备管理主动性提高的体现。对比中国持有美国有价证券与中国外汇储备总量，可以看出虽然美元证券资产在中国外汇储备中的比例有所下降，但美国长期有价证券依然是中国外汇储备的主要投资资产。2015 年中国持有的美国长期债券占持有美国有价证券的 87.61%，股票占比为 12.36%，短期债券占比不足 0.02%，这在一定程度上影响了中国外汇储备资产整体上的流动性，虽然中国持有美国股票的总量及占比在逐年递增，但收效甚微，中国外汇储备资产结构的整体流动性仍有待加强（见图 3 - 7）。

此处需要说明的是，中国内地投资者并不仅仅包括中国人民银行，还包括其他金融机构和投资者，中国内地投资者相关数据的变动基本可以反映中国央行投资策略的变化。由于中国大部分外汇储备资产是以美元资产形式持有的，因此，可以以投资在美国的债券情况为代表来分析

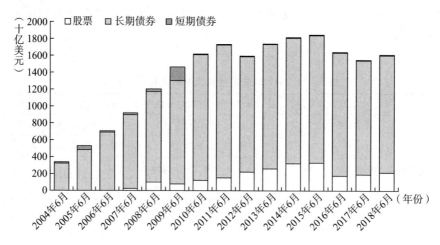

图 3 - 7　中国持有美国有价证券情况

资料来源：美国财政部。

中国外汇储备资产结构。

（二）中国外汇储备币种结构的测算

上述分析只是就中国外汇储备结构进行的定性猜测，为更加准确地估算中国外汇储备结构，本部分将通过对中国持有储备货币资产期望收益、方差和协方差的计算，运用资产组合原理来估算中国外汇储备的结构。根据前文所述，选择美元、欧元、日元和英镑作为中国外汇储备的主要币种来源。选择四个经济体的长期国债利率作为该币种资产收益率的代理变量，时间跨度上选择 2006 年 8 月至 2016 年 8 月共 120 个月的数据进行估算。由于不同币种资产收益率分别以各自发行的货币计价，为了统一口径，便于比较和分析，将所有收益率都转换成以人民币计价的方式。数据来源上，美国国债的历年收益率来自美国财政部网站，日本国债的历年收益率来自日本财务省网站、英国和欧元区国债的历年收益率来自各经济体的中央银行网站。构造折算为人民币之后收益率的具体计算公式为：

$$R_{i,t} = (1 + r_{i,t}) \times (e_{i,t} \div e_{i,1}) - 1 \qquad (3.1)$$

其中，$i = 1$、2、3、4，分别代表美元、欧元、日元和英镑计价的四类资产；t 表示相对应的时期，e 表示采用直接标价法的各计价货币对人民币汇率的中间价，R 表示以人民币计价的各资产收益率。按照资产组合理论，纳入组合的资产确定后，要计算各种资产的预期收益、方差和协方差矩阵，以便估计出资产组合的特征。这里选择预期收益率指标来衡量各币种储备资产的投资组合期望收益，即各种投资币种预期收益的加权平均数，如下：

$$R_p = \sum_{i=1}^{n} X_i R_i, X_i \geq 0, \sum X_i = 1 \tag{3.2}$$

同时选取预期收益的方差来表示投资于某种资产组合的风险，以及各项资产对象的协方差来度量资产组合后的综合风险。如下：

$$S_i = \sqrt{\frac{\sum_{i=1}^{4}(R_i - \overline{R_i})^2}{4}} = \sqrt{\sigma_i} \tag{3.3}$$

$$C_{ij} = r_{ij} S_i S_j \tag{3.4}$$

根据该计算方法，计算出四种货币计价国债的预期收益率、方差和协方差，如表 3-4、表 3-5 所示。

表 3-4　四种资产的预期收益率和方差

	美国长期国债 R_1	欧元区长期国债 R_2	英国长期国债 R_3	日本长期国债 R_4
预期收益率 R_i	2.3237	2.7449	3.0036	1.9834
方差 σ_i	1.1816	1.9860	2.3545	0.4025

表 3-5　四种资产的方差—协方差矩阵

	R_1	R_2	R_3	R_4
R_1	1.1719	1.0939	1.5921	0.4560
R_2	1.0939	1.9697	1.6866	0.8332
R_3	1.5921	1.6866	2.3352	0.6529
R_4	0.4560	0.8332	0.6529	0.3992

根据外汇储备的功能，首先要确保外汇持有国国际贸易支付的需要，以保证贸易的正常进行。因此，一国外汇储备管理当局要根据本国的对外贸易结构，充分考虑其最重要的贸易伙伴国对交易支付币种的要求，

进而合理配置其外汇储备的币种结构。另外，偿还短期债务也是外汇储备需要考虑的安全边界之一，及时偿还别国短期外债是保证本国国家信用和维持国内外经济稳定的重要条件。进而，这里使用国际贸易进口额和短期外债规模作为一国外汇储备结构确定过程中的基本保障和最低安全边界，如表 3 - 6 所示。

表 3 - 6　中国外汇储备的安全边界

	美国	欧元区	英国	日本	最低规模
进口额（亿美元）	1487	2088	189	1427	5193
短期外债规模（亿美元）	6076	531	261 *	303	7171
安全边界规模（亿美元）	7563	2539	450	1730	12364
安全边界比例（%）	22.71	7.62	1.35	5.19	37.13

注：安全边界比例的计算由安全边界规模除以 2015 年中国外汇储备规模 33303.62 亿美元所得。

这样，我们就确定了每种货币外汇储备规模的安全边界，目的是保证外汇储备中每个币种都至少要有效发挥其在贸易支付和短期债务偿付方面的职能，保证中国对外贸易的发展和国际收支关系的稳定。根据安全便捷的要求，确定对各个币种的权重 X_i 的限制：

$$X_1 \geqslant 0.2271$$

$$X_2 \geqslant 0.0762$$

$$X_3 \geqslant 0.0135$$

$$X_4 \geqslant 0.0519$$

资产组合选择的目的在于在给定风险的条件下，谋求最大化的收益率；或者在给定收益率的条件下，获得最小化的风险。在中国外汇储备资产组合选择问题分析中，我们假设不允许做空交易，即假设 $X_i \geqslant 0$，同时要求中国外汇储备币种结构的选择必须满足国际贸易活动、偿还短期外债等基本需求。因而，由于无法做空交易，应使用二次规划法，确定各项资产的比例。具体模型如下：

$$\text{Min } S_p^2 = \sum_{i=1}^{4} \sum_{i=1}^{4} X_i X_j S_{ij}$$

$$s.\,t.\ R_p \geqslant \sum_{i=1}^{4} X_i R_i, \sum_{i=1}^{4} X_i = 1$$

$$X_i \geqslant 0, i = 1,2,3,4$$

$$X_1 \geqslant 0.2271$$

$$X_2 \geqslant 0.0762$$

$$X_3 \geqslant 0.0135$$

$$X_4 \geqslant 0.0519$$

通过利用 Lingo11.0 对上述二次规划线性方程进行运算，可以得出在保证进口贸易正常运行以及足够偿还短期外债的基础上，对中国外汇储备币种结构风险收益的最优化安排，最终得到中国外汇储备的最优币种结构，结论如表 3-7 所示。

表 3-7 限定安全边界下的外汇储备币种结构

预期收益率（%）		0.5	1	1.5	2	2.5
风险最小值		0.378574	0.41499	0.541417	0.798559	null
币种结构	美元	0.155004	0.276241	0.430586	0.584931	0.123995
	欧元	0	0.011939	0.086806	0.161672	0.224217
	英镑	0	0.024305	0.067844	0.111384	0.626304
	日元	0.844996	0.687516	0.414765	0.142014	0.039198

通过表 3-7 可以看出，在组合风险较低的情况下，预期收益率也较低。综合考虑国际经济环境下对预期收益率的估计，我们取预期收益率为 2%，风险最小值为 0.799，此时，币种结构为美元 58.49%，欧元 16.17%，英镑 11.14%，日元 14.20%。这与美国财政部公布数据结果大致相同。

综合本节两部分分析的结果，不论是主要的国际货币发行国，还是中国外汇储备结构管理的实践，都反映出随着货币国际化程度的提升，外汇储备配置的自由度是增加的，外汇储备多元化的趋势是存在的，这为前两节理论分析的结论提供了实证层面的支撑，使得结论更加具有可信度。

第四章　货币国际化进程中的外汇储备规模管理

货币国际化背景下，外汇储备管理呈现出一定的独特性。不考虑货币国际化的情况下，外汇储备管理遵循安全性、流动性与收益性的原则，选择一个合意的规模和结构以满足最优化的要求。在本国货币国际化的背景下，外汇储备的管理规则将发生一定的改变。一方面，本币国际化需要外汇储备的支撑，持有外汇储备有利于增强本国货币的信任度，有利于维护本币汇率的稳定，最终有利于他国接受本币作为国际支付手段、计价货币与储备工具，推动本币国际化的进程。另一方面，本币国际化程度的提高又会反过来形成对外汇储备功能的替代，本币国际支付、结算、储备功能的增强，意味着本国不再需要过多的外汇储备来支撑本币的信用，反而本币的国际化替代了外汇储备的部分功能，进而减少了对外汇储备的需要。从外汇储备结构角度看，本币国际化也对外汇储备管理原则构成影响。传统的外汇储备结构管理重点是通过适度分散化的方式平衡安全、流动与收益的关系，在货币国际化的背景下，由于本币支付功能的提升，外汇储备结构配置的安全冗余将会扩大，外汇储备配置将更加灵活，可以适度集中于风险稍大的资产，而不必过度追求分散化风险。本币国际化水平提高会影响外汇储备管理当局的风险规避程度，进而形成对外汇储备结构的影响。由此我们发现，把外汇储备管理问题放到货币国际化的背景下来考察时，传统的成本收益框架（Mohanty and Turner，2006）将会被突破，或者说成本与收益的计算方式将会在本币国际化的条件下发生根本变化，因而最优储备规模与结构问题也应当被放到一个新的背景中予以考虑。

从本章开始，我们将讨论在本币国际化条件下的最优储备问题。其中，本章将探讨货币国际化与外汇储备规模管理的一般性关系，而关于结构管理的内容将会放到下一章中讨论。当然，人民币国际化与中国外汇储备的关系问题是我们更加关注的，这一特殊性问题将会在第七章中进行讨论，由此形成对人民币国际化背景下外汇储备管理从一般到特殊的认识过程。本章第一部分将首先对货币国际化与外汇储备规模管理的关系进行逻辑上的梳理，我们的研究结论认为，货币国际化与外汇储备规模的主要关系可以概括为两重效应，即支撑效应与替代效应，且货币国际化前期支撑效应占主要地位，外汇储备对推动货币国际化十分重要。国际化后期，替代效应逐渐占据主体，外汇储备规模可以随着本币国际化程度的提升而下降。第二部分将建立一个货币当局基于对外开放风险收益的最优决策模型，在考虑货币国际化进程的条件下分析最优国际储备规模的一般规律。第三部分将使用两组国际面板数据，对已国际化货币和潜在国际化货币发行国的外汇储备规模进行实证分析，以检验理论建模的功效。第四部分对理论和实证分析的结论进行总结，并针对中国当前的现实状况提出一定决策启示。

第一节　货币国际化与外汇储备规模关系的逻辑梳理

一　非货币国际化条件下的储备规模管理回顾

在不考虑货币国际化与外汇储备之间互补与替代关系的情况下，外汇储备管理的基本原则已经在上一章中进行了比较充分的讨论。最优外汇储备规模的讨论肇始于金本位制时期，关于外汇储备规模适度性的讨论主要从应然和实然两个角度展开。其中应然状态的研究从规范的视角讨论外汇储备的适度规模，对其决定的原则进行说明。实然状态的研究则更多地关注影响外汇储备规模的因素。

应然状态下的最优外汇储备规模。储备规模管理思想包括两部分，一部分是最低外汇储备规模，关注的是多少才能够用的问题；另一部分是最适外汇储备规模，关注的是有多少才能使一个国家达到最优状态，这种最优状态的衡量既可以是客观的，也可以是主观效用层面的。早期的外汇储备规模研究实际上是最低储备规模研究，如用比例来确定外汇储备的规模，并形成了外汇储备规模的比例说。产生这一理论的背景是战后经济重建的需要，以及欧洲缺乏资本积累，需要美国提供资本，同时也需要美元进行国际结算的客观现实。在此背景下，国际可用的外汇储备很少，还谈不上最优化的问题，只能关注最低多少能够保证国际收支的顺利，而不至于出现支付困难。确定保底储备数量的方法是经验方法，特里芬所提出来的是一国要拥有足以支付三到四个月进口量的储备才是比较安全的，当然经验法的适用性只能局限在一定范围内，同时也没有关注到除了支付出口外，外汇储备还在其他国际支付中发挥作用。但不可否认的是，特里芬的方法具有一定开创性，为后来使用比例法来确定保底的外汇储备规模提供了思路。在这种研究思路下，后续比例方法的研究者又给出了包括储备对短期外债比率、储备对广义货币供应量比率、储备对 GDP 比率等的比率指标，用以衡量国际储备的最低规模标准。严格地说，比例法不能称为最优规模管理理论，因为其所规定的规模管理原则是最低标准，而非最优标准，这与当时的国际经济形势是相适应的。在战后复苏阶段，由于资本匮乏，国际资本流动规模小、流向单一，国际支付的规模也十分有限。

确定储备规模的比例法并未发挥多长时间的作用，随着战后经济的快速复苏，国际经济往来不断加速，国际收支规模不断扩大，资本在国家间的往来也日益增多。由于国际支付矛盾的缓解，外汇储备保底充足的问题不再是外汇储备管理的关键，储备的增加使得最优化管理的需求开始出现。从客观的角度看，持有外汇储备固然是有好处的，但也存在着明显的成本，因而根据新古典主义的思维方式，当一国持有的外汇储备成本与收益相等时，外汇储备就处于最优的规模上。这里对储备规模的确定并没有考虑到不同主体在偏好上的差异，仅仅是从客观的角度计算一下成本和收益的平衡点，并以此确定一个最优外汇储备的均衡解。当然，确定收益和成本的过程中，不可避免会涉及主观上的判断，但总体来说，成本—收益法确定外汇储备规模管理的原则还是相对客观中立的，成本收益的管理方式也确定了一个初步的外汇储备规模优化管理的标准。从功能上看，国际储备的功能已不仅仅局限在国际支付领域，而是作为应对本国国际收支失衡的保障，其持有目的应当更加注重审慎性标准。国际储备的持有收益是当一国在遭受国际收支逆差冲击时，可以动用储备而避免实体经济调节措施在恢复平衡过程中所经历的经济阵痛。而持有储备的成本则主要来自机会成本，即国际储备资产收益同实际投资收益的差额。显然，均衡会发生在边际成本与边际收益的平衡点上。

成本—收益法实际上并非是对外汇储备充足性的分析，而是对最优储备问题进行的分析。此后的外汇储备分析进入了一个相对客观的最优规模分析时期，基本框架大体没有脱离成本收益分析的思路，主要在如何测度持有外汇储备的成本与收益方面展开探讨。持有成本方面，将机会成本明确为汇率变化与利率变化的引致成本。对持有外汇储备成本与收益的研究中，更具有影响力的是缓冲存货模型。外汇储备的持有收益主要体现在对外部冲击的缓冲上，与应对流动性冲击的存货类似，外汇储备可以吸收一国面临的国际收支和资本流动冲击，最大程度上保证一国的对外经济安全。在这样的设定下，假设一国面临的国际收支冲击的分布是给定的，即符合某种动态随机的特征，此时外汇储备的最优规模就是满足该国国际收支稳定条件的一个连续的随机过程。这一分析方法将外汇储备分析放到动态随机的框架之中，摆脱了传统的比例分析法和早期的成本收益模型缺乏动态与随机性考察的弱点。从方法论的角度看，缓冲存货模型仍然是成本收益分析的改进，该模型所确定的外汇储备最优规模同样是当国际储备消耗殆尽的情况下，实施宏观经济调节所需花费的成本和储备机会成本间抉择的均衡，这部分成本可以视作持有作为缓冲存货的储备而带来的收益。

另一种对成本收益模型的改进来自对成本的细化。持有外汇储备不仅会面临储备用作他途的机会成本，还应该包括储备耗尽时一国必须应对对外支付，特别是支付债务违约的损失所付出的成本，完整的外汇储备持有成本应包括违约成本同机会成本的期望和，而一国对于储备规模的决策是实现成本期望值最低的结果。显然，这样的思维方式适合那些有境外债的发展中小国，在无法按期偿还外债时，如果没有可以动用的外汇储备，该国则将因为违约而蒙受经济损失，这可以被视为持有外汇储备的潜在成本。我们其实更愿意将其理解为持有储备的收益，但 Ben-Bassat 等的思路刚好反过来，从与机会成本类似的角度出发，形成了成本收益框架下的另一种解释。20 世纪 90 年代以来，国际金融领域危机频发，经济体量小的经济体频繁受到来自国际游资的冲击，进而出现了与外债类似的短期资本流动冲击。这也给这种外汇储备管理思路的应用提供了新的空间，应用该模型来解释各国外汇储备规模的案例也越来越多。

前述所有的分析方法虽然引入了优化的思想，但都是从客观角度来确定最优外汇储备规模，而没有考虑到外汇储备行为的实施主体虽然是国家，但也存在着偏好上的差异，因而最终的储备行为应当是客观上的平衡与主观上的最大化的综合结果。为此，近年来对储备最优规模的讨论引入了考虑到储备行为所涉及的市场主体的偏好，建立其基于效用最大化原则的储备最优规模管理分析。应该说，效用最大化的分析方式仍然没有突破成本—收益框架，仍然是决策者在权衡各方利弊基础上形成的均衡结果。只不过在这里，主观的效用最优替代了之前的客观均衡关系。效用最大化分析方式在形式上更加符合主流经济学的规范，同时也得到了实证方面比较稳健的支持。

从实然的角度看，外汇储备的规模是由各种因素共同决定的，即便管理当局有意愿对规模进行调整以实现优化目标，但客观上的条件限制往往决定了最终的实际规模。外汇储备的影响因素中，我们首先能想到的是经常项目，特别是进出口因素的影响，如一国的进口倾向、国际收支状况等因素，这种分析是按照外汇储备最基本的功能来展开的。除了进出口外，其他宏观因素也会对外汇储备构成影响，如经济规模、人均收入、政府债务等（Kenen and Yudin, 1965）。在内部因素的基础上，一国的对外开放度、预期出口收入、外汇收益率等因素也被考虑到储备决定中来（Iyoha, 1976）。显然，这些研究没有考虑到国际价格变动的影响。在布雷顿森林体系瓦解后，浮动汇率制使得国际经贸往来的不确定性大大增加，汇率成为外汇储备规模分析新的关注点。浮动汇率制最大的优势在于汇率价格的波动会对国际收支平衡进行调节，因而在一定程度上充当着外汇储备替代品的作用（Edwards，1983）。如一国的汇率完全自由浮动时，当该国国际收支不平衡时，汇率会发生变化以调节国际收支，因而不必要储备过多。至此，汇率制度、汇率波动等因素开始成为外汇储备规模研究始终需要关注的对象。除了汇率外，金融自由化程度、贸易开放度、资本管制措施、汇率机制等因素都被纳入储备规模决定的分析当中（Lane and Burke，2001）。

中国的外汇储备规模自 21 世纪以来快速增长，并成为全球储备规模最大的经济体。中国的外汇储备规模是否是最优的？如果不是，那么如何能够促进外汇储备规模的优化？这些问题成为国内学者关注的焦点。总体来看，中国外汇储备规模是否适度到目前仍未达成共识。但 2015 年之前，多数分析者认为我国外汇储备是过剩的。我国为何积累了这么多外汇储备，国内学者的解释中，结售汇制度、贸易顺差和资本流动因素被认为是最为重要的影响因素。在出口导向型发展战略下，进出口总额和汇率水平是影响外汇储备规模的决定因素（邢大伟，2006），汇率的低估促进了净出口的增长，奠定了外汇储备积累的市场基础。另外，国际直接投资的大规模流入也是我国外汇储备快速增长的原因。从发展历程看，贸易差额在初始阶段对外汇储备的决定作用更为显著，而资本流入因素的影响在后一阶段更大（滕昕、戴志辉，2006）。这些分析基本上还是关注经济结构性因素的影响，2005 年人民币汇率制度改革开启后，人民币汇率大幅度升值，且形成了持续升值的稳定预期。汇率的稳定升值过程形成了对国际资本的吸引，大量国际游资涌入，形成了外汇储备激增的动力机制。实践上的直觉也很容易为实证分析所证实，如黄飞雪、李成（2011）分析"汇改"前后人民币实际汇率对外汇储备增长的影响机制，结果表明人民币实际汇率贬值可以抑制外汇储备的增长，而实际升值则拉动了外汇储备的上升。黄寿峰、陈浪南（2011）的研究强调了汇率升值与外汇储备规模间的循环累积效应，他们发现人民币升值预期对中国外汇储备的增长具有推动作用，而外汇储备的增长也会反过来强化人民币升值预期。巴曙松等（2007）的实证研究结果表明，汇率弹性的增加会使中国外汇储备受汇率影响的程度有所缓解。

从上述梳理中可以看到，外汇储备的规模研究是外汇储备管理中的基础性问题。从理论角度，外汇储备规模研究虽然从各个角度都进行了比较充分的分析，但仍然存在着未充分重视的特征：第一是对外汇储备规模的分析主要针对小型经济体开展，对大国外汇储备管理的理论分析不足。小型经济体的特点是经济体量小，容易受到外部冲击，经济体系的抗风险能力有限，因而对外汇储备的需求比较敏感，大国的储备与小国还是存在明显差异的。对于大国而言，由于体量较大，经济体系更加完整，尤其是产业分工链条更加完善，市场的需求结构也比较稳定，因而在国际经济交往中的抗风险能力较强。这样，其储备的决定机制与小国之间还是存在显著差异的。从动机角度，最优储备分析中无论对国际收支短期赤字的重视，还是对资本骤停的关注，基本都是基于小型经济体的经验事实，而大国的情况会更加复杂。第二是基本没有把外汇储备规模问题同本国货币的国际化联系在一起。如果我们关注的不是小型经济体，而是经济体量巨大的大国，它的货币是有可能成为国际货币的，或者正在货币国际化的进程中。那么这个过程就可能对本国的外汇储备规模构成重要影响。可以想到的是，本国如果拥有较大规模的外汇储备，则本国货币的国际化就会有更好的基础，因为持有本币的境外居民或企业可以兑换成作为储备的国际硬通货，这是有利于本币国际化的。反过来，当本币具有相当的国际化程度时，又会形成对外汇储备功能的替代。当本币国际化程度高时，本币已经具有国际支付功能，同时本币也应当具有更大的汇率弹性，因而对外汇储备功能需要会下降。总之我们认为，外汇储备与本币国际化之间存在着必然的逻辑关联，应当作为外汇储备规模分析的关键因素。

简单展开对外汇储备与货币国际化关系的分析，当前的国际货币体系是以国家主权信用为基础的货币体系，在失去黄金作为货币锚的情况下，主权货币的国际化就是一国经济实力和主权信用被其他国家认可的过程，决定主权信用的因素包括经济实力、金融市场发达程度、国际贸易、金融市场开放度、货币的可兑换性、汇率稳定、历史惯性（Berg-sten，1975；Mundell，1999；何帆，2004）。除此之外，还需要充足外汇储备来支撑。外汇储备对货币国际化的直接作用是提高国外居民对本币可兑换性的信心，其间接作用则是通过上述影响货币国际化的因素而发挥作用。如外汇储备有利于汇率稳定，进而推动了国际化。而随着货币国际化程度的提升，国际货币发行国的经济实力不断增强，货币的国际地位日益提高，本国面临外部冲击的概率会下降，减少外汇储备预防性需求。即便本国受到外汇储备冲击，本币国际化程度高也有利于本国动用本币应对外部冲击，因而降低对储备的需求。

在人民币国际化的背景下，外汇储备与货币国际化的关系也逐步引起了学术研究的重视。在尚未出现人民币国际化之前，国内就有研究认为国际的货币合作可以降低不同国家国际收支调节的成本，同时增强整体上应对外部冲击的能力，因而会降低对储备的需求（华民，1998）。持同样观点的还有刘红忠、熊庆东（2002）和牟新焱、姜凌（2009），他们认为使用外汇储备作为缓冲存货并不能实现保证宏观经济稳定的目标，同时还要付出较大的成本。其替代方式是参与区域货币合作，通过适度的货币国际化来提高抵御外部冲击能力，其结果最终是减少外汇储备水平。最早提出人民币国际化同外汇储备关系的是彭兴韵（2006），他突破了前期研究重视货币合作的限制，在东亚货币合作缺乏推进动力的条件下，我国转而提出人民币国际化战略，因而外汇储备的规模就同人民币国际化建立起了联系。根据其观点，人民币国际化可以作为降低中国外汇储备风险的重要途径，有效控制我国外汇储备过快增长的根本途径是推动人民币成为外汇储备货币。白济民（2009）也认为支持人民币国际化是中国外汇储备的最佳用途。从另一个角度看，外汇储备对人民币国际化的作用也引起了关注，部分研究表明，中国过度的外汇储备实际上对人民币的国际化构成了不利影响。白钦先、张志文（2011）以日本为研究对象，发现过度的外汇储备规模，且储备结构中主权货币占主体的储备方式在长期内限制了日元的国际化进程。针对人民币的国际化，过度外汇储备同样可能通过货币供应量、利率价格、银行行为等因素影响人民币的汇率价格，并最终对人民币国际化构成负面影响。显然，人民币国际化与外汇储备之间的关系目前还没有一个完备的分析框架。从两个方向对两者关系的研究都只是从某个局部对其逻辑进行描述，并结合数据进行一定实证分析。从目前人民币国际化快速推进的情况看，外汇储备与货币国际化之间需要一个更加全面的分析框架。

二 外汇储备对货币国际化的支撑效应

总结前述对货币国际化背景下外汇储备规模的讨论，可以得到两个方向上的两种效应：一是从外汇储备对货币国际化作用方向上的"支撑效应"，即外汇储备对货币国际化起到支持的作用，与货币国际化相伴而生，推动一国货币的国际化进程；二是从货币国际化对外汇储备功能影响方向上的"替代效应"，即本币的国际化会在功能上形成对外汇储备作用的替代，国际化水平提高对减少对外汇储备的依赖是有利的。本部分主要讨论"支撑效应"。

（一）货币国际化的驱动力与影响因素

货币国际化是一个长期的历史过程，同时也是一个复杂的历史进程。从理论角度来看，驱动货币国际化的直接力量必然来自境外居民与机构对本币的接纳和使用。因而，讨论货币国际化的驱动力也必然要涉及境外居民与机构的行为特征与规律。

第一，货币搜寻理论的视角。货币搜寻的过程是理性的经济主体在最优化过程中实现货币均衡的过程。早期的货币模型中，如萨缪尔森的世代交替模型（1958），从货币职能特别是价值储藏角度讨论了对货币的需求问题；货币效用模型更是直接地把持有货币视作代理人货币效用的直接来源，而之前我们对效用的认识还只是限制消费与闲暇所能产生的效用（Sidrauski，1967）。这一模型把对货币的需求放到了效用最大化决策的框架内来讨论；与 MIU 方式齐名的还有 CIA 模型，即货币先行模型，Clower（1967）给出了消费必须用货币来购买的假设条件，提出了技术上的现金约束条件。其后，Lucas and Stockman（1983）拓展了这一假设，认为投资品也必须用现金来购买，进而将之与效用最大化结合起来，形成了基于现金先行的货币需求模型。上述模型是货币理论中三个基本的经典模型，奠定了货币需求分析的基础。但上述三个模型都假设货币是外生给定的，而非经济系统内生决定，而且三个理论也没有对国际货币现象展开讨论。Kiyotaki and Wright（1989）应用劳动市场搜寻的思路，探讨了货币的搜寻过程，讨论了封闭经济条件下货币在方便交易与降低搜寻成本方面的作用。他们并没有对国际货币问题开展讨论，但却为货币在国际投资者与消费者之间的选择提供了一个基础的思维框架。以之为基础，Matsuyama et al.（1993）建立了两国两币种的货币搜寻模型，讨论了在经济系统中代理人的货币选择行为，及其对最终货币国际化的影响过程。在该模型中，不同国家货币之间的选择是代理人要面临的关键问题，在假设不同分组内部代理人之间交易匹配概率大于不同分组间其他代理人交易匹配概率的条件下，分析了不同国别货币间的选择问题。模型展示了两个国家、两种主权货币，在代理人可以选择接受与否的情况下，在何种条件下可以达到货币选择的均衡，在均衡下不同主权货币呈现出的国际化程度有何种表现。模型的结论显示，两国之间的货币竞争会呈现出多重均衡状态，从货币国际化程度的角度看，货币选择的均衡可以分为三种不同的情况：情况一是各自流动本币的均衡。在设定参数是两国之间的经济系统相对封闭，各自保持较高独立性的条件下，代理人所处的货币环境也比较封闭，其结果是两国货币只在本国使用，本国代理人只使用本币，这对应着没有货币国际化的状态。情况二是一国货币国际化的均衡。随着国家间封闭性逐步被打破，国际经济交往开始密切，为货币的交换与选择提供了条件。此时随着两国经济一体化程度的深化，当突破某一临界状态后，规模较小国家的代理人会开始接受相对规模较大，或经济实力较强的另一个经济体的货币，此时其效用是增加的。经济竞争的结果是，大国的货币成为国际货币，而小国的货币不会在国际交往中被采用。这种均衡状态下，国际货币呈现出单极化的特征，是一种比较极端的货币国际化现象，其结果是只存在一种单一的国际货币，大国的货币会成为这一均衡选择。情况三是双重国际化的均衡。在此均衡状态下，两国经济间的融合，货币的互相渗透也出现了，大国的代理人也开始接纳小国的货币作为国际支付手段，此时国家间的经济一体化程度应当达到比较高的状态。这种非角点解的均衡状态更接近新古典主义的思维方式，但实际上这种状态在现实当中是较难以实现的。我们可以认为第三种情况是两种货币都有国际化的一种均衡，国际货币存在一定的互补和替代性，在国家间被类似地使用。此外，我们还考虑到另一种更加极端的情况，就是货币替代。在此情况下，不但小国同大国间的交易使用大国货币支付与计价，连小国内部的代理人之间的交易也使用大国货币，小国货币会退出市场。货币替代在特定时点、特定情况下是存在的，这也可以被视为一种更加高级的均衡，因为它要求更高的经济一体化程度。

货币搜寻模型为货币替代和货币国际化提供了基础的思路，但同时也存在一定的缺陷。典型的缺陷是只考虑到居民对货币选择所导致的均衡，未能考虑到政府在国际货币发展中的作用，而政府在法律与政策方面的作用在货币国际化进程中至关重要。另外，模型中关于理性的假设也与现实差距较大，如参与货币比较替代的代理人都是完全理性的，他们全知且全能，能够准确地找到最优的选择，进而也知道自己的选择是如何影响到均衡结果的。这一假设与实际的出入过大，这也导致后期的研究不断对该模型进行补充与完善。如将讨价还价引入到货币搜寻过程中，进而确定名义价格及其影响，同时将政府的角色引入，重点分析货币政策因素的影响。通过假设政府决策受到其他国家行为的影响，来考察政府在多币种之间进行选择的均衡问题（Trejos and Alberto，1995）。

第二，交换结构理论的视角。国际货币产生的交换结构视角是由克鲁格曼提出的（Krugman，1980），他构造了三国三币种的理论模型，探讨了三个国家使用国际货币的选择问题。在此之后，Alogoskoufis and Papademos（1992），Rey（1997），Jobst（2005）又对该模型进行了理论上的完善和修正，并成为国际货币研究的一个重要理论。克鲁格曼最初的模型对现实情况做了大幅度简化，只讨论三个国家使用一种国际货币的情况，因而被称为单极货币模型。然而在国际货币发展中，单极与多极的情况都出现过，如一战之后出现的国际货币的多极化，以及布雷顿森林体系瓦解后一定程度上的国际货币多极化现象。因而，单极的国际货币模型不能够完全涵盖国际货币的发展模式。为此，克鲁格曼随后改进了其模型，发展出双极的国际货币模型（Krugman，1984）。该模型讨论了一个多国参与的国际货币竞争过程，结果显示多国竞争的国际货币格局将出现两种均衡：一种是出现单一的国际货币，即单极化均衡，初始条件的差异会随着循环累积而扩大，最终一种货币会在此过程中胜出，成为最终的国际货币。在此情况下，国际经济由大国和小国共同组成，大国以直接兑换的方式来完成国际支付行为，然而小国的支付行为出于成本最小化的原则，会选择最大国货币作为交易的支付手段，这种外部性累积的结果使得其他大国也可能采用相同的货币完成同小国之间的交易，最终最大国家的货币反复得以强化，有可能形成一个全球化的货币市场，国际兑换市场也会集中于一种核心货币，从而形成了单极的国际货币结构。在另一种均衡状态中，多国货币都具有一定程度的国际化，国际货币处于并存的状态。如果某种货币的网络外部性足够大，形成了对最大国货币的竞争，最终的货币竞争结果会导致两种货币都成为国际货币。

第三，转换成本理论的视角。交换结构理论的讨论中提及了网络外部性的概念，它描述了这样一种现象，当代理人从某种商品或服务的消费中所获得的价值因其他消费同种商品或服务的代理人增加也相应增加时，该商品或服务就具有网络外部性的特征。将该概念放到国际货币的产生过程中，就是基于网络外部性的国际货币决定理论。国际货币是具有典型网络外部性的特殊商品，使用某种国际货币的人越多，持有和使用该货币就越是方便的。正如美元作为国际货币，其价值在20世纪70年代之后已经不再与黄金有任何关联，但始终是国际货币，这种现象背后的原因与网络外部性直接相关，使用美元的人越多，美元对使用者的价值也就越大（Chinn and Frankel，2005）。作为国际货币，其网络外部性可以分为两部分，分别是直接网络外部性和间接网络外部性。以美元为例，国际市场应用美元作为交易支付手段的主体越多，美元的流动性就越好，每个人持有美元的风险就越小，而使用美元的成本也会越低，这会进一步吸引更多人使用美元作为国际货币，如此形成循环累积效应，这就是美元作为国际货币的直接网络外部性。另一方面，如果使用美元的市场主体很多，为了满足这些市场主体的需求，会有越来越多的围绕使用美元提供服务的基础设施网络，从而进一步降低了使用美元的成本，降低了持有美元的风险，这与直接的网络外部性类似，可以定义为间接的网络外部性。有了网络外部性，就对应产生了转换成本，如果某种国际货币的使用者更换其支付货币的话，他会面对两种可能性，要么因为交易对手的不接受而无法交易，要么支付比较高昂的额外交易费用，我们可以把两者作为国际货币的转换成本。转换成本由三个部分组成：一是增加的交易成本；二是使用新货币支付的学习成本；三是交易风险的增加，这来自外部性所导致的不确定性增加。网络外部性与转换成本的存在使得国际货币有不断自我强化的内在动力机制，同时也为其他货币的国际化设置了自然的障碍。任何一种货币要想成为国际货币，都需要逐步搭建起交易网络，并充分发挥这一网络外部性来增强本币的吸引力，进而推进其国际化进程。在实际市场中，美元仍然是全球最重要的超级货币，网络外部性是其重要的内在稳定器。对布雷顿森林体系的路径依赖，形成了美元非常强的网络外部性，高昂的转化成本限制了人们转投其他货币来做国际支付，同时由于正反馈效应循环累积的存在，这种路径依赖会加强，除非遇到强势的竞争货币以及现有国际货币本身出现信用方面的问题，否则人们对国际货币的惯性偏爱很难短期内发生改变。这一点在传统国际货币与新型国际货币之间的竞争上也得以体现。如美元作为新型的国际货币，其与英镑之间的国际货币竞争也经历了相当长的时间，才最终在二战结束前夕完成对英镑的超越。美国对英国的超越实际上是 19 世纪末期的事情，但在经受过两次大规模战争冲击的情况下，美元替代英镑成为全球最核心的货币也经过了 50 年的时间。英镑作为国际货币的网络外部性和使用历史惯性的存在，使得国际市场对其的持有量和使用量仍十分巨大，美元要花费长时间来建立属于自己的网络外部性。

第四，持有成本与收益理论的视角。在考虑到外部性与持久性效应的基础上，Flandreau and Jobst（2009）着重分析了持有成本与收益对货币国际化的影响。持有成本与收益在国际货币角色塑造中具有基础性作用，如某种货币大量地在本国之外流动，也会对本国货币的流动性造成影响，最终形成本币利率与汇率之间的传导机制，产生货币国际化的外部性。Nishimura（1971）的研究表明，19世纪末期一些具有充足资金流动的金融市场吸引了大量外汇交易。在一个均衡的开放金融市场中，利率与汇率之间应满足平价关系。在流动性不足的市场，流动性风险较高造成流动性风险溢价水平高，该类资产在市场中的价格就比较高，较高的资产价格会压低收益率。从货币国际化所导致的外部性来看，一种国际货币会因为在境外的大量使用而有着比国内更低的利率，在境外使用国际货币，由于没有央行的监管，其资金成本水平会更低。国际货币利率下降致使国外持有该货币的数量增加，这将导致国际货币的流动性溢价降低，对该国货币的国际化更加有利。Flandreau and Jobst（2009）发现的大量实证的支持证据表明：货币的国际化进程中，其利率会有降低的趋势，货币国际化程度高同流动性溢价低之间存在双向因果关系。

我们综合以上几种理论观点，总结归纳出在一国货币国际化的影响因素中，最为核心的集中因素有：（1）交易成本因素。交易成本在国际经济交往中广泛存在，既包括显性的成本，也包括许多隐性的成本。与国内交易有所区别，为了使交易能够在不同国家的主体间达成，需要具有足够信用支撑的公共媒介物，因而内生地生成了对国际货币的需求。通过国际货币作为中介，跨国交易中的买方与卖方会减少或消除额外的交易成本，使交易的摩擦最小化，可以说国际货币是国际贸易的必然产物，旨在推进交易成本下降并促进规模经济成为国际货币的根本动力。在没有国际货币作为交易媒介的情况下，国际交往的交易成本会上升，交易周期也会被拉长，交易效率难以保证。而使用一种国际货币作为公共媒介，则可以大幅度降低国家间交易成本，这一过程又是循环往复的。（2）网络外部性因素。网络外部性来源于使用该货币的收益随着使用人数增加而增大，体现在交易成本下降和交易风险的降低。同时网络外部性又是一个动态的过程，是交易成本与使用该国际货币人数之间的循环累积。一旦网络形成，使用该网络产生的成本降低与风险降低的效应会吸引更多市场主体使用本国货币，进一步促进了该货币的国际化。由此可见，网络外部性是一个循环累积的历史过程。当某种货币出于某种原因在交易过程中逐渐被市场主体所接受后，这一货币的交易网络就逐渐形成了。（3）经济与贸易因素。网络外部性只是一个结果，或者说是一个逻辑过程，而并非逻辑起点。从历史实践和逻辑角度看，在世界经济体系中占有比较重要地位的经济体发行的货币才可能成为国际货币。因此，网络外部性的来源或其作用的大小受到该国经济规模与实力的影响。一个经济上的大国与贸易上的强国，其经济体量会给货币持有人更强的信心，会有更多的经济主体与该国发生贸易关联，因而其货币成为国际货币就具有坚实的市场基础。经济总量越大、贸易规模越大，则其他国家市场主体使用该国货币的概率就越大，支撑该货币成为国际货币的力量就越大，该货币也就越有国际化的条件。（4）金融市场因素。金融市场主要决定了持有一种国际货币的成本与收益。在国际贸易领域流通手段仅仅是国际货币的职能之一，在贸易之外，更多的货币会被用来进行国际结算与金融资产计价，或者是用来作为价值储藏的工具，因而金融市场因素是一国货币国际化的另一个必要条件。一国发达的金融市场会为投资者提供充足的流动性、合理的定价水平和比较丰富的资产选择，使得持有该货币能够获得合理的收益。金融市场的弹性越大，其能够支撑的国际货币的投资与回流的功能就越强，从而能够满足国际货币持有人在不同类型资产间进行组合配置的要求，同时为市场主体提供风险管理的工具和市场。

（二）外汇储备对货币国际化支撑的机制与路径

通过对货币国际化理论与驱动力的分析发现，货币国际化是综合条件作用的结果，影响其进程的主要包括经济规模、交易成本、汇率波动性、金融市场、历史惯性等多种因素。如前所述，外汇储备作为一国重要的对外战略资产，其在支持一国货币国际化的进程中理应扮演重要的角色。从具体的作用机制与路径看，外汇储备对货币国际化的支撑作用体现为直接作用和间接作用。

外汇储备对货币国际化的直接作用表现为持有外汇储备会增强持有本币的境外居民与企业对本币的交易信赖，主要体现在境外居民预期可以低成本、低风险地将其持有的本币转换为发行国持有的外汇储备。直接作用效应可以理解为本币直接兑换成其他国际流动性的能力。这里隐含了两个前提，一是本国或离岸存在着涉及本币的高流动性的外汇市场，本币可以以较低的交易成本实现货币转换；二是本币汇率的预期相对稳定，即持有本币的境外市场主体对未来本币的汇率稳定抱有信心。这种信心可以是市场自发带来的，比如存在着一种国际货币，其发行国并非拥有巨额外汇储备，其货币在国际货币市场中的交易量也十分巨大，汇率预期的稳定性也较高。但这种情况只适用于那些已经成为国际货币，并通过网络外部性循环累积巩固了其地位的币种。在讨论一种要成为国际货币的新兴货币时，并不存在这样一个低成本、低风险的货币交易市场，使得持有该货币与持有其他主流国际货币在一定条件下等效，因而就需要有充足的外汇储备作为支撑。直接作用效应反映在外汇储备对币值稳定、资本账户开放与货币发行国的国外净资产头寸的影响上。

间接作用效应是指持有外汇储备会影响一些关键的变量，而这些变量又是在促进本国货币国际化水平中扮演着重要作用的，即外汇储备并不直接提升外国居民和企业对本币兑换成国际通货的信心，而是通过影响货币国际化的其他因素起作用。间接效应主要通过影响国际货币使用的交易成本以及国际货币使用的历史惯性发挥作用。同时，外汇储备通常与经济规模、国际贸易之间存在双向的促进关系，因而也会通过经济规模与国际贸易结算等途径作用于货币国际化。无论是直接效应还是间接效应，最终的结果都是在功能上提升了本币在国际市场交易计价等市场领域的交易媒介、计价手段和价值储藏等货币功能，最终形成对本币国际化的支撑。

具体的传导路径如图 4－1 所示。外汇储备对货币国际化的支撑效应是通过影响货币国际化条件层里各项要素实现的。其中，币值稳定、资本账户开放、国外资产净头寸是外汇储备作用于货币国际化的直接支撑效应，外汇储备对此三项条件因素的影响是单向的。持有外汇储备会增强币值稳定性,也会有利于本国资本账户开放下的风险控制,同时外汇储备也是国外资产净头寸的组成部分,因而直接有利于增强境外主体对本币交换成其他国际货币的信心,直接提高货币国际化程度。此外,外汇储备还通过经济规模、国际贸易、交易成本和历史惯性等因素对货币国际化起到间接的支撑效应。外汇储备与经济规模和国际贸易之间存在互相促进的双向因果关系,外汇储备的规模与一国经济规模是相关的,经济规模大的经济体才有进行外汇储备的经济基础,而外汇储备的规模也会促进经济增长,从而有利于经济规模的进一步扩大。另一方面,国际贸易与外汇储备之间存在更高的关联度。国际贸易盈余是积累外汇储备的基础性渠道,贸易顺差的国家才有积累储备的基础能力,外汇储备的积累反过来又构成该国开展国际贸易的主要稳定因素,同一个储备多的国家做生意会更有信心。外汇储备的积累对使用本币的交易成本有一定影响,但是这种影响不是直接显示在使用本币交易的过程中。持有外汇储备意味着可以在本币与储备货币之间进行比较顺畅的兑换,这是有利于利用储备货币的市场交易网络来推动本币建立交易网络的,交易网络对交易成本的影响是直接的。从历史惯性来看,持有外汇储备会对本币国际支付能力产生一定的历史惯性迁移,在足够多的外汇储备下,本币更容易被看作是在储备支撑下发行的银行券,从而建立起储备货币与本币之间的信用联结,进而在一定程度上将国际储备货币的历史惯性迁移到本币上来。如果没有这种迁移,本币在没有外汇储备的情况下让国际市场养成使用的习惯将是十分漫长的历史进程。

此外,影响国际货币功能的军事政治因素和金融市场发展的程度与外汇储备之间的关联不够强,无法构成储备对货币国际化的完整传导路径。军事政治因素对货币国际化的影响是毋庸置疑的,尤其是军事因素,回顾国际市场中英镑与美元成为国际核心货币的历程,军事实力在其背后发挥着不可替代的作用。英国依靠其强大军事实力建立的殖民体系,为金本位制的推行奠定了基础。美元则是在二战后美国强大的军事实力下建立起的货币地位。有研究观点对军事实力在国际货币形成中的作用十分重视,认为国际货币就是依靠军事实力"打"出来的,美元就是最

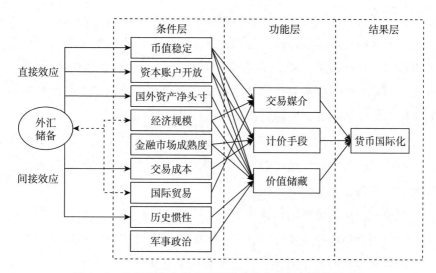

图 4 - 1　外汇储备支撑货币国际化的作用机制与传导路径

直接的例子。当然，战后也存在着并非在军事支撑下，而是在市场力量推动下的货币国际化。如德国马克、日元等货币的国际化进程中并未通过战争对货币进行强行推广，而是在和平状态下实现货币崛起。另一方面，欧元的出现也意味着从经济到政治上的同盟可以形成超主权货币的模式，这种基于政治架构上的货币一体化是可以实现的，即便它还存在着种种问题。这些货币的国际化都没有彻底打破以美元为核心的国际货币体系，仅仅是在美国能接受范围内的部分国际化进程，因此军事政治因素的影响更加深远，也更为全面。不过，在这里我们并不用将军事与政治因素放到多么重要的位置，其原因在于外汇储备对军事和政治因素的影响比较小，因而通过这一途径来影响货币国际化的传导机制并不成立。当然，从辩证唯物的观点看，万事万物都有联系，外汇储备对军事也有影响，至少可以动用外汇储备采购军备，或实施战争，但这种极端的情况并不在我们分析的框架之内。政治方面的因素也同样。

　　还有金融市场发展程度这一途径，我们认为它同外汇储备之间也缺乏直接的显著的关联。金融市场发展程度体现在其广度和深度等方面，这主要取决于国内经济发展程度、一国在构建国内金融市场时历史进程、本国金融要素的丰裕程度、金融市场的交易机制等方面，这些因素与外汇储备之间的关联并不显著。我们很难说一个储备丰富的国家就一定拥有比较发达的金融市场，或者说积累了外汇储备，本国的金融市场广度和深度就一并提升了。而对于货币国际化而言，发达、成熟、开放的金融市场却是不可或缺的条件，必须要具备。因此，可以认为外汇储备通过本国金融市场发展来影响货币国际化的路径并不存在。

综合上述对作用机制的分析，存在至少七条传导路径实现外汇储备对本币国际化影响的作用机制。进一步综合多条传导路径，概括为以下主要的传导路径。

路径一：货币因素的传导

货币因素的传导路径是综合了直接效应下的币值稳定和资本项目开放两个因素构成的传导路径，此传导路径主要从使用本币的便利性以及本币币值稳定性两个方面体现外汇储备对本币国际化的影响。

币值稳定性是一个综合的指标，它包括了货币价值对内稳定和对外稳定两个方面。币值稳定性与货币国际化之间是正向促进关系，即稳定的币值通常是货币国际化的必要条件，币值越稳定则该货币就越有成为国际货币的基础。对内的币值稳定性主要体现在通货膨胀上，低通胀率是本币内在价值稳定的基础。从信号作用角度看，稳定的币值使国外的市场主体，包括厂商、居民、政府等部门形成比较稳定的预期，进而会在比较小的风险约束下开展同本国的经济往来，并在此过程中使用本币作为支付、计价等工具。本币内在价值稳定还会降低境外主体的交易成本，从而使得本币的使用更具有经济价值。总之，我们可以认为通货膨胀率低且稳定的货币更容易获得国际使用者的青睐，进而更容易成为国际货币。经验研究也发现，两个通胀率存在差异的经济体开展国际贸易时，低通胀经济体的货币成为计价货币的可能性更大（Magee and Rao，1980）。实践中，低通胀货币的国际化，在计价货币功能领域的作用也是有明显的例证的。在低通胀预期的支撑下，德国马克是美元之外最重要的贸易计价货币。外汇储备对本国通货膨胀是否有影响，直觉上看这种影响可能会相对弱一点，毕竟外汇储备是对外净资产，而通胀体现的是对内净负债的变化，两者之间并无明显的直接关联。但在特定情况下，外汇储备仍然是对通胀有影响的。作为货币现象，通胀一定是本币供求失衡的结果，货币增长速度超过实体经济的吸收能力，体现为价格的全面系统的上升。按照这样的理解，如果外汇储备可以影响到本币的供给，也会实现对通胀的影响。在实施结售汇制度的经济体中，国际收支中的外汇收入被货币当局集中并形成外汇储备，同时释放对等的本币。如果没有冲销措施，外汇储备与本币货币供应量之间是存在正向关联的。例如，外汇占款是我国基础货币供给的重要途径和形式。不过，在央行采取足够的冲销操作的情况下，货币当局对通胀的影响是可控的。在"三元悖论"的冲突中，央行对货币政策的偏好应当高于汇率稳定和资本自由流动，在汇率稳定也作为政策目标时，资本适度管制似乎是比较主流的做法。因此，外汇储备的形成对本国内部通胀率的影响不会太大，对央行而言通胀率应是总体可控的。

对外币值稳定是指汇率稳定，汇率变化对货币国际化的影响是直接且显著的。在汇率预期稳定的前提下，境外的市场主体才会放心在国际交易中使用本币作为计价支付和价值储藏的工具。在国际贸易中，计价货币的选择与汇率风险直接相关，Grossman（1976）发现在发达国家与发展中国家之间开展国际贸易时，计价货币主要是发达国家的货币，总的来说，国际贸易中采用币值稳定的货币作为计价标准是比较常见的现象。外汇储备对汇率的影响是直接的，当然这也是有前提条件的。也就是说，当一国货币当局在"三元悖论"中选择了本国货币政策的独立性和汇率的稳定时，动用外汇储备来对本国汇率进行干预是比较常见的手段。在此条件下，外汇储备就成了汇率稳定的一个重要条件。充足的外汇储备是干预外汇市场，确保汇率价格稳定，尤其是预期稳定的重要战略资源。诚然，自由浮动的汇率是市场调节机制发挥作用的前提，因而主要国际货币在布雷顿森林体系瓦解后，都进入了相对自由浮动的阶段。但即便是美国这样的全球货币供应国，其汇率仍然会受联储货币政策的影响，联储具有决定美元汇率的预期的能力。因此，外汇干预，或者说外汇汇率预期干预是全球各国普遍采用的做法，充足的外汇储备对形成本币汇率稳定预期有非常直接的作用。因此，我们认为外汇储备对本币汇率的稳定具有正向的促进作用。

便利性方面，可兑换性是国际货币的核心要求。失去了可兑换性，国际货币就不复存在，或者至少其国际货币功能就无从发挥。便利的可兑换性一方面取决于一国货币兑换的开放程度，只有经常项目和资本项目都可以在制度允许的框架内实现本币与国际货币的自由兑换，才能使得本币的持有人产生足够的信心。因而，一种国际货币的发行国，其经常项目与资本项目应当都是大体上开放的，或者除了个别的项目，其他项目基本都是可以自由兑换的。便利的可兑换性另一方面取决于国际市场中本币兑换网络的覆盖程度，即持有本币的境外主体是否可以在全球比较方便地持有本币，或者利用本币实现投资等用途。本币交易网络的形成需要本币在境内可自由兑换外，离岸本币交易中心也是不可或缺的。丰富多样的离岸交易市场是本币国际化的重要推手。外汇储备是如何在便利性方面发挥作用的呢？首先，外汇储备会提高本币经常项目和资本项目可自由兑换的安全度，进而提升本币可兑换程度。有足够的外汇储备，可以有效地阻止本币在兑换市场中形成风险。自由兑换是本币为成为国际货币而必须付出的代价，一旦实现自由兑换就意味着资本流动管制的全面放松，此时持有足够多的外汇储备是保证本币汇率稳定和本币免受剧烈货币冲击的有效手段。其次，外汇储备还会促进本币境外离岸交易网络的形成。离岸交易网络的形成需要有足够的筹码，要先在目前已有的国际金融市场中建立市场交易的体系和习惯，这都需要先使用外汇储备建立起本币交易的基础框架。同时，在离岸市场出现风险暴露，或受到外部冲击时，动用外汇储备来稳定本币资产也是必要的。总之，充足的外汇储备对提高本币在国际市场使用中的便利性具有基础性作用（见图 4 - 2）。

路径二：实体经济因素的传导

实体经济是支撑货币国际化的基本面，国际货币的发行国不可能是经济实力上的弱国，也不可能是国际贸易上的小国。经济总量决定了货币的信用状况，信用货币的本质是持有人对发行人的债权，货币的信用源自货币发行国财富的多少与质量。显然，经济实力强大的国家，其货

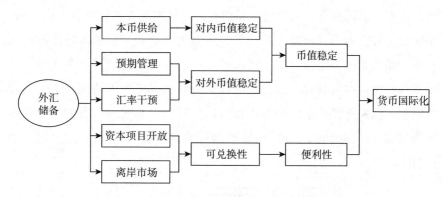

图 4 - 2　外汇储备支撑货币国际化的货币因素传导路径

币的购买力强，持有该国货币潜在可以交换的商品或服务的确定性高，持有该货币的意愿也就更强。一国产业的完备度也是实体经济的重要因素。产业完备度与经济总量之间并无必然关联，一般而言，经济总量大的国家其产业的完备基础就会比较好，其形成相对齐全的产业结构以及产业发展的空间也会比较大，从而更有可能形成完备的产业结构。小国由于经济总量规模的限制，不可能在各个产业领域都形成生产力，因而也不太可能进入产业结构完备的状态。所以，产业与经济总量之间是存在一定关联性的。在分析外汇储备对货币国际化的影响时，两者都可以作为宏观经济的因素来分析，其中经济规模重视的是经济总量的影响，而产业完备度重视的则是经济结构的影响，外汇储备与宏观经济因素之间存在着双向的因果促进关系。经济总量规模为外汇储备的积累提供了基础，一个经济上的弱国是没有足够实力来积累大量外汇储备的。另一方面，外汇储备对提升一国的经济总量也具有作用。外汇储备首先可以用来对外支付，购买对本国经济总量提升有关键作用的生产要素，特别是能够有效提升本国资本存量和技术水平的资本品，从而形成对经济总量的驱动效应。其次外汇储备还有利于保证一国对外经济关系的稳定，增强外国居民对本币的信心，进而间接地提高与本国发生交易的可能性。从而使本国能够通过贸易或资本途径提高资本积累，提升经济增长能力，这一途径是通过货币途径间接产生作用的。因此，外汇储备对经济总量提升具有一定的促进作用，进而有利于提升外国居民对本币的信心，最终促进本币的国际化。从微观的层面看,经济总量大的国家在国际贸易、国际投资等方面的支配能力更强,影响力更大,其可以动用的经济资源也更为丰富,进而本国厂商在国际市场中的优势也会凸显出来。强国的厂商具有更强的贸易议价能力,同时在交易与投资货币的选择上更具有决定权,他们更倾向于使用本币作为计价货币,在贸易与投资领域循环累积过程中,本币的国际化程度不断提高,并有可能成长为国际货币(见图4-3)。

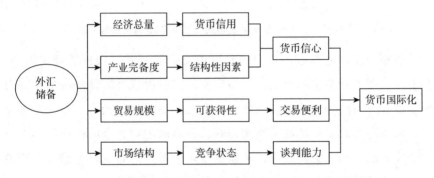

图4-3　外汇储备支撑货币国际化的实体经济因素传导路径

外汇储备与产业结构之间存在比较弱的关联。产业结构取决于一国的要素禀赋、经济制度、资本状况、人口规模、知识与技能状况、贸易结构等因素,产业结构的演变也是一个长期的动态过程。外汇储备对一国产业完备度的影响可以通过上述影响因素间接地发生作用,如通过影响一国的资本状况、要素禀赋、贸易结构等。但从实践角度看,产业结构更多的是一国经济内生要素与市场需求结构之间互动的结果,与外汇储备的关联不强。我们认为,持有外汇储备可以为本国引入产业发展中急需的要素,对产业结构的完善具有一定的补充作用。因此,在传导机制中,外汇储备也可以通过影响产业结构影响货币信心,进而影响本币的国际化。

与经济总量类似,国际贸易途径对本币国际化的影响也主要反映在规模与结构两个方面。国际贸易规模和外汇储备的关系与经济总量类似,都是双向的因果关系。国际贸易和投资活动是积累外汇储备的主要方式,也就是说外汇储备是国际贸易的直接结果,但反过来外汇储备对国际贸易的影响则是间接的。外汇储备对稳定汇率预期、稳定国际贸易具有一定作用，因而有利于国际贸易的顺利开展。外汇储备数量较多，意味着该国有能力从外国进口商品或服务，这会增强外国同本国进行贸易的信心，从而为贸易规模的提高创造条件。国际贸易规模越大，在交易中使用本币的可能性就越大，境外主体的本币可获得性就越高，交易便利性也会提升，最终促进本币的国际化。贸易结构主要是指本国在参与国际贸易时进出口的产品特征与市场结构。产品特征体现在差异化程度上，市场结构则取决于在此基础上的国际需求分布情况所导致的市场竞争程度。产品差异化决定了垄断的程度和市场竞争强度，差异化较大的出口产品其价格弹性小、可替代性弱，因而在市场中的垄断程度高。对于这样的市场竞争结构，本国出口商使用本币计价的可能性就更大。因为垄断程度较高，所以在计价货币谈判结构中，本国出口商是有优势的。使用本币计价可以有效规避汇率风险，也有利于保持经营与贸易的稳定，更重要的是提高了本币的国际化程度。相反，如果本国出口产品的差异化程度低，其竞争程度就更高，价格弹性和替代弹性都很大，此时的出口计价货币选择权就不属于本国的出口商，而是由市场目前的主流结算货币决定。需要追问的是，本国的贸易结构又是如何决定的呢？显然取决于本国的产业结构。本国的产业结构是贸易结构的基础，出口商品的结构性特征反映的恰好是本国产业结构的特征。如前所述，产业结构又受到本国的要素禀赋条件、人口、技术进步等诸多因素的影响，因而这一传导路径仍是比较复杂且比较弱的。可以认为，外汇储备的积累有利于改善本国的要素禀赋和比较优势，如利用外汇储备来购买本国急需的生产要素，或利用外汇储备来保持汇价的稳定，从而稳定对外贸易，进而影响到本国对外贸易的总量与结构，最终形成对货币国际化的作用机制。

路径三：交易因素的传导

交易因素对货币国际化的影响主要体现在交易成本和历史惯性两个方面，交易成本对货币国际化的作用是直接且显著的。国际货币在形成和使用过程中，交易成本起到了十分关键的作用。交易成本低是成为国际货币的必要条件，交易成本高的货币不可能成为核心的国际货币。大量实证研究文献也对国际货币的交易成本低这一命题提供了支撑。单一化的国际货币使用可以有效地降低国际贸易的成本，在成为国际货币的进程中，交易成本与贸易规模之间存在着互相促进的效应。在国际贸易中，某一货币成为被单一使用的国际货币，可以大规模地降低交易成本，并对其他国家货币在贸易中的使用产生替代（Swoboda，1969）。这种替代的效应又会进一步地降低交易成本，形成循环累积。在国际贸易中交易规模大的国家，以及在外汇市场中交易量大的国家，其货币作为国际货币的交易成本越低，其成为国际货币的可能性也就越大。在交易成本与国际货币的互动过程中，某一货币交易量的增加会导致交易成本下降，国际货币将集中在当前交易成本低、交易规模大的货币上；在开放度提高的过程中，国际货币兑换中交易成本最小的货币将在成为计价国际货币的竞争中具有优势（Krugman，1980）。国际货币的交易成本还体现在货币使用的"网络外部性"上（Hartmann，1998）。网络外部性所关注的是交易价值与交易规模之间的协同促进过程，它是指连接到一个网络的价值取决于已经连接到该网络的其他节点的数量。对国际货币而言，规模效应意味着一种国际货币的使用规模与交易成本是互相促进的，即网络规模越大，则交易成本越低。网络外部性也对国际货币使用的历史惯性给出了直接的解释。所谓历史惯性是人们的使用习惯，想要在短期改变习惯需要一定的转换成本，因而具有一定的稳定性。但在理性的框架下，如果有一种新的货币使用成本随着网络外部性而持续下降，直到使用新货币的交易成本低于传统的交易媒介时，历史惯性就会被打破，并形成新的历史惯性。当前，美元作为国际核心货币，其历史惯性与网络外部性都是支撑其国际货币地位的关键。但如果有新的货币进入国际市场，在一些关键因素的驱动下进入循环累积的网络外部性形成阶段的话，传统的国际货币地位可能被打破（见图4-4）。

回到外汇储备对货币国际化的作用上，交易因素的传导也从交易成本和历史惯性两条路径展开。外汇储备对本币交易成本的影响主要体现为其会在全球市场范围内提升本币交易的便利性。本币在国际市场中的

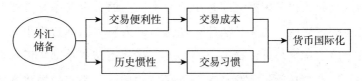

图 4 - 4　外汇储备支撑货币国际化的交易因素传导路径

交易成本包括显性交易成本与隐性交易成本。显性成本是本币在兑换、支付、结算等使用过程中的成本，是直接显现在本币交易过程中的。隐性成本则是本币使用过程中价值变化可能带来的成本，如本币汇率不稳定、本币汇兑风险等因素可能产生的交易成本。外汇储备对本币交易成本的影响首先是对显性成本的影响。充足的外汇储备意味着货币发行国的货币当局与银行体系对国际市场有比较全面的参与，包括投资、结算、汇兑等诸多外汇业务体系比较健全，因而为本币作为国际货币的交易提供了基础性的交易网络与业务支撑，从而降低使用本币的交易成本。从货币途径及实体经济途径的分析可知，充足的外汇储备对增强本币信心具有重要作用。而本币信心的增强会吸引更多的境外主体持有并使用本币，这会进一步促进网络外部性的形成，进一步降低本币使用的显性交易成本。另一方面，外汇储备的持有有助于稳定本币的汇率预期，也有利于降低本币的汇兑风险等其他隐性交易成本，最终形成对本币国际化的促进。在此，对隐性交易成本的影响是通过货币途径来传递的，再通过交易成本与历史惯性的交互作用，促进本币国际化程度的提升。

综合上述三条外汇储备对本币国际化的传导路径，我们认为，外汇储备对货币国际化的支撑效应是显著的，充足的外汇储备对促进本币的国际化具有重要的基础性作用。外汇储备的促进作用一方面是本币国际化进程的自然结果，任何一种国际货币的形成过程，在其初始阶段都会有来自外汇储备的驱动，只不过在不同的国际货币发展阶段，这种储备的表现形式不同。另一方面，外汇储备也是一国促进本币国际化水平提升的战略资产，合理地利用其对货币国际化的支撑效应，是促进本币国际化水平提升的政策措施。金本位制时期，英镑国际地位的形成与其黄金储备之间关系密切；布雷顿森林体系时期美元国际地位也与其同黄金的挂钩直接相关，美国拥有超过全球一半以上的黄金储备是支撑其货币地位的前提。战后，马克、法郎、日元等成为新兴国际货币也与这些国家比较雄厚的黄金与外汇储备直接相关。在利用储备推动货币国际化的实践中，马克与日元的经验和教训是很好的例证。联邦德国将在战后经济高速增长中积累的外汇储备作为平准基金，保证了马克汇率稳定，同时积极通过资本项目输出马克，增加了其在国际市场的供给，极大地推动了马克的国际化。相比之下，日本在战后积累了大量的外汇储备，并致使其国内的流动性过剩，资产价格有泡沫化倾向，而持续的顺差进一步激化了日元升值的压力。日本政府未能采用与德国相同的方式，而是通过向外输出美元，以消耗储备的方式来缓解压力，不仅造成资产泡沫的恶化，还错失了日元国际化的良机。

三 货币国际化对外汇储备的替代效应

外汇储备对货币国际化的影响是正向的，在一定的战略设计下，外汇储备可以有效地推动货币的国际化。不过，当我们重新审视外汇储备的功能时，会发现无论是支付功能抑或是防御功能，本币的国际化都会在一定程度上予以弥补。外汇储备的本质是用来进行国际交易的手段，无论进行交易的目的是出于对外正常的经济交往，还是保证本国对外经济关系的稳定，这种交易都是以拥有能够为国际广泛接纳的货币为基础的。只要具有国际交易功能的货币，甚至是资产，都可以是储备的一部分。早期的黄金，当前的外汇，乃至一些战略物资，其实质上都具有不同程度的储备功能。对储备本质的认知的一个直接推论是，如果本币也具有国际货币的属性，具有国际交易的功能时，本币是否也就成了一种储备资产呢？显然，本币的国际化同时也是一个本币成为国际储备的过程。这一过程对其他国家而言可能是使用本币来替代其他国际货币的过程，对本国亦然。当本币的国际化程度不断提高时，本币逐渐成为外汇储备，自然就形成了对原有外汇储备的替代机制。

如表4-1所示，根据货币国际化理论以及实践总结，一国货币成为国际货币的过程大体会经历周边化、区域化、国际化三个不同程度的发

展阶段。在功能上也经历着从贸易支付，到资产计价，再到国际储备三
个职能阶段。在正常的国际经济体系中，货币国际化首先应发生在一国
与周边国家的跨境贸易当中，功能主要局限在贸易支付领域。随着本国
经济贸易实力的增强，本币的结算与支付会在地域上向区域化发展，而
不仅局限在周边国家间，功能也会从贸易领域逐步向资产交易计价领域
拓展。随着空间和职能的拓展，在本国经济贸易与金融体系支撑力不断
增强的条件下，本币的国际化水平将不断提升，最终成长为国际货币。
假定存在这样一个不断演进的货币国际化进程，在不同的阶段，货币国
际化都会在一定程度上替代外汇储备的功能，在极端的情况下，本币成
长为完全意义上的国际货币时，本国对外汇储备的需求从理论上是可以
降为零的。

表 4 – 1　货币国际化的阶段性路径

职能	周边化	区域化	国际化
贸易支付	边境贸易	区域贸易	全球贸易
资产计价	附属贸易的资产交易	区域资产交易	全球资产交易
国际储备	货币互换	货币联盟	全球货币

　　货币国际化对外汇储备的替代机制可以从两个层面进行定义。第一
个层面是功能的层面，即货币国际化不断提升本币的储备功能，从而对
本国持有的外汇储备形成替代。本币在功能上已经具有国际货币的特征，
因而在某一特定领域中会实现对外汇储备规模和结构的影响，形成替代。
如本币在国际贸易支付中的比例不断扩大，则可以降低本国以贸易结算
为目的的储备数量。本币在国际金融资产计价中使用份额的提高，也可
以降低本国持有的以资产交易为目的的外汇储备的数量。第二个层面是
资产配置的层面，对于货币当局而言，原本的外汇储备管理是局限于本
国持有的外汇储备规模与结构的，但当货币国际化程度提高时，货币当
局的资产组合中，本币作为一种资产开始发挥作用，加入货币当局资产
组合范围之内，进而可以形成新的资产配置有效前沿，扩充了外汇储备
管理的自由度。本币作为储备的一部分，其有两个区别于外汇的特点，

其一是对于本国货币当局而言，本币相对于外汇是近似无风险的。持有本币不必担心汇率变化、资产收益等风险，而这些因素是持有外汇储备必须考虑的。其二是对于相对有限的外汇储备而言，本币近似于是完全供给弹性的。短期之内，本币的供给是货币当局创造的结果，这既对一国国内有效，对国际流动性也有作用。货币当局可以在短期内完全弹性地供给任意数量的本币，这显然是外汇储备所不具备的。因而，从第二个层面看，货币国际化对外汇储备的替代可以从根本上改变货币当局的储备与干预行为，从而将外汇储备管理放到了一个更高维度的空间之中。

两个层面的替代效应实际上也是货币国际化进程的阶段性特征。在初始阶段，本币的国际化程度不高，替代效应发生在第一个层面上，表现为部分地替代外汇储备职能，提升货币当局支付国际交易的能力。货币国际化初级阶段，其功能主要在贸易领域，空间上主要在周边或区域范围内发挥作用。在周边或区域贸易中，使用本币的比例逐渐上升，本币在区域内得到的认可程度不断提高，用于贸易结算的外汇储备需求就会下降。在全部外汇储备中，用于周边或区域贸易支付的部分是比较有限的，对于小国而言，其外汇储备的功能会更多地局限在这一领域。但小国的货币是很难实现国际化的，因而我们可以判断，在货币国际化初期，对外汇储备的替代还是比较有限的。货币国际化的中期，即本币已经脱离了周边贸易支付，而是在更大的或特定的区域内发挥在贸易结算与资产交易领域的功能，本币国际化对外汇储备的替代效应会显著增强。由于本币已经具有相当程度的国际化水平，尤其是在资产交易中开始充当计价货币时，形成了贸易与资本流动两种本币外流与回流机制，经常项目与资本项目间可以形成对冲机制，本币开始进入国际金融市场。这种环流的建立对外汇储备功能的替代会显著增加。由于在贸易领域本币已经具有了相当的支付能力，用于贸易结算支付的外汇储备需求会迅速降低，尤其是在对主要贸易伙伴的国际交易中，使用本币的比例会进一步增加，其他非主要贸易伙伴的交易也会有跟进。在资产交易领域，本币计价资产的增加要求提高本币的汇率弹性，本币汇率决定的市场化程度会更高，进而会降低外汇储备用于对本币汇率进行干预的需求。货币国际化中期是对外汇储备替代效应最大的一个阶段。在高级阶段，本币已经具有很高的国际化程度，本币开始在全球范围内广泛使用，其功能也最终拓展到成为他国的国际储备。此时，本币的汇率应当具有很高的弹性，处于相对自由浮动的状态，因而用于外汇干预的储备需求已经很少。国际收支因为汇率价格的调节机制，更有可能处于相对的动态平衡状态，用于调节的外汇需求也很少。同时，在稳定金融市场、保持宏观经济平稳等方面，本币的国际储备货币地位也赋予了宏观经济调控更大的政策空间。总之，在货币国际化的高级阶段，对外汇储备的替代效应将向第二个层面拓展，货币当局所面对的有效前沿将发生变化，持有储备的行为将充分自主，体现为资产配置的最优化。

货币国际化对外汇储备替代效应的传导路径如图4-5所示。从替代效应的传导机制看，货币国际化主要从对外支付、外汇干预、资本流动管理三个方面影响本国外汇储备的持有条件，这几个条件再进一步影响外汇储备功能发挥的各个领域，包括调节国际收支、保证汇率安全、资本回流能力、金融市场稳定、宏观经济平稳、经济增长和产业结构优化等方面，最终传导到外汇储备管理层面，形成对外汇储备的替代。具体

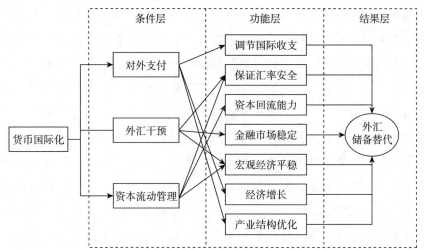

图4-5　货币国际化对外汇储备替代效应的传导路径

的，替代效应通过以下三条传导路径来起作用。

路径一：对外支付途径的传导

外汇储备最基本的功能是用于贸易支付，因而其规模管理的底数也是至少满足对外贸易支付。在国际收支基本平衡的状态下，即便使用外汇作为结算工具，只要收支相抵后差额部分不大，不是持续性的逆差，对外支付就能保持相对平稳。但国际收支失衡状态出现，尤其是国际收支持续性大幅度逆差时，在本币没有对外支付能力的情况下，外汇储备就发挥着短期内维持对外贸易的作用。反之，当本国面临持续性国际收支顺差时，外汇储备又充当着蓄水池的作用，除了本国居民与企业部门积累储备外，官方也要通过在外汇市场购买的方式积累外汇储备。因此，贸易收支既是外汇储备形成的基础原因，也是外汇储备作用的结果。当然，如果汇率是完全自由浮动的，国际收支与汇率之间会存在着平衡机制，汇率的变动会修复国际收支差额。但这是古典经济时期的图景，现代开放经济中汇率的变化与贸易收支的关联至多在长期条件下有效，短期内汇率对国际收支的调节作用被弱化。因此，外汇储备的持有形成对贸易保护的"蓄水池"是十分必要的。

货币国际化进程中，本币的对外支付功能逐步增强，本国国际贸易中越来越多地使用本币作为支付工具，这就降低了外汇储备短期对外支付的需要，从而产生对外汇储备的替代。除了上述显而易见的直接作用外，本币国际化还增加了本币对国际收支的调节作用。在本国处于经常账户逆差状态下时，本国可以在保持汇率稳定的情况下，通过支付本币的方式来完成逆差支付。为平衡这一逆差，可以通过资本与金融项目发挥作用，形成资金的回流，如通过利率调节的方式吸引本币回流，形成内外循环的平衡，进而对国际收支进行干预。在没有本币国际化的条件下，这种平衡只能通过汇率变化的方式实现，或者是动用外汇储备进行支付，这在长期是不可持续的。另外，本币国际化对外汇储备的替代还间接地体现在促进本国经济增长和产业结构升级方面。经济增长过程是资本积累与创新的结果，按照新古典经济学的观点，人均资本的积累是推动经济增长的驱动力，而新增长理论则强调创新的作用。从资本积累角度看，人均资本存量提升是一个缓慢的过程，要素替代伴随着经济增长的过程。一国从原来劳动力为主的生产结构，逐步转向资本要素发挥更大作用的生产结构。在本币没有国际化之前，对外购买资本品只能依赖外汇储备，但本币的国际化则提升了本国从国际市场采购资本品的能力，进而促进本国经济的增长。创新驱动也需要借助其他国家已有创新成果，将外汇储备作为支付手段，通过采购技术来实现本国产业结构的优化与升级。从长期来看，外汇储备可以促进经济增长和产业结构的演进，而本币国际化将替代外汇储备的此项功能。

路径二：汇率干预功能路径的传导

汇率干预是外汇储备的另一个基本功能。是否应该干预汇率是存在一定理论争议的，从实践来看，除了金本位条件下的黄金自动输入输出调节机制外，在信用货币条件下，汇率的干预是普遍现象。国际市场中除了少数货币在相对自由浮动外，多数国家都对汇率保持着一定程度的干预。汇率稳定不仅关系到一国的国际收支平衡，也通过国际短期资本流动影响一国金融市场与宏观经济的稳定。因此，短期内通过适度干预保持汇率基本稳定，长期则建立适应本国宏观经济状况的弹性汇率机制是各国普遍采用的政策取向。相比贸易收支，外汇储备在稳定汇率及其预期中的作用更加重要。作为关键价格的汇率一旦不稳定，会影响到宏观经济多个层面的稳定，造成对经济的冲击。外汇储备稳定汇率的功能体现在两个方面：一是利用外汇储备直接在外汇市场中进行干预，当本币有短期的贬值压力时，在外汇市场中抛售外汇买入本币，可以缓解本币贬值。而当本币短期内升值明显时，抛售本币持有外汇会起到平抑汇率的效果。二是外汇储备对汇率预期的影响。当一国货币当局使用外汇储备对汇率进行干预时，将影响到参与本币与外汇交易的投资者预期，形成对未来汇率走势的判断。因而，逆向调节的干预是有助于形成汇率稳定预期的。

货币国际化进程中，境外主体持有本币的数量增加，本币与外汇之间的汇率将在更大市场范围内被确定。这种市场结构将产生两个方面的效果：一方面，更大的市场意味着更为广泛的参与主体、更大规模的交易范围和更为复杂的定价机制，因而汇率的弹性一定会增加；另一方面，更加广泛的市场也会产生内在的稳定机制，因为交易结构更加接近完全竞争的市场结构，汇率价格反映经济基本面的能力会更强。总体来看，货币国际化将使本币汇率短期的弹性更大。同时，货币国际化进程中，本国货币当局减少外汇干预也是必要条件之一。具有价格弹性的货币更容易为市场主体接受，本币国际化程度的提升必然与本币汇率形成机制的市场化是同步的。因而，随着货币国际化程度的提升，本国放松对汇率的干预势在必行，这也从根本上降低了本国使用外汇储备来干预汇率的动机，进而形成对外汇储备的替代。另外，货币国际化的条件中一国的经济规模和产业结构是基础性因素，能够成为国际货币的都是经济规模大的国家发行的货币。这些国家由于经济体量大、经济结构更加完备、金融市场更加发达，其抵御短期外部冲击的经济纵深更大，短期汇率变化所产生的影响更有可能被金融市场和实体经济内在消化，从而也降低了利用外汇储备进行干预的必要性，最终降低外汇储备的需要。

路径三：资本流动功能的传导

货币国际化增强了本国境外融资的能力。首先，本币国际化意味着大量的本币流出境外，在国际离岸市场中流通，这些货币不在本国货币当局的直接控制之下，具有更低的融资成本，可以成为本国国际融资的潜在来源。离岸本币就相当于在国际市场中形成了一个巨大的本币蓄水池，当本国经济主体需要融资时，除了利用本国的金融市场外，还可以通过离岸市场来获取资金。这些资金流出到境外，即便规模较大，也可以通过适当的政策选择来保证不造成国内的通货膨胀或通货紧缩，在增加了本国市场主体资金渠道的同时，并不会造成巨大的政策对冲压力。其次，本币国际化需要本国有发达的金融市场作为支持，并形成本币在全球范围内的流出与回流机制。离岸市场在增加资金来源之外，一个附加的好处是赋予本国货币当局通过利率等价格手段来调节国际资本流动，服务于本国金融市场和实体经济的能力。货币国际化形成的包括在岸与离岸两个市场在内的货币环流机制，可以为本国金融市场的稳定提供基础性支撑。最后，本币的国际化将为货币当局的货币政策提供更大的操作空间。在未国际化的条件下，货币当局的政策空间局限于国内，其政策目标还要包括汇率稳定、国际收支平衡等。货币国际化进程中，本币形式的国际资本环流将形成更大规模的市场空间，进而也拓展了本国的货币政策空间。另外，汇率稳定目标的弱化和国际收支平衡调节机制的内生化也适度放松了货币当局的政策目标约束，最终拓展了政策空间。

货币国际化从资本流动角度对储备的替代，实际上是形成了一个更大的"境外本币蓄水池"，来替代"境内外汇蓄水池"。"境内外汇蓄水池"要紧盯国际收支平衡、汇率稳定等经济指标，以保证本国经济在面临冲击时能够有所抵御。而"境外本币蓄水池"则在更大的政策空间上发挥作用，其不用关注短期汇率的波动，也不必过于关注能够具有自动调节能力的国际收支。这一蓄水池可以在本国需要时，提供充足的境外资金，扩充本国流动性；反之则可以将境内本币释放到境外蓄水池，以形成更加良性的循环与缓冲机制。

综合上述三条货币国际化对外汇储备替代的传导路径，我们认为，货币国际化进程在一定程度上是对外汇储备的替代。从最初完全非国际化开始，到最终完全的国际货币，本币国际化进程不断减少对外汇储备的需要，最终的结果是完全不需要外汇储备。当然，这是一个理想化的状态，即便作为国际本位货币发行国的美国，也还是需要一定数量外汇储备以备不时之需的。也可以说，美元也没有实现完全的国际化，因为除其之外，还有欧元、日元等其他国际货币作为替代。从替代效应的动态变化看，我们认为，货币国际化对外汇储备的替代在开始阶段比较缓慢，随着本币国际化程度提高这种替代效应是不断增强的，而当本币达到比较高的国际化阶段后，替代效应又会随着国际化程度提高而边际降低，即呈现出先加速后减速的特征。

四　货币国际化进程中最优外汇储备规模的变化

综合前两部分的论证，外汇储备与货币国际化之间，存在着支撑效应与替代效应共存的关系。一方面，充足的外汇储备是货币国际化的良好支撑，缺乏储备的情况下，本币国际化的条件不够成熟，国际化进程不易启动。另一方面，本币的国际化又会替代外汇储备的功能，在本币成为国际货币的过程中，对外汇储备的需求下降。两种效应相叠加，构成了货币国际化进程中外汇储备最优规模的完整图景。

支撑效应的递减。以货币国际化的进程为时间轴，伴随着货币国际化阶段性进展，外汇储备对货币国际化的支撑效应是正向的，但该效应的规模是递减的。货币国际化进程是本币货币功能在国际经济体系中不断深化的过程，从贸易结算支付，到资产计价，最终到储备货币，这一过程对货币国际化条件的要求越来越高。从范围上看，货币国际化从周边化，到区域化，再到最终实现全球化也对其支撑条件提出了更高的要求。周边贸易结算阶段，本币的国际化程度很低，但对外贸易结算支付的压力也不大，双边使用现有国际货币支付的平衡大体可以达成，外汇储备的需求较少。在区域化到全球化的贸易阶段，随着贸易伙伴范围的扩大，贸易规模的提升，应对短期贸易结算的支付可能出现缺口，对外汇储备的需求会增长，增长程度与本国参与全球贸易的深度相关。当本国成为国际贸易大国后，国际贸易范围稳定扩大，对储备的需求也达到相对稳定的状态。同时，本国在贸易中如果经常处于顺差状况，是有利于外汇储备积累的，此时用于进口支付需求的储备也不再增加。总体来看，贸易角度的货币国际化对储备的需求呈现出先上升后平稳的动态特征。随着贸易支付功能的提升，本币在国际资产计价方面的作用也会进一步增强。初始阶段，本国参与国际市场资产交易的规模有限，保证以汇率为核心的资产价格稳定的需求不大。但随着资产计价功能的提升，本币的离岸市场逐渐形成，货币回流的循环需要建立，为保证本币境内外环流的稳定，需要增加外汇储备以增强市场信心，同时也需要保持市场干预手段的充足。当本币的国际化程度较高时，本币计价资产交易市场机制依然完备，本币资金循环已经形成，国内货币政策的外溢效应充分体现。此阶段为保证资产计价交易的外汇储备需求就会保持稳定，对外汇储备的需求弹性也将变大。总体来看，资产计价角度的货币国际化对储备的需求也呈现出先增加后平稳的动态特征。货币国际化的高级阶段，本币逐步成为世界其他国家的储备货币后，本国持有外汇储备来维持本币储备地位的动力保持稳定，只要适当持有一定数量的储备，就可以对本币的信誉有一定的保护作用，本币信用的根源已经不是外汇储备，而是本国经济和货币在全球市场中的控制力。综上，从外汇储备对货币国际化的支撑效应角度看，随着货币国际化进程的推进，本国持有的外汇储备整体呈现先增长后保持平稳的特征。从需求函数角度看，支撑效用角度下的外汇储备需求函数是增函数，且前期是凹函数，在最后阶段变成凸函数，其效应有先增后减的变化。

替代效应的递增。与支撑效应类似，货币国际化对外汇储备功能的替代也是递增的，即随着货币国际化程度的提高，对外汇储备的需求越来越少。货币国际化初始阶段，本币的国际货币功能有限，其尚不完全具备对外支付、资产计价等能力，因而需要较多的储备。但随着本币逐步被国际市场认可，在贸易与资产交易中的使用不断增加，就会替代原来用于该领域的外汇储备，直至极端情况，本币成为全球唯一的国际货币，此时本国理论上的外汇储备可以降到零，外汇储备的概念在本国已经可以消亡，完全内化为本国的货币政策。因此，从替代效应的角度看，外汇储备与货币国际化之间是减函数关系，一阶导数小于零。从替代效应的动态变化看，初始阶段，本币国际化对外汇储备的替代有限，即便有一定程度的国际化，仍然不能有效减少对外汇储备的依赖。随着货币国际化程度的提高，本币国际化对外汇储备的替代效应将越来越大，直至最终实现完全替代。因此，货币国际化对外汇储备的替代效应随货币国际化程度提高而递增。

综合考虑支撑效应与替代效应的变化趋势，与货币国际化程度提升过程相伴，两种效应因为其动态变化而此消彼长，初期支撑效应显著，而替代效应几乎没有，但到高级阶段，替代效应将取代支撑效应，由此产生了货币国际化进程中，外汇储备最优规模变化的动态特征。如图4-6所示，在初始阶段，外汇储备对货币国际化的支撑效应较大，因而随着外汇储备的积累，货币的国际化程度提升。随着本币国际化程度不断提升，在到达某个临界状态之后，本币的国际化程度导致的对外汇储备的替代效应已经大于外汇储备对本币的支撑效应了。即本币在国际市场中的信用已经等于外汇储备加权平均支付能力与信用状况，作为临界点，此后本币国际化进程将提升本币的支付与清偿能力，进而导致对外汇储备的替代。总体上看，外汇储备与本币国际化之间的逻辑关系可以概括为最优外汇储备随着本币国际化程度的提高而先升后降，形成倒 U 形关系。

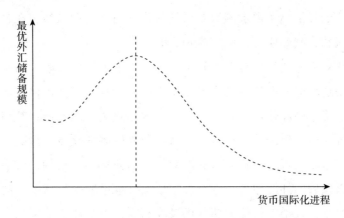

图 4 – 6　货币国际化与最优外汇储备规模关系图示

第二节　货币国际化与外汇储备关系的理论模型

一　模型设定

上一节的逻辑梳理表明，货币国际化与外汇储备规模之间存在着非线性的关系，即货币国际化进程的前一阶段需要越来越多的外汇储备作为支撑，以实现其国际货币的各种功能的拓展；而货币国际化后期，随着国际化程度的提高，外汇储备的合理规模也应当下降。这种倒 U 形关系的内在机制是，按照目前国际信用货币体系的特点，货币的国际化需要多种要素的支撑，如经济、政治、军事等条件。在国际化的初期，如果该国有比较充足的外汇储备，则会增强别国持有并使用本币的信心，提升本币在国际市场中的功能，表现为外汇储备对货币国际化的支撑效应；而当该货币的国际化程度达到较高水平后，本国经济实力必然已经达到较强的程度，同时由于本币的地位特殊，增加了本国应对国际支付和外部冲击的能力。在面临国际收支缺口和外部冲击时，该国已经不再完全依赖外汇储备，而是可以通过使用本币予以应对。另外，本币的国际化也会提升本国的国际融资能力，使本国更容易从国际市场中筹集到其他国际货币。综合的结果是对外汇储备的需求降低，表现为货币国际化对外汇储备的替代效应。

上一节通过描述两种效应的作用机制和传导路径，给出了支撑效应和替代效应存在的逻辑关系，两种效应的此消彼长形成了货币国际化进程中外汇储备规模变化的图景。本书所研究的外汇储备是官方视角下的外汇储备，而货币的国际化也是官方视角下实施的战略措施。因而进一步规范化地厘清两种效应的关系，还需要对货币当局的行为建模，分析其在货币国际化战略实施过程中的选择行为，进而确定其外汇储备管理的规律。本部分的理论分析，将通过建立一个局部均衡模型，分析一国货币当局的最优化行为，进而确定货币国际化与外汇储备规模之间的关系。我们所讨论的货币当局既是一国外汇储备管理者，同时也是货币国际化战略的实施者。该货币当局在最优经济增长与最优宏观风险控制之间权衡，通过储备政策来实现其效用的最大化。

假设世界经济体系中存在一个开放国家（以下简称"本国"），该国通过经常项目和资本项目同世界其他国家形成经济关联，其货币当局是宏观经济政策的执行者之一，其决策目标是经济增长和宏观稳定，这一设定与传统货币当局对货币政策目标的设定有一定差异。由于我们关心的是外汇储备规模与货币的国际化问题，国内的通货膨胀并未设定为政策目标，这也与本模型是实际模型而非包含价格的名义模型有关。另外，国际收支平衡也并未被当作货币当局的政策目标，主要原因在于本模型所讨论的货币国际化与外汇储备管理问题是一个长期问题，即是在相当长时间段内实现的，而国际收支平衡显然是一个短期问题，从长期看，一国不可能维持持续性的国际收支逆差或顺差。因而，本模型的设定是一个长期视角下的实际模型，经济增长作为最终的政策目标是可以被接受的。假设该国的经济增长是受既定外生因素决定的，即国内投资、消费、出口等因素是确定已知的，且不会被货币当局纳入调节的政策变量范围内，该货币当局只是通过选择合适的对外开放政策来实现合意的经济增长。对外开放可以从经常项目以及资本和金融项目两个方面促进本国的经济增长，如更加顺畅的跨国贸易、更加充分地利用外部资本促进本国投资等，并最终促进经济增长。不过对外开放必然将增加本国宏观风险，其主要来源是短期国际资本流动冲击。因而，本国货币当局的开放决策是在促进经济增长与保持宏观经济稳定之间进行权衡。

沿着这一思路，使用产出水平 y 代表经济增长，而对外开放带来的宏观经济风险则使用 σ 来表示，两者之间存在正向关系。即随着本国对外开放度的提高，本国会面临更大规模的资本流入，并有利于增加本国资本规模，提升资本配置效率，促进本国产出的增加（Rogoff，1999；Summers，2000；Edwards，2001）。然而，另一方面，国际资本的流动是双向的，并受到多种因素驱动，因而可能随时出现资本流动骤停甚至是大规模外逃，这将造成本国宏观经济风险的上升。为简单起见，将上述关系定义为本国的开放增长前沿曲线（以下简称"机会曲线"），具体形式如下：

$$y(\sigma) = y_0 + \alpha\sigma + \phi m \qquad (4.1)$$

这里，α 是对经济开放度所对应风险水平的增长促进效应参数，y_0 是封闭经济条件下的自主经济增长率。对应着本国经济的完全封闭状态，此时本国仍有自主的经济增长，但其对外开放风险则是 0。该式还将本国货币国际化的效应考虑在内。定义本国货币国际化程度指数 m，该指数是本国国际化程度的测度，在此我们并不将其展开，而是将之视为综合反映本国货币国际化程度的黑箱，我们认为该指数的上升有利于促进本国经济增长。本币国际化程度提升对经济增长的贡献可以通过两个路径实现：一是直接效应，即货币国际化将为货币发行国带来铸币税收入，通过促进金融市场发展、激励出口、提升本国福利改善等（Aliber，1964；Blinder，1996；Tavlas，1998），最终实现经济的增长。二是间接效应，如在货币国际化的诸多条件中，不断开放的资本市场可以通过提升资源配置效率、降低信息不对称、鼓励储蓄、提高技术效率等途径推动本国经济增长（Henry and Lorentzen，2003；Aizenman et al.，2010）。另外，货币国际化会提高国内金融市场完善程度，最终因为降低了资金配置的不确定性而提升资源配置效率，进而促进经济增长（Aghion et al.，2005）。从汇率的角度看，作为货币国际化条件之一，汇率自由度提高能够提升货币政策的空间，提高货币政策自由度，更大的政策空间会使找到更加合意的经济增长速度的条件更加具备，因而有利于经济增长（Prasad，2008）。按照简约的模式，设定货币国际化与经济增长呈现线性相关的关系，同时使用系数 ϕ 表示货币国际化对经济增长的边际贡献率。需要说明的是，在讨论货币国际化促进本国经济增长时，还应注意到货币国际化对开放的影响。通常情况下，本币的国际化要求更高的对外开放度，这会带来对外开放风险的提高。在构造本国货币当局最优经济增长决策过程中，我们先将货币国际化程度 m 视为外生，之后的分析中将会具体考虑风险的影响。

　　给出本国货币当局的风险偏好状况为风险规避，具体表示为效用函数的形式为 $u = u_c(\sigma, y)$，这一函数有 $MU_\sigma < 0$ 和 $MU_y > 0$ 的性质，无差异曲线凸向原点，左上方的效用更大。一个国家对开放风险的偏好反映在曲线的形态上，当风险偏好较强，如失业比较严重时，此时无差异曲线更加平滑，反之则陡峭。比较静态可以帮助我们分析参数 c 变化所表示的国与国之间的区别。考察两个国家 A 和 A'，后者正经历严重的失业困扰，因而正寻求通过允许更多的资本流入来促进经济增长而不太在乎其带来的风险，这种更倾向于经济增长而不太在乎风险的国家将拥有比 A 国更加平滑的无差异曲线。即效用参数存在 $c' < c$，A' 国的最优决策是更快的经济增长和更大的非稳定性组合，即选择较大的开放风险 σ' 并展示出更小的风险规避偏好（$\sigma' > \sigma$），存在 $da^*/dc < 0$，$dg^*/d\sigma^*|_c > 0$。

　　根据这一假设，定义效用函数为对数准线性形式如下：$u_c(\sigma, y) = y\exp(-c\sigma)$，其中 $MU_\sigma = -cu_c < 0$，$MU_y = u_c/y > 0$，满足假设，曲率参数 $c > 0$ 表示风险规避程度。根据效用函数的形式，可以得到给定效用 u_0 情况下无差异曲线的具体形式，该函数是指数形式，满足凸性的设定，具体形式如下：

$$y(\sigma) = u_0 e^{c\sigma} \tag{4.2}$$

二 最优化过程

本国货币当局的最优决策是由无差异曲线与机会曲线的切点（σ^*，y^*）所决定的，该点定义了最优增长和最优对外开放风险承受程度之间的平衡关系。影响这个均衡点位置的因素是模型的一些外生参数，如货币当局的风险偏好 c，或由本国经济基本面决定的风险增长机会［开放风险增长前沿 $y = y_b(\sigma)$］等因素。在给定这些参数的情况下，最优化过程通过求解下列规划的过程来实现：

$$\max \quad u^0 = y e^{-c\sigma}$$
$$s.\,t.\, y(\sigma) = y_0 + \alpha\sigma + \phi m$$

将对外开放程度作为决策变量，对应在模型中，即对外开放风险 σ 为模型的自变量，最优经济增长程度 y 为目标变量，求解得到最优增长条件下的对外开放风险合意水平为：

$$\sigma^* = \frac{1}{c} - \frac{y_0}{\alpha} - \frac{\phi}{\alpha}m \tag{4.3}$$

该风险水平是最优增长状态下的对外开放风险程度。对该式进行比较静态分析的结果表明，在封闭经济自主增长率 y_0 和货币国际化增长效应给定的情况下，随着风险偏好系数 c 的增加（更加风险规避），最优经济增长条件对应的对外开放风险规模会下降，这与假设一致。在不失一般性的情况下，令 $A = \frac{1}{c} - \frac{g_0}{\alpha}$，则最优对外开放风险简化为：

$$\sigma^* = A - \frac{\phi}{\alpha}m \tag{4.4}$$

该简化形式表明，最优增长条件下的合意对外开放风险水平 σ^* 与本国的外汇储备水平之间呈负相关关系。不过，这只是直接关系。下面转向对该风险水平的分解，即分析本国货币当局通过何种政策组合可以实现该风险水平。对外开放风险 σ 主要受本国资本与金融项下各种影响因

素的共同作用，因此，资本与金融项目的开放程度以及该国金融市场的脆
弱性决定了该国的对外开放风险水平（Kaminsky and Schmukler, 2003）。
我们可以将该风险的影响因素归结为外因和内因，其中资本与金融项目
开放度是外因，开放程度越高受到外部冲击的风险就越大。而金融市场
的完善度是内因，金融市场越完善，其应对冲击的能力就越强，因而可
以降低资本与金融项目开放带来的风险。此外，外汇储备的风险防控功
能也是非常重要的，20 世纪 90 年代之后的多次区域性、全球性货币危
机的实践均表明，持有一定规模外汇储备可以在面临外部冲击时降低风
险，增加本国经济的稳定性。最终，我们将对外开放风险 σ 分解为三个
政策变量的函数，即资本与金融项目的开放度 a、金融市场脆弱度 b，外
汇储备的规模 r。其中，标准化 a 的取值在 [0, 1]，取值越大代表开放
程度越高，0 为完全封闭，1 为完全开放；b 是一个正数，该值越大说明
本国金融系统的脆弱程度越高，金融系统抵御外部资本流动冲击的能力
和风险控制能力越低；r 可以构造为一国外汇储备总量与 GDP 的比值。
显然，资本与金融项目开放度 a 及金融市场脆弱度 b 的增加，抑或外汇
储备规模 r 的减少，都会导致本国的对外开放风险增加，反之则风险减
少。表示为 $\partial\sigma/\partial (a, b) > 0$，$\partial\sigma/\partial (r) < 0$。

　　本国的货币国际化会影响到对外开放风险。如前面章节所述，除了
政治、军事等非经济因素之外，决定一国货币国际化程度的经济因素包
括内部因素和外部因素。其中，内部因素有经济增长、物价平稳、经济
政策独立性、金融体系发达度等（Bergsten, 1975）；外部因素有货币可
兑换性、流动性和国际收支稳健性等。假设本章模型所涉及的货币国际
化的本国是一个开放大国，因而其内部因素可以被假定都能够支撑本币
国际化的需要，进而将货币国际化条件聚焦到外部经济因素，即本币的
可兑换性和货币流动性提升，当然，国内金融体系的进一步完善也是保
证本币国际化的重要条件。进而，描述货币国际化与对外开放风险间的
关系为：第一，本国金融体系完善，是货币国际化的条件，此时本国金
融市场脆弱度 b 下降。具体包括资本市场功能结构完善、利率市场化等，
其结果是对外开放风险下降。第二，货币国际化进程要求放松汇率管制，

实现汇率的市场化。汇率市场化对开放风险的影响仍存争论，自由浮动的汇率机制增加了汇率波动的风险，但钉住汇率制度的风险也显而易见（如东南亚金融危机中国际游资对联系汇率的攻击）。第三，货币国际化条件中，资本与金融项目开放是增强本币可兑换性，增加本币流动性的内在要求，此时开放度 a 上升。这部分中，我们忽略经常项目的可兑换问题，而仅仅聚焦于资本与金融项目上对货币国际化的推动。这种忽略是技术性的，同时也具有基础，因为各国在实现资本与金融项目可兑换之前，势必都完成了经常项目的自由化。只不过国际资本流动冲击的风险要远远大于经常项目的冲击，故此予以忽略。根据上文描述，定义货币国际化与开放风险间关系为：

$$\frac{\partial a}{\partial m} > 0, \frac{\partial b}{\partial m} < 0 \tag{4.5}$$

结合前一部分中定义的关系 $\partial\sigma/\partial(a, b) > 0$，$\partial\sigma/\partial(r) < 0$，定义货币国际化同外汇储备对开放风险影响的简洁形式为：

$$\sigma = \frac{\delta m}{\theta r + \gamma m} \tag{4.6}$$

这里，δ 对应货币国际化对资本市场开放度的边际影响参数，γ 则对应货币国际化对金融体系脆弱性程度的边际影响参数。货币国际化程度假定为外生政策变量，在此条件下，本国货币当局将决定与本币国际化程度 m 相匹配的外汇储备规模 r，以便得到合意的对外开放风险程度，表示为：

$$\sigma^* = A - \frac{\phi}{\alpha}m = \frac{\delta m}{\theta r + \gamma m}$$

最终，利用最优开放风险 σ^* 作为中间变量，得到了本币国际化程度 m 与本国国际储备规模 r 之间的关系。由于该式是最优化决策过程的结果，因而此时的国际储备规模 r 是本国货币当局在最优开放增长条件下，与本币国际化程度相匹配的最优国际储备规模，具体为：

$$r^* = \frac{1}{\theta}\left(\frac{\delta m}{A - \frac{\phi}{\alpha}m} - \gamma m\right) \tag{4.7}$$

　　式 4.7 给出了最优外汇储备水平与本币国际化程度之间的关系。由于该式考虑了更多的传导机制，最优外汇储备水平 r^* 与货币国际化程度 m 之间的关系已经不再如式 4.4 所给出的那样简单。具体的，货币国际化 m 对合意储备相对规模 r^* 之间的关系存在三个传导机制：

　　第一，货币国际化对开放资本与金融项目提出了要求，进而意味着本国将面临更大的短期资本流动冲击，对外开放风险会增加。风险上升对外汇储备提出了更大规模的需要，来应对短期国际资本流动冲击所导致的风险。由于这一机制的边际参数为 δ，故将之称为 δ 机制，用以描述货币国际化导致资本流动风险对储备规模提升的要求。第二，货币国际化程度 m 对本国金融市场的稳健性提出了要求，需要其脆弱性下降。更加稳定的本国金融市场体系能够提高其缓冲短期资本流动冲击的能力，进而降低货币当局使用外汇储备实施干预的必要性，最终导致外汇储备需求下降。由于这一机制的边际系数为 γ，故将之称为 γ 机制，用以描述货币国际化导致本国金融市场完善对储备规模替代的要求。上述两种机制是直接影响机制，两个机制的作用方向相反，存在消长关系。第三，货币国际化 m 对本国经济增长提出了新的要求，进而产生了另一种传导机制。货币国际化作用于合意经济增长水平 y^*，这一合意经济增长水平对应着一个最优的对外开放度 σ^*，由该开放度水平再来确定本国对外汇储备规模的需要。这一效应要通过上述两条路径传导，但并不区分具体的直接作用机制，而是两种直接效应综合传导的间接作用路径，由于是将对外风险水平 σ 作为传导途径，故将之称为 σ 机制。该机制显示，货币国际化将放松本国货币当局的政策空间和风险容忍度，或者说货币国际化可以提升本国的风险配置行为。本国仍然可以利用承担更多的对外开放风险来博取更高经济增长的政策组合，由于风险偏好是稳定的，本国货币当局必然采用对冲操作来降低风险，以满足风险偏好，因而提高了对外汇储备规模来实现对冲的需要。综合来看，上述三种传导机制的作用效果有所区别，同时函数形式也为非线性，进而不能直接通过式 4.7 计算两者关系的解析结果。因而，针对式 4.7 构造如下的比较静态分析：

$$\frac{\partial r^*}{\partial m} = \frac{1}{\theta}\left[\frac{\delta A}{\left(A - \frac{\phi}{\alpha}m\right)^2} - \gamma\right] \tag{4.8}$$

式 4.8 给出了 r^* 对 m 的导数，当中括号里的值大于 0 时，式 4.8 的值为正，货币国际化与外汇储备规模的关系为正向，货币国际化的推进需要增加外汇储备规模；当中括号中数值小于 0 时，式 4.8 的值为负，两者关系为负向，货币国际化的推进会降低外汇储备规模。该式表明，导数值的正负可能在不同的情况下出现，也意味着在货币国际化的进程中，本国的最优外汇储备规模可能在不同情况下出现上升和下降两种不同的趋势，这与上一节两种效应综合作用结果的理论猜想比较接近。为了更加准确地得到导数的符号，将式 4.8 的结果为正的条件表述为如下二次不等式：

$$\frac{\phi^2}{\alpha^2}m^2 - 2\frac{A\phi}{\alpha}m + A^2 - \frac{\delta A}{\gamma} < 0$$

这个二次不等式对应的函数开口向上，能够证明其顶点函数极值为负，因而该函数与横轴存在两个交点。在 m 位于二次方程两根之间的条件下，这个不等式就可以成立，这一状态对应的导数值为正。下面给出具体的二次方程两根形式：

$$m^* = \frac{\alpha}{\phi}\left(A \pm \sqrt{\frac{\delta A}{\gamma}}\right) \tag{4.9}$$

由于初始的模型假设规定了上式中的参数都为正，进而有 m^* 的大根总是大于零的，但另一个根的符号则不确定，具体出参数间关系决定。

三　模型结果的讨论

对式 4.8 的讨论为确定货币国际化与外汇储备关系提供了依据，但目前对式 4.9 所给出的结论的分析仍然存在不确定性。为此，本部分给出两种情况来讨论不同的货币国际化战略下，最优外汇储备规模的变化情况。一种情况是非稳健的货币国际化，另一种情况是稳健的货币国际化，两种情况的区别在于货币国际化进程中，资本项目开放对开放风险增加的影响程度，同金融体系脆弱性程度降低对开放风险下降两者之间的对比情况。

（一）非稳健的货币国际化进程中的外汇储备

所谓非稳健的货币国际化是指在并未充分准备的情况下，推进本币的国际化进程，也可以被理解为高风险的国际化。这一情况对应的模型参数状态为 $a'(m) > b'(m)$，即 $\gamma < \delta$，为更加清晰的讨论结论，我们假设 γ 远远小于 δ。两种直接效应路径间呈现出这种关系时，意味着货币国际化伴随的资本与金融项目开放增加的对外开放风险，要大于金融体系完善程度提高导致的对外开放风险降低的效果。本国在这种情况下面临比较大的外部冲击压力，即便本国提高金融体系的防风险能力来吸收外部冲击，也不足以抵消外部冲击导致的风险增加。在没有充分解决本国资本市场问题，增加本国金融体系完备性与吸收外部冲击能力之前，就贸然地推进本币国际化，并导致大规模的资本流动冲击，造成风险快速增加，这种做法并非稳健的做法。此时，只有本国持有比较大量的外汇储备才能对冲外部冲击产生的风险，保障本国对外开放的安全。此时，式4.9所对应的两根中较小的一个根小于0，该式两个根分别是大于0和小于0的。在此情况下，我们可以根据两根与 m 的关系，将货币国际化与外汇储备规模关系分为两个阶段。第一个阶段，$0 < m <$ 正根，对应的式4.8的导数为正，货币国际化与储备规模呈正向关系，外汇储备规模的扩张可以支撑本币的国际化进程；第二个阶段，$m >$ 正根，对应的式4.8的导数为负，货币国际化与储备规模呈负向关系，货币国际化进程超过特定阶段，会对外汇储备形成替代，导致外汇储备规模下降。综合两个阶段的效应，会发现随着货币国际化水平 m 的提高，初始阶段的外汇储备规模是随之递增的，后期阶段外汇储备规模是随之递减的，这一结论与理论猜测一致。

（二）稳健的货币国际化进程中的外汇储备

所谓稳健的货币国际化是与非稳健相对应的，是指本国在准备比较充分的情况下实施的货币国际化，也可以被理解为风险低的国际化过程。

与这一国际化进程对应的参数关系是 $a'(m) < b'(m)$，即 $\gamma > \delta$。这意味着货币国际化导致的金融体系脆弱程度下降进而开放风险下降的效果，要大于资本与金融项目开放所引起的开放风险的增加。更直观的解释是，在货币国际化过程中，国内金融市场完善很大程度上提升了对国际资本流动冲击的吸收力，在此条件下，即便货币国际化要求更大规模地开放本国的资本与金融项目，最终也不会引起风险的增加。本国金融市场完善所产生的安全效应已经超过了开放产生的风险效应。在此货币国际化进程中，γ 机制的作用效果大于 δ 机制，货币国际化产生的风险是相对可控的，进而并不需要持有很多的外汇储备来应对风险，所以储备需求总量要明显少于非稳健情形。有三个事实可以作为佐证：第一，由于式4.9 的正根小于非稳健情形下（$\gamma < \delta$）的正根，所以式4.8 导数值大于 0的取值区间要更小，这表明在稳健的国际化情形下因应对风险需要而产生的外汇储备需求小于非稳健的情形，稳健情形下的国际化所产生的外汇储备需求峰值要先于非稳健情形出现。第二，在稳健条件下式4.9 的两根同正，表明在本国的货币国际化的最初始阶段（0 到小根之间），有一个小的阶段中导数是负数，外汇储备规模随货币国际化进程而下降。稳健情形下，本国可以采取提高开放度的方式来实现经济增长目的，其基础在于对外开放风险对金融市场脆弱性并不敏感。这导致了在最初的货币国际化阶段，对外汇储备的需求反而是有所下降的。不过当超过某一临界值（大于小根）之后，这一负相关的关系会扭转，外汇储备会随着货币国际化而增长。第三，稳健情形下，外汇储备的边际增加水平也要比非稳健情形更小。根据式4.9 的函数图形，非稳健情形（$\gamma > \delta$）下该函数图形会整体出现在稳健情形（$\gamma < \delta$）更靠上方的位置。货币国际化导致外汇储备增加时，对比两种情形，会发现稳健情形的边际增量更低。当货币国际化导致外汇储备减少时，对比两种情形，会发现稳健情形的边际减少量更大。总之，综合两种不同情形可以发现，无论是稳健状态还是非稳健状态，外汇储备规模与货币国际化的关系都呈现出了阶段性规律。同时，非稳健的国际化推进时，需要更多的外汇储备来保障安全。

　　总而言之，通过上述两种不同的货币国际化进程对比分析发现，处于货币国际化进程中的经济体对外汇储备规模的需要并非多多益善，而是受到两种不同效应的直接影响，并表现出阶段性特征。货币国际化初始阶段，本国需要面对的对外开放风险更大，需要更加充足的外汇储备来确保风险可控，同时外汇储备也会对本币的国际化起到推动作用；而当货币国际化进入到高级阶段，本币在国际市场中的作用和影响力都更显著时，使用本币来应对对外开放风险已成为可能，因而对外汇储备的需求就会下降。从整体上看，各国际货币发行国在其货币国际化进程中，都会经历这种储备变化过程，但不同的经济体也可能因异质性与货币国际化战略设计的差异而表现出各自不同的细节特征。概括地说，实施非稳健的货币国际化要比稳健的货币国际化需要更多的外汇储备积累，这一结论对第一节中的理论猜测提供了更具有逻辑性的论证过程支持。

第三节　货币国际化对外汇储备规模影响的实证分析

本节将对理论分析结论进行实证检验，构造货币国际化程度与外汇储备规模之间的回归模型是检验理论结论的直接思路，但在操作层面面临一定问题。一是除了少数几种国际货币外，其他货币缺少国际化程度的直接测度，而一些成为潜在国际货币的国家货币无法直接检验，这将不利于分析处于不同国际化阶段国家的情况；二是货币国际化与外汇储备的关系是非线性的，传统的线性分析方法无法更加准确地对非线性关系开展检验。针对这两个问题，本节将设计两组不同的方法来实施回归分析。第一组方法，选取其货币已经成为主要国际货币的国家作为样本，使用非线性回归的方法对其货币国际化与外汇储备规模间的关系进行检验，具体包括美国、德国（代表欧元区）、日本和英国。其他一些货币，如瑞士法郎、加拿大元、澳大利亚元等，虽然也扮演着一定的国际货币职能，但其在国际货币各职能领域的作用程度与前述四种货币还存在很大差距，故不列入研究样本。通过构建四种国际货币的货币国际化指数，可以对其国际化程度进行直接测度，该指数的构建主要考虑国际货币在支付结算、计价、储备等领域的功能，因而可以称为"功能指标"。通过面板门限回归模型,分析货币国际化进程各不同阶段对应的储备规模特征。第二组方法,扩充了样本的范围,将其货币有一定国际货币功能的国家纳入分析范围,同时加入了一些有潜力成为新的国际货币发行国,包括以中国为代表的"金砖国家"、新兴市场经济体和主要发展中国家等。扩充样本范围有利于更加充分地反映不同货币国际化进程阶段国家的储备特点。在指标的选择上,由于新纳入样本的货币很少发挥国际货币职能,因而无法进行直接测度。本部分选择的替代方案是使用货币国际化的条件指标作为其国际化程度的测度,这里的条件指标是指理论研究和实践领域中比较认可的使货币成为国际货币的一些基础条件,如经济规模、经济开放程度、汇率稳定性等。技术上使用面板数据模型分析GMM 估计方法,分析不同货币国际化条件下的储备行为特点。

一　基于主要国际货币发行国功能指标的回归分析

本部分使用主要国际货币的功能指标构造货币国际化指数,对部分理论推断做出检验,这里的"功能指标"即从国际货币功能角度直接观测得到货币国际化程度测度。根据 Kenen (1983) 所给出的国际货币功能的内容,以及其后 Chinn and Frankel (2005) 所编制的国际化货币功能表,可以得到一国货币在国际货币功能发挥程度上的直接测度方式。货币国际化是货币在国际市场的商品和资本交易中充当一般等价物的过程。无论是在一国国内经济中,还是在国际的经济交往中,货币的职能是相同的,都至少包含了三个方面的基础作用,即交易媒介、记账单位和价值储藏职能。从货币使用主体来看,又可以进一步区分为官方或私人部门两种途径所发挥的货币职能。在官方交易中,国际货币的作用更多体现在储备货币上,即应对对外支付和外部冲击的职能,同时也发挥着外汇干预和货币锚的功能;在私人部门的交易中,国际货币则更多地体现在交易支付、资产计价、贸易结算等更加微观的应用场景中。功能指标是货币国际化程度的直接衡量,能够准确地描述货币国际化水平,通常的做法是构造由三个货币功能方面的比例数据加权平均计算得到的货币国际化程度指数。通过使用该货币国际化指数可以直接分析货币国际化程度与外汇储备规模之间的关系。

在国际货币的三大职能中，储备职能是最为核心的职能。即使某一货币具有国际市场中交易媒介和记账单位功能作用，但如果不能发挥储备货币功能，无法进入其他国家的外汇储备的话，这种货币就不能算作真正意义上的国际货币（高海红、余永定，2010）。当然，从另一个角度看，如果不是国际储备货币，也反映出该货币在交易媒介和记账单位功能上没有达到十分重要的程度，否则其他国家的官方就一定会储备该货币。因此本文以全球主要几个储备货币的发行国为样本，具体包括美国、德国、日本和英国。由于人民币加入国际储备货币的时限较短，且人民币的国际化尚处于初级阶段，因而未将中国纳入样本范围。时间跨度的选择上，使用四国1974～2018年的数据，这一阶段正好是布雷顿森林体系瓦解后，浮动汇率制度建立的时间段，同时也是储备多元化的开始，这一阶段美元不再是唯一的国际储备货币。

被解释变量为各样本国家剔除黄金之后的外汇储备与GDP的比例（记为"r"），这是对外汇储备规模的相对测度指标。解释变量选取通过构造货币国际化指数（CII）得到，这一指数是对国际货币功能的直接测度，以国际货币不同层次的功能为基础，使用样本货币在国际贸易结算中的货币占比来测度交易媒介功能，使用国际债券发行货币占比来测度记账单位功能，使用全球央行储备货币占比来衡量价值储藏职能。另外，还考虑了本币交易占国际外汇交易市场比重，以及本币在特别提款权中的占比等指标作为补充测度指标。使用这5个指标，通过加权平均的方法来构造货币国际化指数。中国人民大学国际货币研究所（2012）等多家机构编制了人民币国际化指数（RII），其编制方法基本采用了此类方式。为简单起见，参考已有文献的构造方式（魏昊等，2010），考虑使用等权求和的方式构造货币国际化指数来测度货币国际化程度[①]。在控

---

① 对货币国际化程度的测度尚未形成理论共识，如张光平（2011）认为对国际化货币的各种职能的需求最终都会体现在该货币在外汇市场中的交易规模上，因此外汇交易规模占比就可以简单地测度货币的国际化程度。但相对而言，本书沿用的测度方式更能直接、全面地对货币国际化水平予以体现。

制变量的选择上，综合已有关于储备规模的理论与实证文献，选择进口占 GDP 比重（itg）、短期外债占 GDP 比重（dtg）、FDI 占 GDP 比重（ftg）、短期证券投资占 GDP 比重（etg）作为控制变量，主要反映外汇储备的对外支付和应对短期外债的职能。数据来源于 IMF 各年年报、世界银行集团 WDI&GDF 数据库，以及国际清算银行、雷曼外汇研究中心和世界交易所联合会等机构网站及数据库。

（一）线性回归估计及结果

在使用门限回归等非线性回归方法之前，先使用线性回归，初步得到货币国际化对外汇储备影响的总体效应，同时面板线性回归的结果也可以为门限回归提供基准。具体的面板回归基础模型如下：

$$r_{it} = \beta_0 + \beta_1 cii_{it} + \beta_2 itg_{it} + \beta_3 etg_{it} + \beta_4 ftg_{it} + \beta_5 dtg_{it} + \varepsilon_{it} \tag{4.10}$$

其中，r_{it} 为样本国家各年度的储备与 GDP 之比，cii_{it} 是样本国家的货币国际化指数，其余各项是控制变量和扰动项。从数据结构特征看，属于长面板数据，个体的时间序列特征需要控制，因此对扰动项可能存在的自相关、截面相关和异方差进行检验。使用 Wald 检验对组内自相关进行检验，使用 Breusch-Pagan LM 检验对组间截面相关进行检验，使用似然比 LR 检验组间异方差，所得到的三个统计量分别为：Wald 统计量为 10.774[**]、LM 统计量为 37.838[*]、LR 统计量为 328.72[***]。结果显示，除了 LM 统计量未能在至少10%的置信水平上拒绝原假设外，LR 和 Wald 统计量分别在1%和5%的置信水平上拒绝了原假设，可以认为样本数据存在组间异方差和组内自相关，但没有组间截面相关。在使用的估计方法上，需要使用可行广义最小二乘估计法（FGLS），并控制组间异方差和自相关。进一步，考虑到不同国家的个体固定效应以及时间上的共同趋势，模型中将加入个体虚拟变量和时间项来控制。回归数据结果见表 4-2。

表 4-2　面板 FGLS 估计结果

	模型 1	模型 2	模型 3
cii	-0.025[*] (0.015)	-0.024[*] (0.014)	-0.026[*] (0.015)

续表

	模型 1	模型 2	模型 3
itg	-0.219^{***} (0.055)	-0.203^{***} (0.055)	-0.184^{***} (0.056)
ftg	-0.071^{***} (0.055)	-0.073^{***} (0.027)	
etg	-0.147 (0.141)		
dtg	-0.105^{***} (0.023)	-0.104^{***} (0.023)	-0.091^{***} (0.026)
$Country\_dum1$	0.042^{***} (0.011)	0.040^{***} (0.011)	0.044^{***} (0.011)
$Country\_dum2$	0.054^{***} (0.011)	0.055^{***} (0.011)	0.063^{***} (0.012)
$Country\_dum3$	0.045^{***} (0.011)	0.042^{***} (0.011)	0.043^{***} (0.011)
t	0.002^{***} (0.000)	0.001^{***} (0.000)	0.001^{***} (0.000)
$cons$	0.039^{***} (0.008)	0.038^{***} (0.008)	0.032^{***} (0.009)
Wald χ^2	331.73^{***} (0.000)	316.32^{***} (0.000)	248.09^{***} (0.000)

注：* 表示在 10% 水平下显著，** 表示在 5% 水平下显著，*** 表示在 1% 水平下显著。括号内为各系数对应的稳健标准差，Wald χ^2 统计量括号中为 p 值。

结果显示，对于货币已经具有高度国际化水平的国家而言，货币国际化指数（cii）与外汇储备规模之间有显著的负相关关系。该结论说明，随着货币国际化程度的提高，储备规模反而是下降的，这为我们在前文中所论述的货币国际化高级阶段，货币国际化对储备的替代效应提供了直接的统计意义上的证据。关联的弹性系数约为 -0.25，可以理解为货币国际化指数提高 1 个百分点[①]，外汇储备相对 GDP 的比值会预期降低 0.25 个百分点。样本四国都是货币国际化程度较高的国家，在这一国际

---

① 货币国际化指数构造中，五个等权平均的数值均为百分比，因而货币国际化指数也是一个百分比数值。

化阶段，其货币的国际支付功能和应对冲击的功能都已经非常强，而本币的国际化已经不再需要外汇储备的支撑，故替代效应超过支撑效应。根据控制变量的显著情况调整模型的结构，货币国际化指数的回归系数仍然保持着较好的稳健性，模型整体至少在1%的置信水平上显著。除了货币国际化之外，模型所包含的控制变量的情况有所不同，多数变量的系数都在至少1%的置信水平上具有显著性，各项系数为负，而短期证券投资占 GDP 比重（*etg*）的系数并不显著。由此可见，模型中所包含的四个国际货币发行国其储备行为具有高度的自主化特征。由于其工业化经济体的特征，主要国际货币发行国的国际支付需求并不会对储备行为构成需要，反而会降低储备的意愿。

（二）非线性回归估计及结果

上面的模型给出了国际化高级阶段替代效应占据主动的证据，为进一步检验货币国际化与外汇储备间关系的非线性特征，本部分重新使用面板门限回归模型对样本数据进行建模。面板门限模型是非线性模型，可以分析不同阶段的非线性特征。Hansen（1999）假设解释变量外生及扰动项不相关，首次构建了面板门限回归的固定效应模型，实现了对参数的一致估计。根据其原理，可以构建面板门限模型的简洁形式为：

$$r_{it} = \mu_i + \beta'_1 x_{it} \cdot 1(cii_{it} \leq \gamma) + \beta'_1 x_{it} \cdot 1(cii_{it} > \gamma) + \varepsilon_{it} \qquad (4.11)$$

这里使用货币国际化指数作为门限变量，γ 是待估门限值。首先需要使用 Hansen（1999）的似然比检验（LR）统计量来对门限效应是否存在进行检验，具体的统计量如下：

$$LR \equiv \frac{[\, SSR^* - SSR(\hat{\gamma})\,]}{\hat{\sigma}^2} \qquad (4.12)$$

上式中，$\hat{\sigma}^2$ 是扰动项方差的一致估计，在原假设成立的条件下 γ 是无法被识别的，检验统计量的渐近分布不是标准 χ^2 分布，只能通过自举法（bootstrap）来计算其临界值。

表 4 - 3　面板门限检验结果

	门限值	LR 统计量	99% 临界值	检验结果
单门限检验	0.3306	81.09	40.76	拒绝原假设，至少在 1% 的置信水平上存在单门限效应
双门限检验	0.0844 0.3306	39.03 81.09	39.03 41.70	拒绝原假设，至少在 10% 的置信水平上存在双门限效应
三门限检验	0.0844 0.2325 0.3306	39.03 19.50 81.09	40.76 67.90 169.51	单门限可通过 1% 置信水平上的检验，但第二和第三门限接受原假设

表 4 - 3 列报的面板门限效应的检验结果显示，三种门限检验的 LR 统计量显示出不同的结果，其中单门限检验和双门限检验至少在 10% 的置信水平上拒绝了不存在门限效应的原假设，可以认为模型至少存在两个门限效应。但三门限检验的结果不理想，除了第一个门限值通过检验外其他的门限值均不显著。故应以双门限模型作为回归的基准，分析结论。表 4 - 4 给出了面板门限回归的结果，除了基准的两门限模型结果外，还给出了单门限和三门限模型的回归结果作为参考。

表 4 - 4　面板门限回归结果

解释变量	三门限模型	两门限模型	单门限模型
itg	-0.2875 *** (-5.41)	-0.2170 *** (-3.98)	-0.1308 *** (-2.17)
ftg	-0.1463 ** (-2.39)	-0.1315 ** (-2.02)	-0.1725 (-2.35)
etg	-0.2744 * (-1.82)	-0.3301 ** (-0.26)	-0.1395 *** (-0.78)
dtg	-0.2640 *** (-8.77)	-0.2848 *** (-8.96)	-0.2795 *** (-7.77)
t	0.0041 *** (0.0002)	0.0041 *** (0.0003)	0.0040 *** (0.0003)
$cons$	0.1223 *** (9.52)	0.0743 *** (8.34)	0.0895 *** (9.15)

解释变量	三门限模型	两门限模型	单门限模型
区制 1 ($cii \leqslant 0.0844$)	-0.7753^{***} (-11.29)	-0.0814^{***} (-5.35)	
区制 2 ($0.0844 < cii \leqslant 0.2325$)	-0.1134^{***} (-7.24)	-0.6325^{***} (-9.53)	-0.0920^{***} (-5.37)
区制 3 ($0.2325 < cii \leqslant 0.3306$)	-1.0443^{***} (-10.00)		
区制 4 ($cii > 0.3306$)	-0.3307^{*} (-7.24)	0.2050 (1.34)	-0.7659^{***} (-10.65)
F 统计量	54.79 (0.0000)	51.53 (0.0000)	40.54 (0.0000)

注：* 表示在 10% 水平下显著，** 表示在 5% 水平下显著，*** 表示在 1% 水平下显著。回归变量括号内为各系数对应的 t 统计量，F 统计量括号内为对应的伴随概率。

回归结果显示：第一，在所有模型，尤其是基准的两门限模型中，在 $cii \leqslant 0.3306$ 的状态下，货币国际化指数 cii 对外汇储备规模 r 的影响均为负。在货币国际化程度较低的状态下，对储备规模具有抵减的效果，该结论与前面模型的结论是一致的。第二，在基准两门限模型中，当 $cii > 0.3306$ 时，cii 对 r 的影响已经不再显著，cii 已然无法解释 r 的变化。这表明当货币国际化程度非常高时，对外汇储备规模将不再有显著的影响。超过某一货币国际化程度之后，货币国际化就完全与外汇储备互相独立了，不再需要外汇储备提供支撑，而其他方面所特有的功能也是货币国际化无法完全替代的，因此储备的规模不会持续减少到 0。第三，不同数量门限的模型设定下，货币国际化指数 cii 的回归系数也有所差别，意味着在不同的区制里，cii 弹性结构上的变化。具体来看，在两门限模型中，cii 的弹性是负值并随 cii 的上升而递增，直到超过一个较大的临界值后不再显著。这一结构变化说明，随着货币国际化进程的推进，本币对外汇储备的边际替代效应也是一个先升后降，最后接近没有影响的过程。

综合以上两个部分的回归模型，无论是面板 FGLS 回归还是门限回归都表明货币国际化与外汇储备之间的替代效应是显著的，且具有阶段性特征。

二　基于货币国际化条件指标的回归分析

本部分使用货币国际化的条件指标来开展实证分析，所谓条件指标是指支撑货币国际化所需要的各种条件的测度指标。由于真正具有全部国际货币职能的货币是少数，多数是具有一定国际货币职能或者具有成为国际货币潜力的货币，直接衡量其货币的国际化水平是有困难的。因而，我们可以使用条件指标做间接的测度，即认为满足货币国际化条件的程度越高，该货币成为国际货币的可能性就越大，未来成为国际货币的前景就更被看好。使用条件指标的好处是可以扩展样本的规模，把更多处于货币国际化不同阶段的国家纳入考察范围，因而可以更好地验证理论部分的结论。本部分将进一步把样本国家分组，区分为国际货币发行国与潜在国际货币发行国展开实证分析。

（一）变量选取与数据来源

由于货币国际化的长期性，考虑到不同货币国际化阶段下，外汇储备需求的状况是存在差异的，应综合考虑将国际化发展进程中的样本作为分析对象。这里选择已经有一定程度的国际化货币发行国和尚未成为国际货币发行国但具有潜在可能性的国家，对这两组样本进行分析，可以得到不同发展阶段的结论。同时，由于潜在的国际货币发行国缺少货币国际化程度的直接测度，使用货币国际化条件变量作为货币国际化程度的代理变量。其背后的逻辑是这些条件是货币国际化的必要条件，要想成为国际货币，必须有这些条件作为基础。

首先将样本分为两组：第一组是已经存在的主要国际货币发行国，筛选的条件是按照货币国际化最高的职能，即储备货币职能来设定。这一组国家的货币应在全球外汇储备中占有一定比例，具体筛选结果包括美国、德国（代表欧盟）、日本、英国、加拿大、澳大利亚、瑞士。另一组是潜在国际货币发行国，由于是潜在，因而这些国家的货币在样本期的大部分时间内都并非储备货币，综合多种货币国际化条件进行筛选，并最终以经济总量，即 GDP 规模作为最重要的判断标准。选择近五年来除上一组包含的国家外，全球 GDP 排前 20 位的国家。这些国家，既包括以"金砖国家"为代表的发展中大国，也有国际影响力较大的新兴市场国家。这些国家的共同特点是经济总量大、地区和国际影响力较大。这里，考虑到俄罗斯市场经济体系建立时间较短，数据不全，并未纳入样本中。而南非的 GDP 总量虽然并不大，不符合根据经济总量选择样本的标准，但考虑到其为非洲国家的代表，因而被选为样本之一。这些新兴市场与发展中国家都有希望成为新国际货币发行国，且其货币也已经在国际市场中具有一定的影响力。最终确定的第二组样本国家包括中国、巴西、印度、南非、新加坡、韩国、墨西哥、土耳其和印度尼西亚。

使用剔除黄金的储备总额同本国广义货币（M2）的比率（简写为 rtm）作为被解释变量，测度样本国家的相对储备规模。上一部分中，我们使用了储备与 GDP 的比值，本部分中则换为储备同广义货币的比值，这是对多种不同性质样本国家同时考察的过程中，更加强调储备货币性质的一种设定。解释变量的选取上，如前所述，选择货币国际化的条件指标作为货币国际化的代理变量。这里，使用资本市场开放度指标代表本章第二节中理论模型里的资本项目开放度 a，使用金融市场广度深度指标来代表理论模型中的金融体系脆弱性 b，对货币的信心及流动性的测度则以汇率稳定性指数（Exchange rate stability Index）作为指标。但由于金融市场广度深度指标自身信息结构的缺陷以及数据可获得性不充分，这里无法将其放到回归模型中。最终，我们使用 Chinn-Ito（2008）指数（KAOPEN）来测度货币发行国资本市场开放度，并通过汇率稳定性指数（ERS）[1] 来测度一国汇率稳定程度。该指数使用本币对美元汇率对数变化的标准差来衡量，具体的计算公式如下[2]：

$$ERS = \frac{0.01}{0.01 + SD[\Delta(\log(exch\_rate))]}$$

同时，综合考虑文献对储备规模的既有研究，选取 GDP 增长率（grg）、

①　参见 Aizenman, Chinn and Ito（2010）。
②　美元的汇率稳定性参照本公式，并使用美元指数来构造。

进口占 GDP 比重（*itg*）、短期外债占 GDP 比重（*dtg*）、FDI 占 GDP 比重（*ftg*）、短期证券投资占 GDP 比重（*etg*）作为控制变量。

为从动态角度考察货币国际化对外汇储备的影响，选取上述两组样本国家一定时期的面板数据。具体样本时间设定：国际货币发行国组为 1970～2018 年，主要考虑 20 世纪 70 年代初布雷顿森林体系解体对国际货币体系的影响；而潜在国际货币发行国组为 1990～2018 年，主要考虑该组国家潜在货币国际化的历史机遇期及数据的可得性。被解释变量和控制变量的数据来源于世界银行集团 WDI&GDF 数据库及 IMF 的 International financial Statistics 数据库；Chinn-Ito 指数来源于 Ito and Chinn（2010）；计算汇率稳定性指数的汇率数据来源于 The Pacific Exchange Rate Service。

图 4 - 7 与图 4 - 8 展示了两组国家不同时段剔除黄金后的国际储备同 M2 的比例变化情况。数据图形显示，第一组国际货币发行国在我们考察的时间跨度内除了日本和瑞士外，其他国家整体呈现出先升后降的趋势。第二组潜在的国际货币发行国除了新加坡之外，整体上呈现出逐步上升的趋势，尤其是在 1997 年亚洲金融危机之后，各国储备上升的趋势更加明显。数据趋势同理论模型结论的直觉趋于一致，国际化货币发行国的储备规模大致上呈现出先升后降的趋势，而潜在国际货币发行国目前仍处于第一阶段。

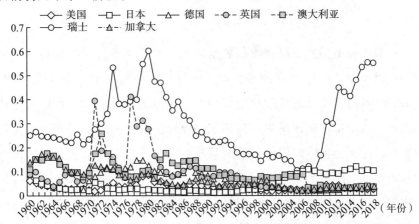

图 4 - 7　第一组样本国家的国际储备（剔除黄金）与 M2 的比值

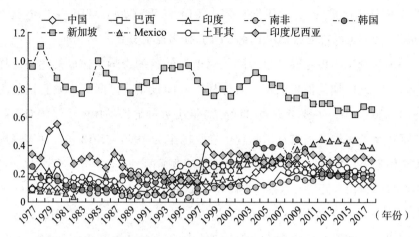

图 4 - 8　第二组样本国家的国际储备（剔除黄金）与 M2 的比值

（二）模型设定与估计方法

最终模型设定为：国际储备与 M2 的比值（*rtm*）为被解释变量，资本市场开放程度（KAOPEN）与汇率稳定性指数（ERS）为解释变量，同时控制以下变量：GDP 增长率（*grg*）、进口占 GDP 比重（*itg*）、短期外债占 GDP 比重（*dtg*）、FDI 占 GDP 比重（*ftg*）、短期证券投资占 GDP 比重（*etg*）。具体的基础回归方程如下：

$$rtm_{it} = \alpha_0 + \alpha_1 KAOPE\,N_{it} + \alpha_2 ERS + \beta_1 itg_{it} + \beta_2 ftg_{it} +$$
$$\beta_3 etg_{it} + \beta_4 dtg_{it} + \beta_5 grg_{it} + \varepsilon_{it}$$

该基础模型是静态混合面板数据模型。由于储备行为具有路径依赖性，通过增加被解释变量的滞后项，将模型转化为一个动态面板模型，进而将储备的长期动态性和历史惯性纳入考察范围。同时，可以考虑使用国家虚拟变量以保证捕捉不同国家的异质性，并构造时间变量作为解释变量以保证捕捉时间固定效应的同时避免引入过多虚拟变量。长面板数据需要对时间序列上的相关性和异方差性进行控制，因而通过 LR 检验实施组间异方差检验，通过 Wald 检验实施组内自相关检验，通过 Breusch-Pagan LM 检验实施组间截面相关检验。检验结果显示，两组样本都存在着组内自相关、组间异方差和组间截面相关。可以通过加入时间变量控制自相关的影响，并使用稳健标准差来控制组间异方差。

使用动态面板模型可能存在 "动态面板偏差（dynamic panel bias）"，与使用固定效应方法估计所得到的结果有可能不一致，因而应当使用 "差分 GMM" 方法实施估计（Arellano and Bond，1991）。另外，使用 "差分 GMM" 方法来实施长面板估计，容易导致弱工具变量问题，应该同步实施 "水平 GMM" 估计（Arellano and Bover，1990），最终采用 "系统 GMM" 实施综合估计（Blundell et al.，1998）。系统 GMM 估计要求模型扰动项序列 $\{\varepsilon_{it}\}$ 没有自相关，需要实施自相关检验。两组数据检验的结果显示：国际货币发行国组无自相关；而潜在国际货币发行国组存在一阶自相关，无二阶自相关，两组数据都满足系统 GMM 估计的条件，可以使用该方法进行估计。表 4 – 5 给出了使用系统 GMM 估计的结果，同时也给出了静态面板模型可行广义最小二乘估计（FGLS）的结果作为对照。

表 4 – 5　动态面板实证回归结果

	国际货币发行国组			潜在国际货币发行国组		
	FGLS 估计	SGMM 估计 1	SGMM 估计 2	FGLS 估计	SGMM 估计 1	SGMM 估计 2
rtm_{t-1}		0.629 *** (0.039)	0.629 *** (0.038)		0.625 *** (0.063)	0.635 *** (0.056)
rtm_{t-2}		0.135 *** (0.037)	0.136 *** (0.037)		0.040 (0.049)	
KAOPEN	-0.026 *** (0.004)	-0.008 ** (0.004)	-0.008 ** (0.004)	-0.013 *** (0.004)	-0.001 (0.008)	0.001 (0.008)
ERS	0.007 * (0.004)	0.006 (0.017)	0.006 (0.017)	0.046 *** (0.010)	0.036 * (0.022)	0.037 ** (0.020)
itg	-0.014 (0.052)	-0.382 *** (0.074)	-0.372 *** (0.070)	0.165 *** (0.053)	0.147 *** (0.046)	0.153 *** (0.045)
ftg	-0.022 (0.031)	0.020 (0.064)		-0.210 * (0.120)	-0.374 *** (0.131)	-0.362 *** (0.129)
etg	0.016 (0.064)	-0.205 (0.127)	-0.219 * (0.125)	0.599 *** (0.133)	0.621 *** (0.177)	0.634 *** (0.174)
grg	-0.000 (0.000)	-0.000 (0.001)		-0.001 *** (0.001)	-0.002 *** (0.001)	-0.003 *** (0.001)

	国际货币发行国组			潜在国际货币发行国组		
	FGLS 估计	SGMM 估计 1	SGMM 估计 2	FGLS 估计	SGMM 估计 1	SGMM 估计 2
dtg	-0.008 (0.027)	0.049 (0.060)		0.033 (0.100)	0.089 (0.154)	
$country2$	0.015 (0.021)	-0.030 (0.046)	-0.045 (0.042)	0.054 (0.047)	0.043 (0.038)	0.042 (0.038)
$country3$	0.031 (0.019)	-0.091** (0.046)	-0.102** (0.042)	0.047 (0.048)	0.076 (0.062)	0.073 (0.061)
$country4$	0.040*** (0.015)	-0.076* (0.040)	-0.084** (0.037)	-0.026 (0.048)	-0.086* (0.045)	-0.090** (0.043)
$country5$	0.035*** (0.011)	-0.041 (0.042)	-0.052 (0.038)	0.083 (0.058)	-0.012 (0.042)	-0.012 (0.042)
$country6$	0.022* (0.013)	-0.084* (0.050)	-0.097** (0.045)	0.474*** (0.094)	0.028 (0.081)	0.029 (0.079)
$country7$	0.290*** (0.055)	-0.062 (0.042)	0.070* (0.038)	0.176*** (0.057)	0.047 (0.045)	0.0047 (0.044)
$country8$				0.118** (0.049)	0.072* (0.039)	0.078** (0.037)
$country9$				0.172*** (0.050)	0.050 (0.044)	0.053 (0.043)
t	-0.002*** (0.000)	-0.002*** (0.000)	-0.001*** (0.000)	0.003*** (0.000)	0.001 (0.001)	0.001* (0.001)
常数项	0.131*** (0.014)	0.040 (0.038)	0.048 (0.035)	0.012 (0.050)	0.026 (0.037)	0.037 (0.035)
$Wald\chi^2$	256.73	2629.94	2641.9	886.50	1601.47	1622.90
$Prob > \chi^2$	0.0000	0.0000	0.0000	0.0000	0.0000	0.0000
样本个数	343	329	329	261	243	252
样本区间	1970~2018	1970~2018	1970~2018	1990~2018	1990~2018	1990~2018

注:* 表示在 10% 水平下显著,** 表示在 5% 水平下显著,*** 表示在 1% 水平下显著。括号内为各系数对应的稳健标准差。由于面板非平衡,国际货币发行国组的 FGLS 估计仅处理异方差和组内自相关;潜在国际货币发行国组的 FGLS 估计同时对异方差、组间同期相关及自相关都进行了处理。

　　静态与动态面板估计的结果给出了回归方程整体及各个解释变量的系数及显著性状况,从总体上看,SGMM 估计的结果要好于静态模型 FGLS 估计的结果。对于国际货币发行国组,使用 SGMM 估计时显著变量明显增加，说明这个模型有更强的解释力；而从潜在国际货币发行国组的结果来看，使用 SGMM 模型估计时显著变量有所减少，不过 SGMM 估计的结果解释变量对被解释变量的影响力更强，SGMM 估计是更有效的，因为其消除了滞后因变量和自变量的双向因果关系。

通过比较两个组回归结果的异同，可以看出无论是国际货币发行国，还是潜在的国际货币发行国，都显示出较强的储备惯性，即储备规模的滞后期都具有很强的解释力。就国际货币发行国组而言，国际储备的一阶滞后项能够为大部分的国际储备变化提供解释。在二阶滞后动态回归模型中，一阶滞后项的回归系数为 0.629，同时，该系数的稳健性很强，在剔除部分非显著控制变量后其系数依然可以保持稳定，但二阶滞后项不稳定且对被解释变量的影响较小。潜在国际货币发行国组模型中的一阶滞后项回归系数也在 0.6 以上，同样可以对大部分的国际储备变化提供解释，两组国家的回归结果表明各国持有储备的行为主要受历史惯性驱动。

重点关注货币国际化变量，我们发现不同的组别呈现出不同的回归结果。在国际货币发行国组，两个关键解释变量中，汇率稳定性指数（ERS）在所有模型结果中都无法达到显著，说明国际货币发行国组的汇率自由化程度更高，外汇管理当局不会为保持汇率稳定而持有储备，两者之间不具有互相的解释力。而资本市场开放度指标（KAOPEN）在全部的回归模型中都是显著的，其回归系数为负，这一结果表明，在本国对外开放度的提高过程中，外汇储备的相对规模是随之降低的。之前的模型设定中，本国对外开放度的提高是有利于本币国际化的条件，因而可以进一步得到的推论为货币国际化与外汇储备规模在这一组是负相关的，货币国际化程度提高会降低储备规模。由于系数值较小，说明这种负面影响的弹性是比较有限的。与这一组形成对照，潜在国际货币发行国组的结果恰好呈现出相反的情况。储备规模对汇率稳定性非常敏感，在所有的模型中汇率稳定性指数都具有显著性，说明这些新兴市场或发展中经济体持有储备的最主要目的仍然在于规避汇率频繁波动的风险，"浮动恐惧"在这些国家中体现得比较明显，需要储备的干预作用。第二组国家的模型估计中，资本市场开放度指标（KAOPEN）都不显著，这一结果表明这些经济体的储备规模同对外开放之间并没有直接的显著关系，我们猜测这一结果同此类国家谨慎的资本项目开放进程，实施一定程度的资本流动控制措施有关系。两组回归结果的不同再一次对本章中理论猜测和数理模型的结论给予了支持，由于两组国家处于货币国际化的不同阶段，其储备规模的变化特征也呈现出不同的特点。货币国际化的高级阶段中，因为本币国际货币职能已经可以对本国提供防御作用，替代效应占据主流，进而减少了对国际储备的需要；而处于货币国际化初级阶段的第二组国家，因为本币保护本国经济的能力有限，需要多储备一些来保持本国经济安全，反映在模型结果中就是汇率稳定的显著性。此阶段，支撑效应占据主流，而替代效应还未充分显现。

同解释变量一样，两组回归结果中控制变量的回归结果也并不一致。第一组国际货币发行国进口比例（itg）具有显著性，但系数为负，表示该组国家进口规模的扩大对国际储备有抵减效果，这与其货币的国际货币地位有关。短期证券投资比例（etg）虽然在部分模型中显著，但并不稳定且系数变化较大。潜在国际货币发行国组的模型中，进口对 GDP 的比例（itg）、FDI 对 GDP 的比例（ftg）、短期证券投资比例（etg）、GDP 增长率都具有显著性。其中，itg 的系数显著为正，说明该组国家储备行为与进口支付需求有关；ftg 的系数则显著为负，说明该组国家中，吸引 FDI 比例相对较大的国家外汇储备规模反而较低，FDI 作为稳定的长期资本流入，可以降低短期对外支付压力；etg 的系数显著为正，且系数值较大，说明对于发展中经济体而言，应对短期资本流动仍然是积累外汇储备的主要目的。另外，经济增长速度 grg 也显著但系数值为负，说明经济增长快的国家储备意愿稍低。总的来说，发展中国家或新兴市场经济体持有外汇储备的目的并非应对实体经济的需要，而是应对更容易导致经济波动的国际资本流动。

三 实证分析结论及其政策启示

通过理论猜测、数理建模与实证检验，本章对货币国际化进程中的外汇储备规模问题展开了系统梳理。本节实证分析的结果大体上与之前的理论猜测是一致的，这从实际数据的层面为该问题提供了一个客观角度的一般性解释。实证分析的结果表明，全球主要经济体持有国际储备的目的与以往理论与实证分析存在着较大的差异，特别是在该国由于经济实力增强和国际影响力扩大而进入本币国际化进程后，外汇储备持有的规律更会呈现出阶段性的非线性特征。实证分析的结果与理论猜测相一致，在主要国家货币国际化的初期，持有外汇储备是支持国际化的必要条件，它为本币国际化进程所要求的对外开放、金融体系稳健以及货币可兑换性提供了基础。但当该国货币国际化水平达到一定程度之后，本币对本国经济风险管理的作用逐渐显现，并占据重要地位，这直接降低了对外汇储备的预防性需求。或者说，本币的国际化替代了外汇储备的部分功能，并导致国际储备规模下降。

当然，外汇储备规模问题比较复杂，不同经济体的情况不同，影响储备行为的因素也非常多。这里提供的解释仅仅是从货币国际化视角下外汇储备规模管理的战略角度进行的尝试，且更适用于处于货币国际化进程中的大国经济，并不完全适用开放小国应对短期冲击的储备规模管理。本部分的另一个遗憾之处是对最优储备规模数量的确定仍缺少比较准确的预测，虽然回答了外汇储备规模与货币国际化之间的长期关系，但在具体合理规模或最优规模测度方面的实践指导能力还不充分。这一部分结论对理解中国当前的外汇储备管理与人民币国际化进程的关系提供了一些启示意义。具体包括：

首先，站在人民币国际化的视角下，中国外汇储备规模是否适度的认识应当从战略意义上定位和认知。前些年对中国外汇储备规模适度性的讨论一直是国际经济学领域的关键话题，2015 年之前认为外汇储备过量的观点相对主流。持该观点的研究成果大多使用成熟文献的经验方法，因而具有比较扎实的理论基础和实践经验支撑。然而，2015 年人民币汇率开始经历大幅度波动，资本外流趋势明显，外汇储备也随之快速缩水，这为重新认识我国外汇储备问题提供了契机。结合实践情况，本章认为，外汇储备的持有目的是多元化的，对于多数经济体而言，是以预防动机为主的。作为一个开放的大国，其货币处于国际化进程中时，外汇储备对推动本币的国际化，防范和化解对外经济风险具有重要意义，因此仅从交易目或成本收益的角度进行分析是存在明显不足的。而基于小国开放经济的预防性动机研究因缺乏针对性，其意义也颇有局限。为此，对中国最优外汇储备规模问题的讨论应当放到人民币国际化进程中，以历史的视角多角度全面考察。根据本章理论与实证分析结果，人民币国际化进程的阶段性特征决定了中国外汇储备的规模是否适度。

其次，人民币国际化进程中，注重解决的国内经济矛盾是外汇储备规模合理化的目标。中国前些年被认为"过量"的外汇储备是有发展阶段特征的，同时也与经济体制的转轨直接相关。中国的社会主义市场经济体系仍未达到十分完善的程度，尤其是金融市场的健全程度仍有待提高，金融市场的广度、深度、宽度都尚未达到可以完全自由开放加入国际金融市场的程度。在这样的条件下，适度加大储备规模以抵御开放风险仍然是必要的，同时也是被动之举。为此，只有进一步改革国内要素市场价格机制，特别是实现利率等关键价格的市场化，并尽快完善国内金融体系，才能增强中国应对开放风险的能力，减少对外汇储备干预市场的依赖。而此过程也是人民币国际化进程的必然要求，因而两者是一致的。在国内市场完备性达到很高程度之前，谨慎稳妥地实施对外开放是降低外汇储备的必要条件之一。

最后，外汇储备制度的改革优化也是化解储备矛盾、提高储备资产效能、确定合理储备规模的制度条要求，2012 年之前我国外汇储备的快速积累是当时储备制度的必然结果。在经常项目与资本金融项目双顺差的条件下，强制结售汇制度必然导致官方储备规模的迅速放大，造成储备体制缺乏弹性的状况。强制结售汇制度是外汇短缺时的应急之举，随着储备规模快速提升及国内经济条件变化已不合时宜。结售汇制度改革后，我国实施了更加具有弹性的储备方式，同时也在市场化进程中主动实施储备规模管理，为更好地实施外汇储备管理提供了多元化途径。

第五章 货币国际化与外汇储备结构管理

外汇储备的结构管理是指对外汇储备的不同币种、不同资产进行配置，以形成储备主体合意的风险收益结构、期限结构，进而在实现外汇储备功能的基础上，实现配置主体效用最大化的目标。相较于规模管理，结构管理更多的是战术层面的外汇储备管理，是在规模管理的基础上，对外汇储备在操作层面上的进一步优化。外汇储备的结构管理可以进一步分为两个层次：第一个层次是在不同的储备货币间进行币种的选择，选择何种货币作为储备货币并确定其所占比重时，除遵循安全性、流动性和盈利性原则外，还要考虑国际贸易结构及国际债务结构、弥补财政赤字或干预外汇市场的需要、不同货币的收益率以及储备货币的多元化等因素；第二个层次是在不同的资产形式间配置外汇储备。外汇储备资产结构是指外币现金、外币存款、外币短期证券和外币长期证券等资产形式在外汇储备中的比重和地位。

第一节 货币国际化与外汇储备结构
管理关系的理论描述

一 外汇储备结构管理的理论与方法

外汇储备结构管理是外汇储备管理的另一个基本问题（Roger，1993）。外汇储备的合理规模问题在理论和实践领域仍存分歧，但随着全球外汇储备的增长，学术领域对结构管理优化的认识是趋于一致的。二战后，国际经济秩序恢复建立的过程中，由于作为公共产品的国际货币短缺，美元以其同黄金挂钩的优势成为唯一的国际货币，国际货币的短缺实际上就是美元的短缺。这一时期，理论与实务领域对外汇储备问题的关注点是充足性问题。20世纪70年代之后，随着国际货币体系进入牙买加体系时期，多元化的国际货币体系开始逐渐形成，外汇储备结构管理问题开始出现。另一方面，浮动汇率体系下，汇率波动频繁与国际资本流动加速交织，一国面临国际冲击的可能性增加，对外汇储备防御冲击的需求刺激了外汇储备规模的增长，与此同时，储备的结构管理问题日益重要（Borio，2009）。

外汇储备结构管理是指对外汇储备的币种配置、资产组合进行选择确定，以满足外汇储备管理的流动性、安全性和盈利性需要。如前所述，外汇储备结构管理又包括币种管理和资产管理两个层面，外汇储备结构管理的根本目的是寻找到合意或最优的外汇储备币种结构与资产结构。所谓合意，无非是一国货币当局在储备结构决定的过程中实现其效用的最大化。作为一国经济的代理人，货币当局效用函数中包括国际收支平衡、物价稳定、短期流动性稳定、金融市场稳定等一系列政策目标。因而，一个最优化的外汇储备结构应当是可以满足本国应对国际支付与资本流动冲击的需要，同时也兼顾储备资产风险收益平衡的结构。按照这样的思路，最符合直觉的外汇储备结构就是按照维护本国内外平衡要求和金融市场稳定来设置外汇储备的结构，这一思路被称为外汇储备结构管理的交易法。一国货币当局应当关注本国的对外资产负债净额，使之能够适应对外交易支付或流动性管理的需要，外汇储备结构应当符合这一要求。资产负债管理的原则适用于外汇储备结构管理（Dooley，1986）。交易法将偿付外债的交易需求纳入外汇储备结构分析的框架内，并强调了金融交易需求对外汇储备结构的关键影响。因循这一思路，后续外汇储备结构的研究大抵形成了互为补充的三个层次的内容，即币种结构、资产结构和多目标管理方式。在币种结构方面，传统理论强调贸易结构、外债结构以及汇率制度的显著影响。而实践中，储备货币发行国具有的经济特征，尤其是其金融市场发达程度与货币使用成本更具影响力（Eichengreen，2012）。除了交易需求外，风险管理也是外汇储备结构管理的重要内容，而兼顾风险与收益平衡的均值—方差分析方法也被广泛地应用到该领域（Markowitz, 1952）。该方法将外汇储备管理者视作投资者，其在风险与收益之间谋求平衡，并以最有效的方式进行资产配置。但该方法忽略了外汇储备的特殊性，即外汇储备的防御性和交易性职能。外汇储备的持有者与普通的投资者并不相同，前者更加重视的是外汇储备在对外经济交往以及防御外部冲击方面的作用。这一点为 Heller and Knight（1978）所弥补，他们强调汇率制度安排和贸易收支结构的决定性作用。此外，还有第三种思路被称为干预法，强调外汇储备在特定时机上的关键作用，即当一国出现经常账户困难或汇率大幅波动影响经济稳定时，需要动用外汇储备进行干预，而干预用的外汇储备组合应当是相对本国主要进口品组合价值最高的。持有外汇储备的目的是维护汇率的稳定，或者在汇率变动时起到对冲的效果，以保证经常账户的安全。在这三种分析方法之外，国际货币体系特征及其演化的网络外部性（Eichengreen, 1998）也应受到重视。从优化管理的角度，一国在储备其他货币时，会综合贸易、支付、汇率干预、投资收益与风险等多角度进行考虑，还会受到外部和历史条件的限制，在各种目标间取舍以实现权衡。

（一）基于均值方差模型的外汇储备结构管理方法

外汇储备结构的影响因素众多，外汇储备结构管理的思路也不一而足，但均值方差方法（MV）一直是基础性的分析方法和工具框架。即便一国外汇管理当局同普通投资者存在交易动机方面的差异，但从本质上讲，外汇储备都是以金融资产的形式存在的，外汇管理当局的行为也与普通投资者有较大程度上的相似之处。此外，外汇储备管理原则强调安全性、流动性与收益性，也就是谋求风险与收益之间的平衡，这与 MV 模型的思路是契合的。根据资产组合理论，外汇管理当局持有储备的过程是一种资产组合行为，在给定其风险偏好的情况下，最优的外汇储备组合结构是其有效前沿同无差异曲线的切点。由于不同国家国内经济结构和偏好结构存在差异，即使面临相同的国际资本市场环境，最终的外汇储备资产组合也可能是不同的。

在经典的外汇储备结构管理 MV 框架模型 (Ben-Bassat, 1980) 中, 最优的外汇储备结构取决于三个因素: 一是持有外汇的动机; 二是储备货币的市场性质, 即收益与风险状况; 三是该国在国际货币稳定中的收益。基于此设定, 外汇储备结构取决于以下规划:

$$\min \sigma^2 = \sum_{i=1}^{n} \alpha_i^2 \sigma_i^2 + 2 \sum_{i=1}^{n} \sum_{\substack{i \neq j \\ j > 1}}^{n} \alpha_i \alpha_j R_{ij} \sigma_i \sigma_j$$

$$s.t. \rho = \sum_{i=1}^{n} \alpha_i \rho_i, \sum_i \alpha_i = 1, \alpha_{i \geqslant 0}$$

其中, α_i 是某种货币 i 在外汇储备组合中的份额, σ_i^2 是币种 i 预期收益的波动率, 以方差表示。R_{ij} 是两币种 i 与 j 的相关系数, ρ_i 是币种 i 的预期收益。将该收益简化为持有该货币的平均利息收益和汇率的变化, 给定币种 i 的发行国利率水平 r_i 以及该货币相对汇率变化率 E_i, 预期收益的具体形式可以表示为: $\rho_i = (1 + r_i)/(1 + E_i) - 1$。该模型与经典的马科维茨资产组合模型并无区别, 只是将不同的资产调整为不同币种。求解该模型可以得到最优币种组合的有效前沿, 但要确定具体的币种组合, 还需要给定外汇储备管理当局的风险偏好。实践中, 风险偏好的刻画是比较难的。早期的实证分析发现, 发展中国家所持有的储备币种结构与有效前沿虽然相近, 但并不完全一致 (Ben-Bassat, 1980), 表明货币当局并未有效地配置其储备资产。当然, 这只是从风险收益平衡的视角得到的结论。一国在确定储备币种时, 并非仅仅考虑风险与收益, 国际收支支付结构、政策因素、外汇储备管理体制等方面的因素也会发生作用。相比之下, 发达国家的外汇储备币种结构与 MV 模型的预测差异很大, 在解释其储备行为时, MV 框架并未发挥解释力。MV 框架缺乏对各国储备行为的解释, 一方面源于各国具体研究数据的不可获得性, 另一方面也源于外汇储备与一般的资产项目具有的特殊性。外汇储备的主要功能是保证本国国际收支安全, 注重流动性而非仅仅关注收益和风险, 因而储备行为与普通的投资行为还是存在显著差异的。不过, 这也并非说明 MV 方法在外汇储备结构管理中就完全没有作用。实践中, 很多国家在对外汇储备结构进行配置时, 都会把均值方差模型作为配置币种结构和资产结构的一个基准参照，在此基础上形成最初的配置方式，然后再根据其他情况进行调整。考虑到这样的因素，多项根据不同国家层面数据的实证研究结果都表明，MV 方法在基础外汇储备结构设定方面还是具有明显作用的。

　　MV 方法是一个静态的方法，同时也对资产组合做出了很多严格的设定。一个自然的修正想法是如果能够将其动态化，则更加符合外汇储备管理的实际要求。Papaioannou 等（2006）构建了动态的均值方差模型，并将交易成本考虑在内，以此来确定各币种在外汇储备组合中的比重。在该模型中，一个以收益最大化为目标的中央银行是外汇储备的管理者，在给定交易成本的情况下，该央行的单期决策过程表示为：

$$\max_{\omega_i, \omega_f} E_t[R_{t+1}] = \sum_{i=1}^{I} \omega_{i,t} E_t(r_{i,t+1}) + \omega_{f,t} r_{f,t+1}$$

$$s.t. \, \omega_t' V \omega_t \leq \sigma^2; \sum_{i=1}^{I} \omega_{i,t} + \omega_{f,t} = 1, \forall t, \forall i; \omega_i \geq 0 \, \forall t$$

　　其中 ω_t 是一个策略向量，代表 t 时刻的币种结构分配，$\omega_{i,t}$ 代表货币 i 在 t 时刻的份额。$r_{i,t}$ 是 t 时刻 i 货币的收益，是一个随机变量。r_f 是无风险收益率。V 代表所有可以选择的币种组成的期望收益的方差—协方差矩阵。由于汇率和利率的变化是频繁的，动态的均值方差分析框架也不能给出稳定的结果，因而实践中各国货币当局对外汇储备结构并不进行频繁调整，而是很大程度上依赖历史惯性的影响。同时，该动态模型的研究也发现，计值单位的选择会对外汇储备币种结构具有重要的影响。在钉住汇率制度的条件下，钉住货币的选择对外汇储备结构有重要的影响。通过将一国对外贸易与外债结构特征作为条件加入模型，该模型综合了 MV 法与交易法。在实际操作中，MV 方法面临一系列的困难。一是需要对储备货币的收益率分布情况进行估计，这是比较困难的，使用历史数据进行估算可能产生较大的偏差；二是最优配置结构的置信区间也很难合理地给出，现有的统计理论很难推断出均值方差空间中配置权重的样本分布，因而无法得到对应的置信区间（Adler and Dumas，1983）。

　　总的来看，均值方差模型的思维框架仍然是外汇储备结构管理的基础框架。即便有很多不合理的结论和不符合实际的假设问题存在，但在收益和风险间平衡的思维方式与储备行为还是具有很高的契合度的。特别是在加入交易成本、贸易结构、外债结构等条件之后，该方法的适用性进一步得到提高。

（二）中国外汇储备结构管理相关研究

由于外汇储备结构不公开，国内外汇储备结构管理方面的研究无法获取准确的数据资料。在此背景下，关于中国外汇储备结构管理的研究主要围绕三个方面展开：一是对中国储备结构的估算，使用各类方法对中国外汇储备币种结构和资产结构进行估计。二是研究中国外汇储备的最优币种与资产结构，讨论中国外汇储备结构管理的应然状态。其中，资产组合理论的 MV 方法早期被普遍接受（龚峻，2008；杨胜刚等，2008），也有文献使用海勒—奈特及杜利模型（孔立平，2010），并据此测算了中国合理外汇储备币种结构的比例数据（范德胜，2014；刘永辉、尚星佩，2016）。三是关注当前国际货币体系与全球经济结构对中国外汇储备结构管理的影响（白晓燕、郭叶花，2018）。总体来看，中国外汇储备结构管理更加偏重流动性和安全性，因而过度集中于美元资产的结构问题是存在的，应当使中国外汇储备币种结构更加多元化成为学术研究实践领域比较认同的观点。

外汇储备的资产结构可以被视为在币种结构基础上的进一步优化，币种结构的配置相当于大类资产的配置，而进一步的资产结构配置则是更加具体的资产选择。资产结构聚焦储备资产的流动性、安全性与收益性的平衡。鉴于储备的特殊功能，流动性与安全性是资产结构管理的首要目标。如中国的外汇储备主要投向长期政府债券与机构债券，这也可以从美国财政部 TIC 系统披露的数据中看出。这种投向饱受诟病，一方面大量持有美国国债与大规模吸引 FDI 之间的循环关系形成了成本收益的倒挂（刘莉亚，2008）；另一方面外汇储备收益率低下甚至实际收益率亏损是不争的事实（王永中，2013），而安全性也在全球金融市场波动，汇率、利率与信用风险上升的条件下受到威胁（王永中，2011）。为此，随着中国外汇储备规模的增加，提高外汇储备收益的压力会增加

（孔立平，2009），保值增值应成为超出基础性需求部分的外汇储备管理的首要目标（张斌，2010）。增加长期及高收益资产比例，通过多样化配置分散风险势在必行（罗素梅、陈伟忠，2012；宿玉海、孙晓芹，2014）。具体资产比例的测算上，均值方差法与在险价值法也可用于测算资产结构（刘晶等，2012）。此外，基于层次分析法（AHP）的资产结构配置比重测算，并将之与 MV 方法结合的实证模型也得到应用（石清华，2013；周光友、罗素梅，2014）。

　　近期的文献倾向于将外汇储备做层次上的区分，即分为基础性外汇储备与超额外汇储备。其中基础性的外汇储备按照国际货币职能的要求，至少应满足贸易支付、偿付外债、维护汇率、应对短期外部冲击、保障金融安全等基础性需求。其规模应与上述支付性与预防性动机的规模相当，以满足支付需要为优化标准。结构的配置也应与规模配置相一致，主要考虑贸易支付结构，以及短期外债结构等来自实体经济或金融领域的需求。这一部分的外汇储备具有刚性需求特征，无论是规模还是结构的安排都要满足一国对外交往安全底线的要求，资产配置上也需要充足的流动性和安全性。基础性外汇储备管理受制于一国对外经济联系的总量与规模特征，其优化的目标函数是对外支付的连续性和稳定性，资产配置方式为被动的稳健管理模式。超额外汇储备是保障基本支付安全外的部分，在规模与结构选择上外汇储备管理当局拥有比基础性储备更大的空间。超额外汇储备可以通过主动性资产管理实现优化，资产配置方式可以采用"积极型"策略，追求外汇储备资产的"收益性、安全性、流动性"，其优化过程是在国际金融市场的约束下，实现投资收益与风险之间的平衡性，进而实现经济利益最大化或实现战略目标。基础性外汇储备部分的规模与结构问题研究已然十分充分，超额外汇储备部分的规模与配置问题是目前外汇储备结构管理研究的重点。

二　货币国际化与外汇储备结构的关系

（一）外汇储备币种结构对货币国际化的支撑效应

　　货币国际化需要外汇储备的支持，这在上一章分析外汇储备规模的过程中已有详细描述。外汇储备对货币国际化的支撑除了体现为持有规模这一维度外，更细致的支撑效应涉及外汇储备的结构安排，即如何合理地进行结构安排来最大化地促进本币的国际化。在不考虑对本币国际化的支撑条件下，外汇储备的结构配置还是有较大的自由度的。如上一部分所述，基本思路是在满足交易需求、外债、短期资本流动预期、汇率干预预期等各方面需求对结构要求的基础上，按照收益风险匹配的原则来实现风险的最小化或收益的最大化，最终满足安全性、流动性、收益性协调的储备管理目标。在考虑对本币国际化支撑的条件下，外汇储备结构管理的次序需要进行调整。基础部分对实体经济和对外债务需求仍是首先需要满足的，其次要将支撑本币国际化作为第二层次的配置目标，第三层次才是兼顾收益与风险的平衡。货币国际化需要规模较大的外汇储备总量，同时在结构上也需要以有利于提升本币国际信用为原则。在支撑本币国际化的原则与其他外汇储备管理原则之间存在冲突时，需要货币当局根据战略需要进行调整，建立适应货币国际化进程的平衡关系，来实现战略与技术、长期与短期之间的协调。

我们将外汇储备币种结构配置的策略简要地概括为两种策略，即多样化策略与单一化策略。实际上在两个极端之间存在着不同程度的中间状态，在此状态下，本国的外汇储备既没有充分的多元化，也算不上单一化。绝大多数国家在进行储备的过程中都不会仅仅持有单一货币，因为这样的配置结构风险过大。但也不会完全的分散化，因为虽然这样风险可以在一定程度上得到对冲，但交易成本过高，同时也不可能满足本国贸易支付、偿付外债等实体经济行为对外汇储备结构的需求。不过在此部分分析中，为了简化思路，我们假定存在两种极端的情况，一种是比较完全的多样化，本国持有所有具有国际货币功能的货币，并且在数量比例上是倾向于平均化的；另一种是完全的单一化，即在外汇储备中仅持有一种国际货币，而并不持有其他货币资产。我们将在这两种极端的情况下展开讨论，实际情况介于两种情况之间。理论上讲，在储备规模较大的情况下，币种组合选择对本币国际化会在一定程度上发挥支撑作用，但作用效果上存在差异。

多元化的储备结构配置策略是指支撑本币在贸易支付、资产计价、国际储备等功能逐步实现的目标下，以储备能够满足本国的贸易结构、资产交易结构等方面的实际要求为基础，在确定具体的储备币种结构时充分纳入尽可能多的币种，且每个币种在组合中占比趋于平均化的一种外汇储备配置策略。多元化策略的优势是风险得到了更加主动的控制，符合分散化以降低投资风险的金融理念。同时，多元化策略还容易有比较扎实的实体经济支持，一个有货币国际化潜力的大国不可能仅仅与少数国家有经济往来，多元化的储备策略也有利于与贸易和投资相匹配。多样化策略对本币国际化推动力的关键是如何通过多种储备行为来增强使用本币在实际国际经济往来中的信心，其根据是本国货币国际化的周边化、区域化到全球化的路径。但我们发现，在货币国际化初期，多元化的储备策略对本币国际化程度的提高并不有利。其弊端显而易见，一是多样化的储备对国际化的支撑力分散，对货币国际化的影响效果不明确。一国虽然将有限的储备资源分散到多种货币资产上，但很多货币的国际化程度可能并不高，储备这些货币对本币的国际化并无太大帮助，分散化风险的同时也把促进本币国际化的力量分散了。二是多样化储备的成本更高。管理多元化的外汇储备需要消耗较大的交易成本，管理币种的范围更大，需要的专门人才也要多样化。小币种的市场容量有限，进行资产配置行为会产生对市场的冲击成本，大规模流通的主要国际货币由于市场流动性好、规模大，这种成本基本上可以忽略，但如果是小币种，将会变得显著。三是多元化储备会受到市场条件的限制。由于不是所有币种都有市场交易，资产规模和结构也不一定符合储备管理的要求，因而多样化的管理往往受到市场的限制而无法实施。

相比而言，单一化策略更为简单，是指在储备结构配置时，更多地持有某一种或某几种最为主要的国际货币，资产上也尽量持有比较单一资产的储备配置策略。单一化策略是一种化繁为简的策略，其思路很简单，既然某一货币或某几种货币具有较高的国际化水平，它们在国际市场中的使用非常广泛，其功能也涵盖了贸易支付、资产计价和国际储备等不同类型的货币职能，那么一国要想实现本币的国际化功能，没有必要持有其他非国际化的货币，只要将储备配置到以这些国际货币计价的资产上即可。这样既可以满足本国对外经济交往的需要，也有利于借助关键货币的力量，为本币国际化提供支撑。单一化策略的基础是国际货币的外部性及其功能的迁移效应。外部性与功能迁移是指与某一国际货币挂钩的货币，国际货币的功能会在一定程度上溢出到挂钩货币上，挂钩货币会承担一部分国际货币向外溢出的货币职能。与国际货币挂钩首先是以该货币储备为基础发行本币，即外汇储备作为发行本币的信用支撑；其次是本币的汇率价格同国际货币保持相对稳定的关系，即钉住或联系汇率制度。高水平的挂钩同时满足这两个条件，低水平的挂钩则只满足其中一个条件，特别是后一个条件。不过保持汇率的稳定也需要持有储备作为保障，因而储备行为对本币的国际化十分重要。单一化储备策略的好处是可以最大限度满足外汇储备管理的安全性、流动性、收益性原则，尤其是满足安全性和流动性原则。其弊端是配置资产的空间有限，不利于多样化投资，影响收益性原则。

（二）货币国际化与外汇储备结构管理关系的动态特征

首先，与多样化策略相比，单一化策略更适合在货币国际化初期使用。开始阶段，本币的国际信誉差，需要借助国际货币的信誉来提升国际化水平，过度分散的储备结构不利于现有国际货币的信誉向本币溢出。因此，以货币国际化为目标的国家，其储备结构在初期应当尽量的单一化，特别是应该集中于最主要的几种国际货币。这样既可以保证国际收支等经济往来的要求，也能够给予本币国际化更大的支撑。单一化的外汇储备结构首先应具有更强的货币协同效应。所谓货币协同效应，是指在国际货币功能溢出的过程中，与国际货币保持高度关联的货币会产生与国际货币之间的协同，随着国际货币功能的变化而变化。具体包括功能上的协同、价格上的协同，其中功能上的协同是指本币与国际货币在功能上可以实现的替换，即本币开始享受国际货币所具有的货币市场地位。而价格上的协同是指，本币与国际货币之间的汇率保持相对稳定或价格形成机制是透明的、为市场所熟知的，投资者对本币与国际货币之间的汇率预期保持稳定，因而形成了本币与国际货币价格间的协同效应。

功能协同与价格协同同时发挥作用，使本币能够享受到国际货币的溢出效应，提升本币的国际货币功能，协同效应因外汇储备的积累而得到强化。储备特定的国际货币作为外汇储备，能够更大程度上增强国际投资者对本币与主要国际货币关联的认同，进而提升协同效应的作用效果。如果在本币国际化初期，储备结构过于多元化，而不是集中于几种主要的国际货币，那么每一种本国储备的货币所发挥的货币协同效应都是有限的，无法对本币国际化提供有力支撑。相反，如果本国的储备主要集中于几种关键的国际货币，则可以最大限度地提升该国际货币对本币国际化的支撑。

其次，单一化的储备结构具有更强的货币信心效应。货币信心效应也是国际货币溢出的结果，是国际货币角色向其他货币的移植。持有国际货币可以增强市场对本国的信心，国际市场的投资者会认为在本国持有大量国际货币的条件下，持有本币可以保持同国际货币兑换的便利性，因而对本币的信心会更加充足。同时，持有大量储备对汇率的稳定作用也会增加境外持有本币的信心。如果本币的国际化初期，储备过于分散多元，则无法形成足够强的信心效应。多元储备中，不同程度的国际货币都占有一定的比例，资产结构也会更加多元，这对于增加本币的信心是不利的。同时，考虑到持有外汇储备所产生的货币流动效应，单一化的储备结构的优势就会进一步增加。流动效应是外汇储备的变现能力所产生的外溢，持有流动性强的储备货币，会增强本币的流动性。储备分散化本身会导致储备资产的流动性发生变化，一方面分散化有可能提升储备资产流动性，因为多样化的币种与资产结构意味着变现过程对市场容量的要求低；另一方面分散化还可能降低储备资产的流动性，国际化程度低的货币其市场变现能力毕竟还是有限的。集中持有主要国际货币也能够比较便利地在市场中变现为其他资产类型或币种。由于协同效应和信心效应的存在，外汇储备的流动性也会溢出到本币的流动性上，因而持有外汇储备的结构会影响本币国际化背景下的货币流动性情况。通常来说，单一化储备对流动性的提升效应还是更大一些，因此单一化的储备结构有利于本币的国际化。

　　但是，单一化的储备策略也并非没有缺点。在外汇储备管理的三个原则中，收益性原则虽然排在最后，但也并非是可有可无的。储备毕竟是财富的一种形式，如果持有的储备不断贬值消耗，对本国的经济也是不利的。因而在持有储备的过程中，应当保持其一定的收益水平，实现储备资产的保值增值。从结构配置策略来看，多样化的配置策略对于优化资产的风险收益是有更好基础的。多元化的外汇储备结构意味着本国在更大的资产空间上进行了资产配置，取得合意的风险收益组合的可能性更大，有可能实现更高的收益。但单一化的策略可能限制本国外汇资产配置的空间，有可能降低资产的收益性。从支撑货币国际化的角度来讲，本币国际化是战略性的，而外汇储备的收益是技术性的，两者并不在一个维度。因此，如果以支撑本币国际化为目标，单一化的策略更具有竞争力的情况下，多元化配置的收益性也可以在一定程度上让渡。

　　随着货币国际化程度的不断提高，对外汇储备支撑效应的需要会随之下降。由于本币已经开始具有相当程度的国际货币职能，储备规模不仅会因为替代效应增强而下降，同时外汇储备结构也会因本币国际化而有更大的配置空间。从外汇储备管理原则的变化上看，从优先重视安全性和流动性并将收益性放到最后的策略，可以逐步转向更加重视收益性的策略。本币国际化提高了一国应对外部冲击的能力，提高了本国的安全冗余，进而使得储备可以更多地配置为盈利性的。从外汇储备结构的管理策略变化看，可以逐步从单一化的策略向多样化策略转型，单一化策略主要以支撑本币国际化为目的，而随着本币国际化进程的推进，对外汇储备的需求会下降，因而外汇储备结构配置的空间会更大，可以在更多样化的结构上进行配置。

　　总结以上论述，我们认为，货币国际化与外汇储备结构的一般关系是，在货币国际化的初级阶段，外汇储备结构安排要在满足本国对外支付和应对冲击的基础上，充分考虑外汇储备对本币国际化的支撑，此阶段单一化的储备结构策略更有利于本币的国际化。而随着本币国际化程度的不断提高，本币应对支付和冲击的功能不断增强，外汇储备功能被本币替换的同时，其收益性可以得到更高的重视，外汇储备结构的自由度增强，多元化策略可以作为配置储备结构的基础策略。这里的结论适用于币种结构，也适用于资产结构。需要补充的是，当讨论具体的资产配置结构时，本币国际化也可以提升外汇储备配置的安全冗余，提高资产配置向高风险—高收益资产配置的可能性。

第二节　货币国际化与外汇储备结构管理的理论模型

上一节给出了货币国际化与外汇储备结构之间的关系，本节将通过理论建模的方法对该关系进行更加正规化的描述。按照实践中全球各国的通行做法，外汇储备通常被区分为基础储备和超额储备。基础储备是针对本国对外贸易和资本流动的支付需要的，而超额储备则是应对可能出现的小概率事件的一部分外汇储备。基础储备的结构要与本国对外支付结构一致，强调流动性和安全性，因此其结构配置并无太大的管理空间。本节所给出的模型是针对超额储备的，这部分储备的结构是可以有较大的配置自由度的。与之前文献不同，我们强调超额外汇储备管理的如下特征：一是以往文献在理论建模时，多将适度规模与结构优化问题分开讨论，特别是针对超额外汇储备，既有研究基本上都是研究其资产配置结构，而对这一部分储备规模缺乏理论解释。本节力图建立一个同时解释超额外汇储备规模与结构的理论框架，通过拓展 MV 模型至广义资本市场线，描述外汇储备管理当局最优化行为对外汇储备规模和结构的两方面影响。二是以往文献中，对本币国际化进程对外汇储备影响的研究不够重视。本币国际化的本质是对外汇储备功能的替代，一国也会在本币国际化的过程中得到可预期的收益，因此，货币国际化对外汇储备的管理应当有系统性影响。本节将考察货币国际化对外汇储备规模与结构配置的影响。

一　模型设计

如前所述，外汇储备中用于保证对外经常性支付部分的规模与结构管理基本上属于被动式的，进而外汇储备的优化管理主要是针对超额外汇储备的。遵循传统的均值方差模型方法的思路，超额外汇储备的管理主要是在风险与收益之间构建平衡关系。按照这样的原则，假设存在以下前提：第一，外汇储备管理当局是理性的投资者，其仅在意投资的收益和风险，且其风险偏好是风险规避的。第二，外汇储备管理当局的可投资资产集合中只包含风险资产，范围仅限于国际金融市场，这些资产收益率的分布是已知的。同时假设国际金融市场有效，且市场无交易成本、无税赋等市场摩擦，投资者的行为所造成的冲击不影响资产价格，即资产价格是外生的。第三，外汇储备管理当局负责管理本国的对外收支，因而其效用函数不仅包含持有风险资产的收益，也包括国际收支管理职能实现的效果。在本币国际化进程中，持有本币可以部分替代外汇储备应对国际收支失衡的功能，但持有本币是无风险的，即本币可以看作是外汇储备管理当局可以持有的无风险资产。本币国际化程度越高，则持有本币的无风险收益就越大。

可以看出，上述三个假设中，前两个假设是按照标准马科维茨资产组合模型要求而设定的，马科维茨资产组合框架的缺陷是模型中缺少对无风险资产的配置（Tobin，1958）。其后，经过 Sharpe（1964）、Lintner（1965）和 Mossin（1966）等的努力，无风险资产也被考虑到资产组合的分析框架之内，最终在均衡条件下给出了资产定价的一般静态定价方法，该模型被称为资本资产定价模型（CAPM）。在考虑浮动汇率的条件下，投资于任何以外币计价的资产都属于风险资产，其结果是使用马科维茨资产组合模型对外汇储备结构开展的研究是无法将无风险资产纳入分析框架里的。马科维茨资产组合模型在储备结构研究中虽然比较常见，但对更广义的资产定价理论的分析却很少，无法包含无风险资产也许是重要的技术原因。针对这一缺陷，我们提出，从国家宏观层面的角度看，本国货币当局在持有本币资产时可以被近似地视作其持有的资产是无风险的。作为货币政策的制定者和执行者，本国货币当局持有自己发行货币计价的资产，特别是持有本币本身只不过是账面上的数字关系，因而可以看作是无风险的。在本币的国际化趋势下，持有本币还会带来显性或隐性的收益，这就构成了有收益但无风险的资产。假设本国的货币当局与外汇储备当局是一体的，具有同一个效用函数，则可以将本币纳入外汇储备资产选择模型，进而将分析框架拓展到 CAMP，这正是假设三的意义所在。这一假设是否合理的基础在于，从风险的角度看，无论是对外投资还是贸易支付，使用本币一定是风险更低的，因而本币的无风险资产性质不会因国际金融市场供求关系以及汇率波动而发生变化。从收益的角度看，货币国际化进程中本币会带来正的净收益，显性的收益在于本币国际化一般都会伴随着本币稳定的升值过程，本币稳定的升值预期会带来持有本币的直接收益，另外货币国际化进程也会带来资本流入的可能性，有利于提高本国资本存量，形成直接收益；此外，本币国际化的隐性收益体现为本币国际铸币税收益（宋芳秀、李庆云，2006；李翀，2012）。当然本币的收益与风险有其他的影响因素，如通货膨胀率等，不过本币国际化对持有本币收益的贡献还是更加明显的。

使用资本资产定价模型的好处还在于可以应用分离定理（Tobin，1958），把外汇储备的规模管理与结构管理放到一个框架之内来展开分析。根据分离定理，理性的投资者会将其投资过程分为两个层次，战略层次的大类资产配置同策略层次的证券选择是分离的，两者互不影响。尤其重要的是具体的证券选择不需要投资者自己来确定，而是根据市场中的最优组合方式来得到。根据假设，在外汇储备管理当局作为投资者配置资产时，可以将其持有的本币视作无风险资产，而风险组合则是具体的资产结构配置。因而，无风险资产与风险组合间的大类资产配置行为可以确定最优的外汇储备规模，而策略层面的具体风险证券组合方式的选择，则由风险资产有效前沿与资本市场线的切点 M 的变化来决定。同时，根据分离定理，外汇储备管理当局风险偏好也与储备的资产结构决策实现了分离，这进一步摆脱了使用马科维茨资产组合框架来研究储备结构问题时对其风险偏好的依赖，并导致无法将外汇储备流动性偏好纳入模型的不足。

定义形式为二次函数的外汇储备管理当局效用函数，以满足其理性及风险厌恶的假设：

$$U(x) = x - bx^2, x < \frac{1}{2b} \qquad (5.1)$$

这里，x 代表外汇储备管理当局资产组合收益的随机变量，假设该随机变量 $E(x)$ 服从正态分布 $N(r, \sigma^2)$。二次效用函数在给定的定义域与参数范围里，其绝对风险厌恶和相对风险厌恶都是递增的。对应在 (r, σ) 平面上，外汇储备管理当局具有凹的无差异曲线，其期望效用为：

$$EU = \int_{-\infty}^{+\infty} (x - bx^2) \frac{1}{\sqrt{2\pi}\sigma} \exp\left(-\frac{1}{2} \frac{(x-r)^2}{2\sigma^2} \right) dx$$

简化该效用函数得到其简化形式的期望效用为：

$$EU = r - br^2 - b\sigma^2 \qquad (5.2)$$

特别的，因为外汇储备资产配置涉及跨币种多资产，储备币种汇率波动也是资产风险的来源之一。假定汇率是外生的，外汇储备管理当局的资产配置行为并不影响储备货币汇率，进而可以保证风险组合有效前沿的独立性。根据假设三，外汇储备管理当局可以持有本币，也可以持有以外币计价的风险资产组合，在外汇储备管理当局实现最优决策的条件下，风险资产有效前沿上最优资产配置 M 是具体的组合实现形式。定义广义的资本市场线（GCML），即包含作为无风险资产的本币以及外汇计价风险资产组合的资本市场线。此时，风险资产组合由该广义资本市场线与风险资产有效前沿的切点 M 来决定。在此状态下，马科维茨资产组合框架里的最优风险资产组合策略被替换为在本币与风险资产组合之间的大类资产配置的选择。外汇储备管理当局的决策过程变为在给定广义资本市场线的前提下，最大化其二次效用函数，实现大类资产的配置，而具体的风险资产组合则由 M 来确定。具体形式为：

$$\max EU = r - br^2 - b\sigma^2$$

$$s.t. \quad r = r_f + \left(\frac{r_m - r_f}{\sigma_m} \right)\sigma$$

简写 $\varphi = (r_m - r_f)/\sigma_m$，对该最优化问题求解，得到一阶条件如下：

$$\sigma^* = \frac{\varphi(1 - 2br_f)}{2b(\varphi^2 + 1)} \tag{5.3}$$

这一解值是无差异曲线与广义资本市场线切点 M 的横坐标，进一步给出本国货币国际化同无风险收益率 r_f 之间的关系，假定本币的国际化会为本国带来正的无风险收益。其背后的逻辑如前所述，既可以提高本国铸币税收入的规模，也可以增强本币对外支付与购买的能力。因而可以认为，本币国际化程度提高导致本币持有收益 r_f 上升，进而广义资本市场线与风险资产有效前沿的切点 M 发生移动。给定风险资产有效前沿的形式如下：

$$\frac{\sigma}{1/C} - \frac{\left(r - \frac{A}{C}\right)^2}{D/C^2} = 1$$

过切点 M (σ_m, r_m) 的切线将写成如下形式：

$$r = \frac{D}{C^2 r_m} \sigma_m \sigma + \frac{A}{C} - \frac{D}{C^2 r_m} \tag{5.4}$$

显然，这是平面 (σ, r) 上的一条直线，由于广义资本市场线是过 $(0, r_f)$ 且与风险资产有效前沿相切的射线，因此该切线与纵轴的交点是 $(0, r_f)$，进而有：

$$r_m = \frac{D}{C^2(A/C - r_f)} \tag{5.5}$$

至此，我们搭建了一个基于资本资产定价模型的分析框架，并将本币国际化纳入了这个框架之中。可以看出，随着货币国际化程度的提高，无风险收益率会发生变化，广义资本市场线的截距会变化。同时由于风险资产有效前沿是不变的，因而随着切点的移动，广义资本市场线的斜率也是发生变化的。截距和斜率的变化会导致外汇储备管理当局的无差异曲线同广义资本市场线的切点发生位移，影响到大类资产配置，进而使外汇储备规模发生变化；而切点 M 的变化则意味着不同的风险资产组合会导致储备结构发生变化。进而，本分析框架同时将规模与结构分析纳入其中。

二　本币国际化对外汇储备结构的影响

从结构管理的角度看货币国际化的影响。从式 5.5 可知，如果 r_f 变大，则该式的分母会减小，致使 r_m 变大，从这个角度看 r_f 与 r_m 是同向变化的。其中的含义是，当无风险收益率所代表的本国货币国际化水平提升时，广义资本市场线与风险组合有效前沿的切点所对应的期望收益是提高的。由于有效前沿是双曲线的上沿，在第一象限是增函数，r_m 增加表示切点沿着有效前沿向右上方移动。在此情况下，最优风险资产组合点 M 将实现更高风险与更高收益的组合，将之总结为如下命题：

命题一：本币国际化程度的提高，扩展了外汇储备管理当局的风险配置空间，允许其在更高风险与收益组合处实现资产优化配置。本币国际化会提升外汇储备资产配置的风险容忍程度，也会提高主动性资产组合的收益水平，表现为更加多样化的资产配置。

本币国际化对外汇储备功能的替代效应是解释这一命题内在逻辑的关键。这里的替代效应，一方面体现在不同类别资产间的收益替代。本币的国际化意味着本币支付能力的上升，外汇储备管理当局获取国际铸币税的水平提升，这一收益几乎是没有风险的，因此替代了对外汇储备收益性的要求，为外汇储备的风险资产配置提供了更大的空间。另一方面，替代效应也体现为风险替代。本币的国际化提升了外汇储备管理当局的风险冗余和承受边界，令其能够将资产配置到高风险高收益的组合上。因此，货币国际化拓展了超额外汇储备风险配置的空间。

本国的货币国际化提高了持有本币的无风险收益 r_f，上移了广义资本市场线的截距，同时风险组合点 M 沿有效前沿向右上方移动。根据双曲线的数学特征，过 r_f 点与双曲线上沿切线的斜率会因 σ_m 的变大而变小，其结果是广义资本市场线的斜率 φ 变小。在此状态下，广义资本市场线向上移动将与更上方的无差异曲线相切，造成组合预期收益 r^* 的提高，外汇储备管理当局因此改善了效用状况，最终对资产组合结构的作用由式 5.3 所给出的 σ^* 变化来决定。通过该式发现，σ^* 与 r_f 和 φ 两个变量有直接关系。这里 r_f 的上升会造成 σ^* 降低，形成导致切点向左移动的力量，广义资本市场线的斜率 φ 变小的影响则还不能确定。我们需要根据双曲线及其渐近线的关系来展开分析。由于双曲线渐近线的性质，广义资本市场线的斜率区间为 $(\sqrt{D}/\sqrt{C},\ \infty)$，由 φ 的取值决定其对式5.3 中 σ^* 的影响。如果 $\varphi>1$，φ 降低会造成 σ^* 上升，这里与 r_f 变大造成 σ^* 降低的趋势是反向的，σ^* 的变化方向仍然无法确定。图形显示，$\varphi>1$ 时 r_f 值很小，对应着本币国际化是从非常低的起点开始的，甚至没有任何的国际化功能，在此状态下持有本币所获取的潜在预期收益水平也非常低。随着本币国际化水平的不断提高，外汇储备管理当局在决定如何持有本币与外汇储备风险组合时，r_f 提高所导致的利益小于风险组合的预期收益水平，外汇储备管理当局将增持外汇储备，并降低持有本币。反之，如果 $\varphi\leqslant1$，φ 减小将造成 σ^* 降低，这种情况下与 r_f 上升导致 σ^* 减小的趋势是同向的，σ^* 也将由于 r_f 的提高而下降，这里一方面有 r_f 变化的直接效应，另一方面也包含 r_f 变化导致广义资本市场线斜率 φ 变化的间接效应。$\varphi\leqslant1$ 所对应的状态是本币国际化已经有一定基础了，此时的铸币税和其他的国际化收益已经比较明显，如果货币国际化水平进一步提升，外汇储备管理当局会采用更为保守的大类资产配置思路，提高本币持有的同时降低外汇储备持有的比例。

该命题的经济含义可以进一步解释为货币国际化的两重效果：第一，货币国际化提升了本国外汇储备管理当局的效用。如图 5-1 所示，伴随着货币国际化进程，无风险收益 r_f 上升，广义资本市场线的斜率将发生改变，外汇储备管理当局的无差异曲线族与广义资本市场线的切点将向上移动，最终提升了外汇储备管理当局的效用水平。第二，外汇储备规模影响具有阶段性效应。在货币国际化初始阶段，以无风险利率为代表的本币持有收益 r_f 较低，广义资本市场线斜率是大于 1 的，此时的货币国际化会造成最优切点的右移，外汇储备管理当局将扩大外汇储备的规模，进而表现为外汇储备同本币国际化之间的互补效应；进入货币国际化高级阶段后，以无风险收益率为代表的本币持有收益 r_f 上升，广义资本市场线的斜率将小于 1，货币国际化会造成最优切点左移，外汇储备管理当局会更多地持有本币而不是持有外汇储备风险组合。根据这里的论述，可以得到如下推论：

命题二：本国货币国际化会提升外汇储备管理当局的效用水平，并且在货币国际化的不同阶段，外汇储备的最优规模也表现出非线性变化的特征，也就是随着本币国际化进程的提高，外汇储备的规模是先升后降的。

这一命题同第四章第二节所得到理论模型结论是一致的，但其推导过程有所区别，该命题是在外汇储备管理当局的无差异曲线被假设为二次函数的条件下得到的。对于外汇储备管理当局的不同偏好而言，本币国际化影响的具体形式会存在差异，但广义资本市场线斜率变化的双重效应都是存在的。

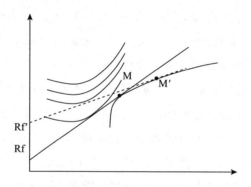

图 5-1　本币国际化对外汇储备规模与结构的影响

三　风险资产组合非有效投资下的补充讨论

理论上，外汇储备管理当局可以在点 M 实现最优风险资产组合，但并不意味着其一定会在点 M 上配置外汇储备资产，低效配置的情况是一定会存在的。从市场的实际运行状况看，大量的实例表明在风险资产有效前沿之下配置资产是普遍存在的，反映在外汇储备结构上就是相对集中的币种或资产结构，同时主要特征表现为低风险和低收益组合。由于外汇储备主要功能是应对国际收支和外部冲击，因而流动性与安全性会更加被看重，风险组合点的位置会出现在风险收益偏低的组合区域。此类资产配置结构缺少对外汇储备分层管理的结果，即没有对储备的基础性部分与超额部分加以区分；也可能是外汇储备管理当局的"有误偏好"所致，偏好本无非对错，但如果一国有极强的"浮动恐惧"（Calvo and Reinhart，2000），那么无论市场中的资产状况如何，其都可能表现出在储备过程中采取多多益善的策略；也存在另一种可能性，就是本国外汇储备规模过小，尚未达到基本充足的要求，就无所谓进行资产优化配置的问题了。这里不考虑第三种状态，只讨论前两种情况，无论是未对基础与超额储备进行区分，还是偏好多多益善策略，其结果都是在有效前沿之下配置其储备资产，都没有实现给定风险情况下的收益最大化。原本外汇储备的超额部分就有较大的配置自由度，考虑到本币的国际化进程，超额储备的配置自由度会进一步得以提升，配置到更高风险和更高收益的组合范围上。因此，改变无效配置的状态，将资产组合配置推到有效前沿上是外汇储备管理当局更加理性的选择。即使优化配置后仍然在有效前沿之下，但也可以更加接近有效前沿进而提升外汇储备的配置效率。

聚焦两种外汇储备配置改善的情况。第一种情况，货币国际化进程中持有本币的无风险收益上升，同时外汇储备管理当局提升了其超额外汇管理的风险收益组合。由于安全冗余在本币国际化进程中增强，因此能够更加主动地通过承担风险来提升储备的收益。此外，本币国际支付能力上升也会有利于外汇储备结构摆脱贸易结构、外债结构等交易需求的限制，导致更多的储备由基础性储备转化为超额储备，提高有效配置的压力。如图 5-2a 所示，外汇储备管理随着货币国际化程度提升而使有效前沿上升，造成广义资本市场线整体向上移动，并最终达到有效前沿。这一过程同样具有双重效应，即外汇储备风险—收益结构的上移，以及外汇储备规模的同步变化，其分析过程与上一部分类似。不同的是，风险组合从无效区域 A 向有效前沿切点 M 调整的过程中，对外汇储备管理当局效用的提升幅度要大于之前的情况，本国享受到货币国际化与外汇储备管理绩效提升的双重红利。

第二种情况，如图 5-2b 所示，伴随着货币国际化，外汇储备管理当局并未同时调整超额外汇储备风险资产配置策略，而是保持了历史惯

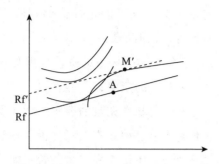

图 5 - 2a　外汇储备风险资产配置改进的货币国际化

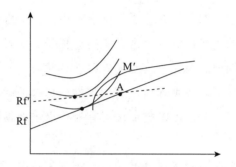

图 5 - 2b　外汇储备风险资产配置未改进的货币国际化

性，按照之前的配置策略来分配储备资产。这种状态下，货币国际化并未造成外汇储备风险资产结构的重构，而仅导致持有资产的配置发生变化，即在持有本币与持有超额外汇储备风险组合间调整比例。此时的广义资本市场线同无差异曲线切点向左移动，持有超额外汇储备的比例将因为货币国际化而降低，在外汇储备管理当局维持资产规模总量不变的情况下，超额外汇储备的规模应下降，这体现了本币国际化对外汇储备的替代作用。货币国际化过程中资产配置的效率并没有得到有效的改进，而本国的货币国际化进程又在不断推进，所以持有外汇储备的功能将不断为本币国际化替代，进而最终导致最优持有规模下降。综合来看，在有效前沿下配置资产肯定是低效和有损失的，会造成外汇储备资源的浪费，特别是在货币国际化提高了外汇储备管理当局安全冗余的情况下，这种配置方式更不可取。

第三节　货币国际化与外汇储备结构的实证分析

理论分析表明,货币国际化与外汇储备间存在紧密关联,本节将对理论推断做出检验,同时对中国外汇储备配置结构的情况进行分析。由于并非所有的国家都对外汇储备结构有详尽的披露,因而无法使用大量国家的面板数据,故选取美国、日本、英国三个数据可获得的国际货币发行国展开分析。从美国的官方储备资产结构看,美国财政部 TIC 系统的数据显示,2019 年美国外汇储备资产中比重最大的 SDR(特别提款权)占比 39.29%;外币存款占比 22.49%;IMF 头寸占比 19.92%;证券资产占比 9.67%;黄金占比 8.56%,整体上呈现出较为均衡和分散的格局。从外汇储备资产结构变动情况来看,2008 年金融危机对美国外汇储备资产结构的影响显著。之前美国的外汇储备资产以证券资产和外币存款为主,之后,SDR 的比重大幅提升,证券资产、外币存款和黄金占比都相应有所减少,IMF 头寸的占比较为稳定。

从 2019 年日本官方储备资产占比情况来看,日本外汇储备资产主要以证券资产为主,占比 84.99%,其次为外币存款,占比 9.84%,黄金占比 2.83%,SDR 占比 1.45%,IMF 头寸占比 0.85%。由此可以看出,日本外汇储备资产较为集中,主要以证券资产为主。从其历史发展走向来看,证券资产占比自 2000 年起持续增加,2008 年金融危机后增幅较大;黄金的比重虽占比较小,但逐年来呈稳步上升趋势;自 2008 年金融危机后各国加强了对国际经济组织的重视,特别提款权在外汇储备中的占比逐步加大,且近年来比重趋于稳定。

对比美国和日本的货币国际化程度和外汇储备资产结构的情况可以发现,美元国际化程度远高于日元,同时美国外汇储备资产结构相比日本外汇储备资产结构更为分散。(见图 5 - 3、图 5 - 4)这与上一节理论模型给出的结论是一致的。在更高程度的货币国际化阶段,一国外汇储备机构管理的自由度越大,其外汇储备多元化配置的策略越明显。从目前的人民币国际化进程、外汇储备结构以及经济条件等方面而言,中国与日本的经济状况和路径更为相似,外汇储备结构仍处于相对单一阶段。

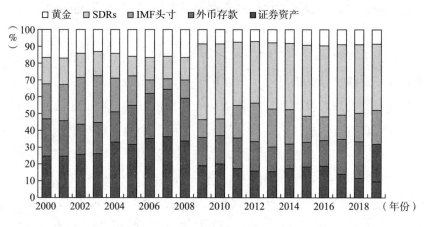

图 5 - 3　美国外汇储备资产占比情况

资料来源:美国财政部。

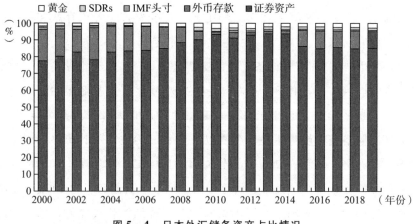

图 5 - 4　日本外汇储备资产占比情况

　　美国和日本两国的数据对理论分析结论给予了一定支撑,但仍需要更加规范细致的实证分析。关于外汇储备规模与货币国际化的关系,第四章中使用主要国际货币发行国 1970 ~ 2018 年的面板数据,利用面板FGLS 和面板门限方法分析得出货币国际化水平提高将会导致外汇储备规模缩减。同时,利用潜在国际货币发行国 1990 ~ 2018 年数据的动态面板回归的结果显示,在货币国际化的初级阶段,外汇储备规模与货币国际化呈正向关系。上述结论也有效支撑了第二节中的命题二。本部分的实证分析将重点围绕货币国际化对外汇储备结构的影响来展开，讨论命题一是否有实证证据予以支持。

一 变量与数据

当前的国际货币体系中，主要的国际货币是由几个工业化大国发行的主权货币，包括美国、日本、英国等，同时也包括一个超主权货币，即欧元。一些发展中大国和新兴市场经济体的货币也在一定的范围内和一定的功能上充当部分的国际货币职能，可以归为部分的国际货币或潜在的国际货币。不过，即便部分国际货币可以在贸易结算及资产计价等方面发挥一定作用，由于不能成为国际储备货币，因而不能被视作真正意义上的国际货币（高海红、余永定，2010）。故而，本部分选择美国、日本、英国三个国际货币发行国作为样本，考察货币国际化程度与外汇储备结构之间的关系。样本国家的选取还存在另两个原因：一是除了美、日、英三国之外，其他具有部分国际货币功能的货币，包括人民币在内，其发行国的外汇储备结构数据均缺乏信息披露，只能通过推算得到，数据质量缺乏可信度；二是欧元虽然可以作为国际货币的样本，但其对应的并非主权国家，欧元国际化的内在逻辑也同主权货币的逻辑存在较大的差异，因而无法考虑在内。同样囿于数据可获得性，样本数据选取的时间范围只能确定为1996~2017年，这一时期也是金融自由化快速推进的时期，国际金融市场的一体化程度大大提高，各国外汇储备配置环境更加自由。

被解释变量的选取上，考虑到理论分析结论聚焦在货币国际化进程中，外汇储备结构在单一化与多元化之间转变，即外汇储备结构会随着货币国际化程度提升而具有更大的配置自由度，进而表现出从单一化向更加多元化转变的特征。因而，在对第二节命题二及其补充结论的检验中，使用外汇储备资产结构的泰尔指数（Theil index）作为被解释变量，它是储备结构多样化程度的测度。考虑到三个国家外汇储备结构数据的不同，美国的泰尔指数利用外汇储备中资产证券部分币种结构的集中度进行测度，英国、日本的泰尔指数利用外汇储备资产结构进行构造。外汇储备结构的泰尔指数越大，表示该国外汇储备结构越为集中；泰尔指数较小，则代表外汇储备结构较为分散。具体计算方法如下：

$$T = \frac{1}{n} \sum_{i=1}^{n} \frac{y_i}{\bar{y}} \ln\left(\frac{y_i}{\bar{y}}\right) \qquad (5.6)$$

其中，n代表各国持有各储备货币计价的证券种类数，$\bar{y}$代表各币种证券资产的平均数量，y_i代表第i种币种证券资产数量。泰尔指数的取值范围在（0，∞]之间。图5－5给出了三国外汇储备结构泰尔指数的变化趋势。如图所示，美国的泰尔指数值始终处于较低的状态，说明其外汇储备结构的多元化与分散化程度在三个国家中是最高的；日本的泰尔指数是最高的，其外汇储备结构的集中程度更高，单一化特征更为明显；英国的情况则处于居中的状态，介于美、日之间。按照时间轴展开，三国的泰尔指数在2008年前后，即爆发全球金融危机的时间节点有一定的异常表现。其他时间各国的泰尔指数均有上升的趋势，显示出外汇储备结构分散化程度有所提高。总体来看，图5－5所示的数据变化趋势在直觉上符合本章理论分析结论。美元是国际化程度最高的货币，而美国外汇储备结构的多元化程度也是最为明显的，日元与英镑的国际化程度相对较低，两国的外汇储备结构也表现出更加集中的特点。另外，三国外汇储备结构集中化的趋势也与国际货币体系的多元化有关，随着欧元国际地位的提高，加之人民币等后发货币逐步加入国际货币竞争，英镑与日元的国际化程度有所下降，其外汇储备结构也有集中化的趋势。

关键解释变量选取上，本节使用同上一章相同的直接测度方法，构造货币国际化指数（CII）对各币种的国际化程度进行测度。如前所述，货币国际化是一国货币行使国际货币功能的过程，根据 Chinn and Frankel（2005）编制的国际化货币功能表，货币国际化从功能的视角看，应包括为境外各类经济主体提供交易媒介、记账单位和价值储藏等功能。该指数可以反映国际货币上述不同层次的功能，具体体现为交易媒介功能使用样本货币在国际贸易结算中的货币占比、记账单位功能使用样本货币在国际债券发行中的货币占比、价值储藏功能使用样本货币在全球央

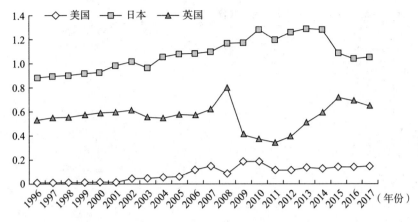

图 5 - 5　美、日、英三国外汇储备结构泰尔指数的变化

行储备货币中的占比。除此之外，某货币在国际外汇交易市场交易额占
比以及特别提款权占比等指标也常用作补充测度指标。在上述指标的基
础上，本章仍然采用魏昊等（2010）所使用的等权相加方式构造货币国
际化指数，同时补充参考了中国人民大学国际货币研究所（2012）[①] 构
造人民币国际化指数 RII 的思路。图 5 - 6 给出了三国货币国际化指数随
时间的变化趋势。可以看出，美元的国际化指数始终稳定在 50 上下，其
作为国际核心货币的地位仍比较稳固，且在 2008 年金融危机之后有所提
升。日元的国际化程度整体上呈现出下降的趋势，英镑呈现出在金融危
机之前小幅上升后有所下降并维持平稳的态势。

　　控制变量的选择主要参考已有储备结构的研究文献，从国际收支关
系、国内经济与金融市场发展程度等方面综合考虑进行选取。国际收支
角度主要选取进出口贸易总额占全球比重（Tra）、短期外债占 GDP 比重
（Deb）、外商直接投资占 GDP 比重（FDI）三个变量，分别代表对外贸
易支付、短期与长期外债支付对外汇储备结构上的需要。另外，选取国
际投资头寸占 GDP 比重（IIP）来代表本国对外投资所产生的外汇结构
上的需求。同时使用 Aizenman et al.（2010）构造的汇率稳定性指数
（Exchange rate stability Index，Ers）来代表对汇率波动的预期，进而反映

---

　　① 中国人民大学国际货币研究所，《人民币国际化报告 2012》，2012，中国人民大学出版社。

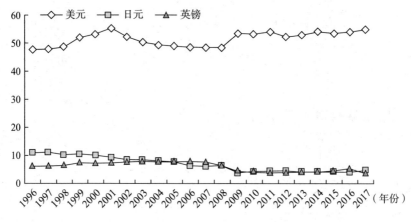

图 5 - 6 主要国际货币的国际化指数

汇率变动可能导致的国际流动性变化。国内宏观经济方面主要选取国内
生产总值增长率（GDP）和消费者物格指数（CPI）两个指标，分别控
制经济增速和货币流动性变化对储备结构配置行为的影响。金融市场完
善程度方面，使用股票交易总额占 GDP 的比例和银行信贷占 GDP 的比例
两项等权平均来测度该国金融市场的金融能力，该指标可以作为国内金
融市场完善度（Fmp）的代理变量。同时，为控制储备规模与结构间可
能存在的关系，使用外汇储备占 GDP 比重（Exc）来控制储备规模的作
用。由于所有的变量都构造为比例数据或指数，量纲差异的影响得到了
很好的控制。被解释变量的数据来自各国中央银行网站，解释变量数据
来源于 IMF 各年年报、世界银行集团 WDI&GDF 数据库、国际清算银行、
雷曼外汇研究中心和世界交易所联合会。其他控制变量的数据来源于世
界银行集团 WDI&GDF 数据库与世界贸易组织网站。

二 模型与回归结果

根据研究设计和变量选取结果，给出面板回归的基准模型如下：

$$Theil_{it} = \alpha + \beta_1 CII_{it} + \beta_2 Deb_{it} + \beta_3 Ers_{it} + \beta_4 CPI_{it} + \beta_5 IIP_{it} + \beta_6 FDI_{it} +$$

$$\beta_7 Tra_{it} + \beta_8 Exc_{It} + \beta_9 GDP_{it} + \beta_{10} Fmp_{it} + \varepsilon_{it}$$

由于该数据集属于长面板数据，其在时间序列维度的各种特殊性质不能被忽略，需要对回归模型扰动项的自相关、组间相关性、异方差等性质进行检验。使用似然比 LR 检验对组间异方差、Wald 检验对组内自相关、Breusch-Pagan LM 检验对组间截面相关进行检验。似然比 LR 检验结果显示 LR 统计量为 52.90，强烈拒绝同方差的原假设，存在组间异方差。Wald 检验结果为 F = 166.057，存在组内自相关，但 LM 检验的结果显示不存在组间截面相关（LM = 6.022）。根据检验结果，使用控制组间异方差和截面相关的可行广义最小二乘估计法（FGLS）进行估计，同时引入国家和时间虚拟变量分别控制个体异质性与时间趋势的影响。通过不同控制变量的选取和组合，构造多个模型对回归系数的稳健性同时进行检验，具体结果见表 5-1。

表 5-1　面板 FGLS 估计结果

	模型 1	模型 2	模型 3	模型 4
CII	-0.0078 *** (0.0013)	-0.0079 *** (0.0011)	-0.0082 *** (0.0011)	-0.0085 *** (0.0011)
Deb	-0.0772 *** (0.0282)	-0.0725 *** (0.0277)	-0.0712 ** (0.0278)	-0.0762 ** (0.0288)
Ers	0.2222 * (0.1226)	0.2084 * (0.1172)	0.2158 * (0.1166)	0.1920 (0.1190)
CPI	0.0108 *** (0.0015)	0.0110 *** (0.0015)	0.0113 *** (0.0014)	0.0105 *** (0.0014)
IIP	0.6706 *** (0.1097)	0.6768 *** (0.1121)	0.7342 *** (0.0707)	0.7176 *** (0.0692)
FDI	0.0088 (0.0060)	0.0087 (0.0057)	0.0071 (0.0053)	——
Tra	0.0060 (0.0088)	0.0053 (0.0086)	——	——
Exc	0.2433 (0.4480)	0.2184 (0.4319)	——	——
GDP	-0.0007 (0.0047)	——	——	——
Fmp	0.0000 (0.0002)	——	——	——

续表

	模型 1	模型 2	模型 3	模型 4
t	− 0.0011 (0.0012)	− 0.0012 (0.0012)	− 0.0012 (0.0012)	− 0.0005 (0.0011)
国家虚拟变量	控制	控制	控制	控制
$Cons$	0.3650 ** (0.1595)	0.3707 ** (0.1577)	0.3923 ** (0.1596)	0.2947 ** (0.1555)
Wald χ^2	1396.06 (0.0000)	1209.40 (0.0000)	1278.21 (0.0000)	1356.72 (0.0000)

注：* 表示在 10% 水平下显著，** 表示在 5% 水平下显著，*** 表示在 1% 水平下显著。括号内为各系数对应的稳健标准差，Wald χ^2 统计量括号中为 p 值。

回归结果表明，对于美、日、英三国而言，代表外汇储备结构分散化程度的泰尔指数（Theil index）与货币国际化指数（CII）间具有负向关系，且至少在 1% 的置信水平上显著。外汇储备结构的多元化和分散化程度会随着本币国际化程度的提升而提高，这一结论可以对上一节的命题一给予支撑。货币国际化提升了外汇管理当局外汇储备币种和资产选择的自由度，增加了其风险容忍度，因而可以在更大的市场范围、更多种的资产类别中配置其外汇储备。从影响程度上看，货币国际化指数对外汇储备结构泰尔指数的影响系数在 − 0.008 左右，也就是说，本币国际化程度有 1 个百分点的提高，泰尔指数期望就下降 0.008，注意到货币国际化指数与泰尔指数间数量级的不同，这种影响是比较显著的。货币国际化对外汇储备结构多元化的影响比较明确，在剔除非显著控制变量的不同模型中，货币国际化指数（CII）的系数及其显著性水平具有较好的稳健性。

模型的控制变量中，短期外债规模（Deb）在所有模型中都显著，且系数为负，这取决于国际货币发行国的全球经济地位。由于全球资产主要在国际货币间进行配置，客观上造成了三个样本国家资金流入的多元化格局，其储备结构也容易被动地形成多元化分散化的结构。国内的通货膨胀水平（CPI）在全部模型中都显著，表明国际货币发行国在面临高通胀预期时，倾向于更加集中化的储备结构策略。同时也表明，国际货币发行国可以通过其资产配置行为造成货币政策效果的外溢。国际投资头寸占 GDP 比重（IIP）的系数也显著为正，显示出本国向其他国家的投资行为与其储备行为具有相关性，并呈现出一定的替代关系。在至少 10% 的置信水平上显著的变量还有汇率稳定性指数（Ers），该指数的回归系数为正，表明汇率稳定可以降低多元化投资分散风险的能力。其他对外收支及国内经济变量对外汇储备结构影响的显著性程度不高，反映出主要国际货币发行国在本币具有国际支付能力的条件下，外汇储备配置自由度较大，并不过多地受到应对国际收支及保持国内经济稳定需要的限制。

实证结果给予了命题一较好的支持，从统计角度证明了货币国际化与外汇储备结构之间存在比较显著的相关关系。处于货币国际化高级阶段时，一国外汇储备资产结构将呈现出分散化的特征，可以有更大的配置空间。从美国和日本两国外汇储备资产结构对比的角度看，美国外汇储备资产的多样化趋势非常明显，有价证券、外币存款、SDR、IMF 头寸和黄金等每种资产的占比是比较均衡的，2017 年这一系列比例数据分别为 14.07%、20.99%、14.10%、41.80%、9.04%。相比之下，货币国际化程度较低的日本则更多地表现出集中化的特点，其外汇储备的 70% 集中于证券资产，尤其是美元证券占比较大，成为最主要的资产类别。如前所述，货币国际化进入高级阶段后，本国货币可以在一定程度上替代外汇储备在流动性和安全性方面的功能，外汇储备结构安排可以更多地以收益性为目标。从风险收益权衡的角度，储备资产会更加均衡地分配在不同类别的资产，如国债、企业债券、股票、头寸各项目上，这样更能够很好地保持流动性、安全性和收益性之间的统一关系。

由于人民币的国际化尚处于起步阶段，中国的外汇储备配置空间和风险冗余仍然处于比较低的状态，同时人民币的国际化还需要外汇储备的支撑，因而外汇储备资产结构更多地表现出集中化和单一化的特征。在国际市场中，发达国家的国债具有低风险特征，往往被视为无风险证券。根据安全性和流动性原则，中国人民银行始终将发达国家的国债，尤其是美国长期国债作为外汇储备资产的重点投向，中国的外汇储备中仅美元长期国债的占比就高达 50%。从全球来看，各国持有的美元债券达到其市场总量的 60% 以上。当前人民币在国际金融市场上的功能还很有限，持有美国国债仍然是比较客观的选择，但这种选择是以牺牲收益性为代价的。随着人民币国际化对外汇储备功能的逐步替代，中国外汇储备结构管理的空间和安全冗余将逐步释放。因而，未来在人民币国际化水平提升的条件下，可以将更多的储备作为超额储备，将收益性调整为更加优先的储备管理目标。

第六章 货币国际化进程中外汇储备管理的国际经验

前文对货币国际化进程与外汇储备规模及结构间的关系展开了现状描述、理论分析和实证分析，本章选取美国、日本、英国、欧盟这四个世界上主要的国际货币发行主体，考察其在货币国际化进程的不同阶段，如何管理本国或本区域外汇储备的规模与结构，并从中汲取经验与教训，为人民币国际化的推进和中国外汇储备管理的优化提供参考。

第一节 美元国际化进程中的外汇储备管理

美元是全球唯一的国际本位货币，其国际化程度是以美国强大的政治和经济实力为基础的。美元凭借其在战后国际货币体系中的特殊地位，在特定的历史条件下实现了国际化。美元在全球外汇市场交易货币中的占比和国际货币基金组织官方持有外汇储备方面一直处于绝对的优势地位。美元的国际化进程可以以布雷顿森林体系和牙买加体系的建立为界限分为以下三个阶段：布雷顿森林体系前的美元国际化、布雷顿森林体系下的美元国际化以及牙买加体系下的美元国际化（钟阳，2013），不同阶段的美国外汇储备管理也具有不同的阶段性特征。

一 布雷顿森林体系前美元国际化阶段的外汇储备管理

（一）布雷顿森林体系前的美元国际化

美国的工业化进程在 19 世纪后半叶加速，其经济实力和在国际经济体系中的地位发生了巨大的变化，并成为世界第一工业强国。与其他发达资本主义国家相比，美国的产业发展和主要工业化指标，都已经达到领先地位。同时，美国对外贸易也因为工业化的提速而迅速扩张，美国的出口总值于 1910 年达到 17.45 亿美元，相比半个世纪前实现了 422% 的增长，年均增长率约为 8.27%。同期美国的进口总值也增长了 303%，到 1910 年达到 15.57 亿美元，年均增长率约为 5.94%。另外，美国的国际贸易地位也显著提升，到 19 世纪 70 年代，美国贸易在全球占比约为 8%，1913 年则升至 11%，成为世界第三大贸易国，仅次于英、德两国。美国经济规模迅速扩大，国民生活水平迅速提高，归因于其工业与贸易的充分发展。通过对 GDP 进行估算，美国在 1872 年首次超过英国，成为世界上第一经济大国，到 1905 年美国的 GDP 应为英国的 2 倍。

在第一次世界大战开始至第二次世界大战全面爆发之前，美元的国际地位迅速上升，逐渐成为除黄金、英镑外能够逐步充当国际清算货币的硬通货。第一次世界大战后，欧洲各国经济受到严重破坏，因为美国不是战场，其经济并未遭受到战争的冲击，同时还通过参与战争经济大发战争财。欧洲参战各国在经历了战后各种程度的通货膨胀后，纷纷放弃了金本位制，而美国在 19 世纪末正式施行金本位制并于 1913 年建立了联邦储备体系，使其在保证货币稳定性和黄金储备方面具有绝对优势，美元在 20 世纪 20 年代成为唯一可兑换黄金的货币。正因为如此，在 20 世纪 30 年代，一些国家以美元为核心，成为美元区。这也为美元成为国际主导货币创造了必要条件，美元国际化已经初露端倪。

在 20 世纪 40 年代初，美国着手建立战后的国际货币体系，并使美元成为这一体系的核心，进一步挤压英镑，从而取代英国成为国际货币发行国。第二次世界大战不仅使主要国家力量发生了根本变化，而且彻底改变了世界经济政治格局。1943 年 4 月 7 日，英、美两国政府分别从本国利益出发，英国提出了"凯恩斯计划"，美国提出了"怀特计划"。两个计划背后是两国在货币权力上的激烈竞争，此时的英国已经没有能力对抗美国强大的经济实力，因而被迫接受了"怀特计划"。"联合与联盟国家国际货币金融会议"于 1944 年 7 月在美国新罕布什尔州的布雷顿森林召开，44个国家代表共同商讨，通过了《布雷顿森林协定》。该协定以美国"怀特计划"为基础，确立了以美元为中心的国际货币体系的原则和运行机制，标志着美元正式成为核心货币，美国的货币霸权得以确立。自此，美元正式成为国际主导货币，美元的国际化也上升到一个更高的层次。按照经济实力来看，当时美国的工业制成品生产规模已经占到全世界工业制成品总产量的一半，外贸总量也达到了全球贸易总额的三分之一以上，黄金储备达到世界黄金储备的六成左右，总量为200.8亿美元，整体经济实力可见一斑。至此，美国不仅是全球第一债权国，还是实体经济实力最强的国家，美元的霸权地位是有坚实基础的（傅冰，2012）。第二次世界大战结束后，美国成为当之无愧的世界头号经济强国。在两次世界大战期间，美国既在国际贸易及国际金融领域超过了英、法等国，又在工业生产方面巩固了其领先优势。与此同时，美国还拥有世界黄金储备的70%，这也奠定了美元国际化的基础。

（二）布雷顿森林体系前美元国际化阶段的外汇储备管理

美国曾经是世界上外汇储备最多的国家。第一次世界大战的爆发为美元的扩张提供了机会，使美国不仅拥有各国有价证券，也使其黄金储备上升两倍，黄金储备占全球总量的40%，美国成了欧洲政府最大的债权国。第二次世界大战结束后，其外汇储备持有量一度占世界的60%以上。

美国外汇储备管理模式是央行和财政部共同参与的二元模式，财政部和美联储在美国的外汇管理体系中处于主导地位。财政部主要负责国际金融政策的制定，美联储则注重国内货币政策的功能。两家机构通过协作来实施对外汇储备的管理，以确保其国际货币和金融政策的连续性，财政部和美联储各拥有一半外汇储备。美国财政部与美联储管理外汇储备的方式不同：美国财政部管理外汇储备的工具主要是外汇平准基金（the Exchange Stabilization Fund），该基金由财政部部长直接控制。外汇平准基金具体操作过程如下：①美国财政部《黄金储备法》在1934年颁布，规定了财政部对外汇平准基金资产的完全支配权。外汇平准基金的资产包括三部分，即外汇、美元和特别提款权。这些资产中，财政部委托纽约联储银行来代为管理其外汇部分资产。②在特定情形下，外汇平准基金可以同美联储实施货币互换，并以此来获取足够多的美元资产。在此情况下，外汇平准基金向美联储出售其外汇，同时在远期市场中回购。③正是因为美国财政部负责制定及完善包括外汇市场干预政策等的国际金融政策，所以外汇平准基金所有的操作都必须经过美国财政部的许可。除此以外，《外汇稳定基金法》规定美国财政部每年向国会和总统提交具体的外汇平准基金操作运行报告，其中也要包括审计署的审计报告。美联储主要是通过联邦公开市场委员会（Federal Open Market Committee）来实施外汇储备管理操作。具体的操作流程由美联储在财政部和联邦公开市场委员会的代理人——纽联储公开市场账户经理（the Manager of the System Open Market Account）——在纽约外汇市场上对外汇储备资产进行交易。不管是从干预方法的角度看，抑或是作用范围角度看，美联储对外汇市场的干预都与国际货币体系变迁的进程直接相关。在三个不同的阶段呈现出不同的特征：一是在布雷顿森林体系阶段，美联储注重的是美元与黄金平价的维持，并不关心外汇市场本身；二是在1971年后的浮动汇率制阶段，美联储转而实施对外汇市场的积极干预，重点通过与其他央行货币互换的方式来实施；三是在1985年《广场协议》后的阶段，货币互换不再是美联储干预外汇市场的主要方式，直接在市场中进行外汇交易成为主要手段（钟伟、唐欣，2005）。

二 布雷顿森林体系下美元国际化阶段的外汇储备管理状况

（一）布雷顿森林体系下美元国际化阶段

第二次世界大战后，美国凭借着《布雷顿森林协定》和《关税及贸易总协定》（GATT），构筑起全球多边经济体制，该经济体制以资本自由化、外汇自由化和贸易自由化为主要内容，该体系的建立同时奠定了美元的国际核心货币地位。1944年7月，西方主要国家在美国新罕布什尔州布雷顿森林举行联合国国际货币金融会议，确立了以美元为核心的国际货币体系，称之为"布雷顿森林体系"。二战期间以及战后初期，欧洲、日本等国对美国的经济依赖度很高，尤其在资本品及原材料方面。

并且刚刚实现民族独立的很多发展中国家为了发展本国经济,也需大量进口美国商品,这使美国在工业和贸易方面都得到了充分的发展。战后初期,美国工业生产总量占资本主义世界总量的比例达到约40%,石油产量约占70%。出口贸易额占全球的比重由战前的14.2%增长到战后的32.5%。西欧与日本的经济在战后出现了明显的衰退,而美国与其形成较大反差,呈现出繁荣景象,一跃成为世界霸主。1947~1953年,美国GNP的年平均增长率为3.94%,其中1950~1951年达8.4%;工业生产的年增长率为6.5%,1950~1951年达12.51%。这一时期,由于全球各国进口量都较大,对美元的需求量也大量增加,由此在全球各地均出现了"美元荒"。美元供应必须不断增长才能满足世界各国经济发展的需要;而不断增长的美元供应,使其同黄金的兑换性逐渐难以维持,进而导致美元信誉和国际清偿能力供应两者不可兼得的矛盾,被称为"特里芬难题"。不仅如此,美国还实行了一系列扩张政策,在支持欧洲战后经济恢复和发展的过程中,美国通过援助与贷款等形式,竭力实施对欧洲的经济渗透和控制,造成了普遍的"美元荒"。美元成为这一时期唯一的可自由兑换货币,美元本位成了这一时期国际货币体系的本质,"美元荒"正是其成为国际霸权货币的标志。同时,美国还在全球范围内推行自由贸易原则,从GATT到WTO的多轮谈判在很大程度上来讲,起到了降低甚至消除各国之间贸易壁垒的作用,也就使得美元可以在整个世界范围内发挥其国际货币的作用。

美国的黄金存量于1949年底达到峰值,为245.63亿美元,而黄金存量1959年底降到195亿美元,此时美国的对外流动负债和黄金存量接近,也已经达到194亿美元。20世纪60年底,201亿美元的对外流动负债超过178亿美元的黄金储备,此时已经不能无限制地兑换黄金,美国的信用已经发生动摇,投机者在外汇市场上大规模抛售美元,美元危机由此爆发,自此美元霸权开始动摇。1967年1月至1968年3月、1971年5月和7月,美元危机连续爆发,尼克松政府毫无对策。1971年8月15日美国政府宣布实施"新经济政策",不再允许美元和黄金的兑换,布雷顿森林体系开始瓦解。1973年3月,主要国家的货币与美元脱钩,以美元为中心的，以黄金为基础的世界货币无以为继，美元的霸权地位遭受很大削弱（傅冰，2012）。

（二）布雷顿森林体系下美元国际化阶段的外汇储备管理

20 世纪五六十年代，西欧和日本纷纷崛起，不仅导致美国国际经济地位的相对下降，同时其外汇储备的国际地位也快速下降。1960 ~ 1973 年的美国外汇总储备量（除黄金）如图 6 - 1 所示。

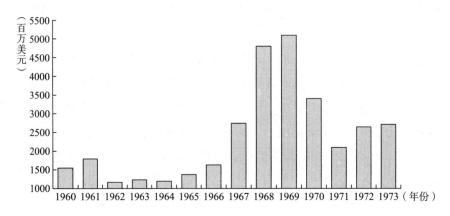

图 6 - 1　1960 ~ 1973 年美国外汇储备总量（黄金除外）

资料来源：www.cdcdata.com。

在布雷顿森林体系下美国的外汇储备管理模式发生了改变。20 世纪 60 年代初，美国处于固定汇率机制下，由财政部控制的外汇平准基金的资产已经不足以维护美元稳定和美国黄金储备的稳固，而此时的对外流动负债超过了黄金储备量，美元危机爆发，美元的国际化进程受到阻碍。为了避免向国会申请额外的汇兑稳定基金，美国开始尝试通过美联储与其他国家的中央银行之间开展外汇调期业务对外汇市场进行干预。美联储及财政部的司法部部长和法律顾问均对美联储在外汇干预的合法权益予以认可，以使此计划能够付诸实施。

美联储与财政部于 1962 年开始实施对外汇市场的干预，具体操作由纽约联储银行实施，它不仅是美国财政部的代理人，而且是美联储的重要组成部分。但美联储与财政部之间对外汇市场进行干预时的关系与其他发达国家存在着本质的区别。遇到外汇管理相关问题时，财政部必须与美联储进行密切讨论。而美联储在国内货币政策制定方面有自主权，货币政策会对汇率产生影响。由于美国法律没有明确规定财政部和美联储的任何一方是否可以对另一方的外汇干预进行阻挠，因此出现了以下两种截然相反的现象：一方面，由于财政部部长不仅是国家顾问委员会的主席，而且是美国政府管理财政金融的最高级官员和一些国际金融组织中的代表，因此，财政部认为在法律上它有权组织美联储进行外汇干预；另一方面，美联储则认为，财政部所认为的法律依据不能取代由《联邦储备法》确定的同美联储外汇干预方面相关的权利。即使这样，美联储也从未采取与财政部公开唱反调的做法来解决此争执。

20世纪70年代初期，国际货币体系由原来的固定汇率制转变为浮动汇率制，而浮动汇率制度下解决外汇市场中出现的无秩序状态就是外汇交易的主要目的。当出现市场压力时，为了对冲外汇市场在下跌时出售美元造成的损失，纽联储进行买进美元（卖出外汇）的操作；与之相反，当美元价格下降时，纽联储将通过卖出美元（买进外汇）来应对。即便美联储并非以外汇储备管理为外汇交易的目的，但实际的结果却是外汇交易影响了美国的储备水平。比如说，当联邦公开市场委员会为干预外汇市场而通过纽联储购买美元（卖出外汇）时，联邦储备体系的储备将下降；反之，如果卖出美元（买进外汇）则会增加储备金。此种以直接交易方式对外汇市场实施干预的做法，一般会在两个工作日内反映在交易后的联邦储备系统储备金变动上（纽航，1993）。

三 牙买加体系下美元国际化阶段的外汇储备管理状况

（一）牙买加体系下美元国际化阶段

1972年，美元在美国对外贸易出口中的计价比例达到95%，在进口贸易中达到78%，由此看来，在国际交易中美国贸易商主要以美元作为计价工具。布雷顿森林体系的建立使国际货币体系在一段时间内一直保持良好的运行，国际经济活动中国际贸易、国际投资等方面也进一步得到了发展。20世纪六七十年代相继爆发了美元危机，外汇市场中的投资者大规模抛售美元，这都要归因于布雷顿森林体系存在的固有缺陷，最终该体系于 1973 年 2 月解体。

1965 年国际债券中以美元发行的占比高达 81.5%，1973 年美元信用降低以及欧洲货币债券市场的建立，共同导致在 1975 年出现了以美元发行的国际债券比例下降的现象，但其占比仍然高于其他货币。80 年代后，以美元发行的国际债券的比例又迅速提升，1981 年达到 82.3%。在布雷顿森林体系瓦解后，国际货币制度临时委员会和国际货币基金组织于 1976 年初达成牙买加协议，1978 年 4 月 1 日《牙买加协定》正式生效，意味着布雷顿森林体系正式寿终正寝，此后国际货币体系开启了"牙买加体系"时代。虽然美元失去了与黄金和其他货币挂钩的核心地位，但拥有强大综合实力的美国，依靠其国际货币的惯性效应使美元至今仍是国际市场上主要的交易及计价货币，其货币的国际主导地位一直存在。

美元在各国官方外汇储备中的比重在这一时期发生了巨大变化，在牙买加体系初期其占比有所下降，并于 1990 年下降到了历史最低点。20 世纪 90 年代后美元比重出现了回升的趋势，美元约为国际储备的 2/3，不仅如此，在欧洲债务危机后，美元也变得越发坚挺。美国不断调整经济政策并且不断加强国际协调，这也使得美元地位开始恢复，美元霸权在一定程度上得以加强（傅冰，2012）。2007 年美国外汇市场占世界份额的 43.2%，资本市场占世界份额的 38.6%，可以看出美国在金融发展上处于世界领先地位。2008 年发生金融危机时，国际社会认为是美国不良的消费模式和美元的币值波动影响了全球经济，与此同时，由于在国际市场上美国的债券市场一直拥有较大的竞争力，所以一些国家依然选择增加美国国债的持有量。

（二）牙买加体系下美元国际化阶段的外汇储备管理

1978～1981 年，美国实施了大规模的外汇市场干预措施，目的是以出售外汇储备的方式来支撑美元汇率，其中有一半左右的资金是以财政部的资金渠道提供的。一方面，这里的一部分资金是德国联邦银行的外汇调期协定机制所筹集的外汇资金；另一方面，这些资金大部分均通过出售特别提款权、发行以外币作面值的政府债券以及向国际货币基金组

织借款等途径予以解决。1979～1980 年间，美国财政部共发行了价值为
12 亿美元和 54 亿美元的瑞士法郎和德国马克债券，期限为 2.5 年至 4 年
不等。80 年代中期后，美元在外汇市场上的地位不断加强，正因如此，
这使美联储便于和财政部共同在外汇市场卖出美元，以积累外汇。
1978～2016 年的美国外汇总储备量（除黄金）如图 6－2 所示。总的来
看，随着美元国际化进程的不断推进，美国外汇总储备（黄金除外）总
体呈现上升趋势。

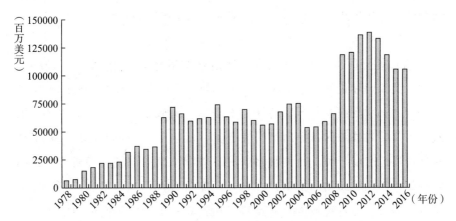

图 6－2　1978～2016 年美国外汇总储备量变化趋势（黄金除外）

资料来源：www.cdcdata.com。

　　在牙买加体系下，美元占各国外汇储备的比重出现了先降后升的趋
势，美元的国际地位逐渐稳固，形成美元的霸权地位。但由于美元目前
处于霸主货币地位，相比于其他国家，美国目前持有的外汇储备较少。
在美国，外汇储备是国家中央银行持有或控制的外国资产。储备金由黄
金或特定货币构成，也可以是国库券、政府债券、公司债券、股票和外
币贷款等外币特别提款权和有价证券。当前基本是以黄金、欧元、日元
为主的有价证券。根据美国财政部公布的资料，截至 2019 年 6 月，美国
的外汇储备约为 1283.38 亿美元，储备的总量虽然不是很多，但也能处
于全球前 20 位左右，整体在全球处于中等偏上的位置。

　　美国财政部与美联储对美国国内外汇储备的管理继续加强。70 年代
后期，美联储与财政部达成了非正式协议，协议约定对外汇市场进行必

要干预时产生的资金由双方平摊，但双方提供资金对储备的影响有所不同：在实际付款过程中，来自美联储的资金会导致储备金发生变动；但财政部提供的资金对储备金的影响则取决于其付款方式。财政部付款方式有三种：第一，从财政部汇兑稳定基金账户支取，这种方式的外汇干预手段一般对储备金不会产生影响；第二，使用向美联储出售特别提款权所得到的美元来提供资金，这种方法使特别提款权货币化，从而增加了美联储的储备金；第三，财政部在美联储存入外汇，然后将得到的美元在外汇市场出售，这种资金投资增加了美联储的储备金。

四 美元国际化进程中外汇储备管理的经验与启示

在美元国际化的各个阶段，美国进行外汇储备管理所采取的均是双层次模式，财政部及其下属的外汇平准基金构成了外汇储备的主体，财政部不仅要对外汇储备提出指引性意见，而且还要确定如何运用外汇储备进行外汇市场干预。而美联储则使下一个层次的储备管理机构，根据财政部所制定的原则和指引，实施外汇储备日常管理。目前，我国外汇储备由央行、储备管理局与财政部等相关政府单位的不同部门管理，而各部门都有其不同的政策与目标，因此，我国应该将这些部门统一起来，确定共同的使命，从而建立起统一的外汇储备管理体制。通过对现有管理体制进行重新规划和整合，使各部门能够进行良好沟通和合作。

大国与小国在协调货币政策和汇率政策之间的关系时应区别对待。美元实现了国际化后，作为经济大国的美国，其内外部经济政策会对其他国家产生影响，因此不能为了维持汇率稳定而影响货币政策对国内经济的宏观调控作用。美国的货币政策由美联储负责，而汇率政策由财政部负责。因此，美国运用外汇储备对外汇市场进行干预时，如果对国内经济产生影响，应当采取相应的冲销措施来消除或减轻这种影响。对于中国而言，我国应积极协调货币政策与汇率政策之间的关系，重点探索通过何种外汇储备管理战略能够使汇率政策兼顾内外部经济的平衡发展。

外汇储备实施积极管理的目的是获取较高的投资收益，稳定储备资产购买力。外汇储备积极管理对货币构成、风险控制、投资组合的资产配置等方面有较高的要求，而不过分关注资产的短期波动，主要关注于资产长期的投资价值。针对我国目前处于外汇储备严重过剩的情况，我国为尽量减少持有外汇储备的机会成本应树立外汇储备积极管理的理念，向美国学习与借鉴外汇储备积极管理战略。我国目前外汇储备的经营原则为"零风险、低收益"，而发达国家外汇储备明显具有一般金融资产性质，其关键为保值增值。因此我国应努力改革投资机制，同时拓宽投资领域，从而使我国经营原则转移为"低风险、中收益"，树立外汇储备积极管理的理念。

第二节　日元国际化进程中的外汇储备管理

日元的国际化之路是与人民币国际化最为接近的案例，都是在非军事政治支撑条件下，一国主权货币随着经济增长和贸易扩张而获得一定国际货币地位的过程。因此，日元在国际化进程中的外汇储备管理经验与教训更值得借鉴。目前，理论研究对日元国际化进程的划分标准和发展阶段并未达成一致。目前的主流观点包括以下三类：一是以日本的内外经济环境为依据，将日元国际化进程分为第二次世界大战结束到 20 世纪 70 年代、20 世纪 70 年代后期到 1997 年亚洲金融危机之前、1997 年亚洲金融危机后至今三个阶段（陈虹，2004）；二是以日本政府和民间对日元国际化的态度为划分标准，将日元国际化进程划分为 20 世纪 60 年代末至 70 年代末的消极阶段、80 年代至 90 年代末的中立阶段、1999 年后的积极阶段（李晓，2005）；三是依据日元国际化的规模变化，将 1999 年之前的日元国际化进程分为三个阶段：1973 年至 1984 年日元国际化起步阶段，1985 年至 1989 年日元国际化的扩张阶段，1990 年至 1999 年日元国际化的停滞阶段（付丽颖、刘力臻，2012）。本节的研究目标是考察日本在货币国际化进程中是否对外汇储备管理战略进行了适度调整，这是明确的政府行为，因此本节参考李晓（2005）对日元国际化的划分情况来开展研究。

一 日元国际化消极阶段的外汇储备管理状况

(一) 日元国际化消极阶段

第二次世界大战后，日本经济遭受了严重的打击，工农业生产极度萎靡。在美国的援助下，日本政府采取了金融倾斜、产业扶持等经济振兴政策，促使日本经济迅速恢复，1955 年至 1973 年，日本的年均经济增长率高达 9.8%，并在 1968 年成为世界上第二大经济体。日本经济的飞速发展，使得对日元的国际需求与日俱增。1964 年，日本实现了经常项目的自由兑换，成为国际货币基金组织的第八条款国。第二年日本贸易出现大幅度顺差，并成为资本输出国，贸易领域的日元输出为日元的国际化创造了条件。1967 年到 1973 年间，日本放松了资本项目，进一步促进了日本外向型经济的发展。

进入 20 世纪 70 年代，布雷顿森林体系瓦解，整个发达国家全面实行浮动汇率制，欧共体实行集体浮动，日本实行单独浮动。日元国际化初期是从贸易结算领域开始的，日本政府推动日元在贸易结算中更多地被使用，这一数据从 1971 年的 2% 迅速提高到 1980 年的 30% 左右，不过这一时期日元在金融资产计价和储备货币领域并未取得进展。其原因在于日本并未采取与其经济地位相匹配的资本流动管理措施，日本国内的金融体系仍非常落后，对金融从业机构有非常严格的限制监管措施。同时，日本也采取了比较严格的资本管制来限制资本的外流。在日元结算方面，1980 年日元在贸易结算中的国际化程度远远高于其他方式。1973 年第一次石油危机爆发，日本加大了对海外的投资力度，使得日元的国际化程度进一步加强。同时这也导致了日本银行拥有的不良债权仅次于美国，在此期间，日本政府多次干预汇率，导致汇率出现波动，但并未出现日元升值的情况。

20 世纪 70 年代中后期，经过了战后长达 20 年的高速增长后，日本的增长速度开始放缓。此时，日本发动的新的以美元计价的国际流通引起了国际广泛的关注，美国开始逼迫日本开放市场。1980 年修改后的《外汇法》开始实施，金融机构的外汇交易原则上实现了自由化，这使得在对外交易中使用日元的机会大大提高，由此也导致了日本进出口贸易中以日元计价的比率大幅提升，但在当时"日元国际化"还没有得到实际的进展（李晓，2005）。

（二）日元国际化消极阶段的外汇储备管理

在1980年以前，日本的外汇储备规模是根据日本当时所需要的需求量来决定的。日元国际化的最初阶段，日本的外汇储备规模非常小，1960年底仅为15.77亿美元。为了加大外汇储备规模，日本政府规定企业在对外贸易上赚取的外汇利润必须先存入银行，企业自身不得持有外汇，然后银行再把统一收购的外汇转卖给中央银行，从而达到国家统一管理全部的外汇储备。1965年至1979年，随着日本正式加入IMF和OECD，贸易自由化和资本自由化开始启动，日本政府在对外汇储备管理方面采取了放松管理政策，民间持有外汇的比重有了迅速提升。但在随后期间，相继发生了"尼克松冲击"和石油危机，国际原油的大幅涨价使得日本贸易顺差迅速减小，国际收支出现失衡，迫使日本政府大量动用外汇储备，也加大了其从民间收购外汇的力度。而后全球汇率制度由固定汇率转化为浮动汇率的变化也使日本经济的发展受到了冲击。1968年至1978年间，日本的外汇管理模式逐渐从集中管理变为分散化管理，即从银行持有储备变为由民间的企业和个人持有外汇储备。

从外汇结构变化看，在布雷顿森林体系瓦解之前，日本非常重视黄金储备，而后随着布雷顿森林体系的瓦解以及美国的施压，日本的外汇制度也紧跟国际市场的步伐，转向以外汇储备为主。但总的来说，在这一阶段伴随着日本对外贸易的飞速发展以及贸易收支顺差逐渐加大后日本采取的一系列措施，日本外汇储备规模得到了极大的发展。1970年至1980年末，日本外汇储备从32亿美元上升到216亿美元，规模迅速增长并在短期内扩大了5.76倍，日本外汇市场逐渐成熟起来。

在外汇储备的风险管理方面，日本通过法制化的方式规范外汇储备管理，颁布实施了《外汇法》和《外汇资金特别预算法》，外汇管理体制主要体现为"外汇资金特别预算"制度。1980年，《外汇法》又得到了进一步的完善，日本成为世界上外汇储备相关法律制度较成熟的国家之一。此外日本还设立了"外汇基金特别账户",由中央银行直接负责管理其基金。目的是为了筹集干预外汇市场的资金以及支付各种相关费用等,有利于政府灵活地干预外汇市场。

二 日元国际化中立阶段的外汇储备管理状况

(一) 日元国际化中立阶段

到了 20 世纪 80 年代初期,日本意识到日元在国际支付领域缺乏地位的话,日本的国际贸易会变得不稳定,同时日本企业的竞争优势也会受到削弱。因此,这一时间段内,日本谋求日元国际化的主动性有所增强。同时,这一阶段日美商贸的摩擦从工商业贸易领域扩大到金融资本交易领域。里根政府要求日本开放资本市场,并调整和纠正汇率。日本迫于美国的压力与美国共同成立了日美日元·美元委员会,后改名为"日美金融市场工作小组",双方在 1991 年达成了一系列协议。1993 年专门围绕相互市场准入问题等,进行了一系列的商谈 (菊地,2000)。委员会所达成的这一系列协议很大程度上促进了日本的金融自由化,同时相互之间的市场准入也达到了一个新的水平。但本应该被确定的关于日元使用、实际内外资金自由流动等问题并未被重视,因此日元国际化并未取得真正的进展。

这一阶段日元国际化的提出和实施实际上是迫于美国的压力而进行的,虽然日本方面采取了很多积极的措施,但总体来说日本是处于被动地位的。其结果表明,日元国际化并未取得实际进展,只是形式上的日元国际化而已,是日美协议的象征性课题。美日的实际意图都不在于此,美国只是想通过这种方式使美国银行大规模进入日本,而日本只是从形式上追求日元国际化,本质上注意力还是集中在如何维持旧的国内金融秩序和税收体系上。因此两国的利益竟然高度一致起来,就是缓慢地推进日元国际化 (菊地,2000)。在贸易计价方面,到 1983 年日元占比达到了 42% 的最高值,其后就维持在 35%~40% 之间。除此之外,银行的外汇资金业务也实行了大幅度的变革,日元资金业务和外币资金业务通过外汇操作实现了一元化。之后又对银行间直接交易等限制进行了解除,这些措施都促进了日本市场的成熟，也有利于美国银行进入日本并扩大其业务，但这些都只是对外国外汇公认的银行采取的措施，并未对其他金融机构和市场参加者放松限制，因此问题仍然未解决，日本市场的发展速度也十分的缓慢，这都从本质上说明"日元国际化"并未取得实际的进展（菊地，2000）。

（二）日元国际化中立阶段的外汇储备管理

20 世纪 80 年代，日本外汇储备规模以惊人的速度增加，并一直处于世界领先地位。1980 年至 1990 年这十年间日本的外汇储备量逐年增长。1985 年末，日本外汇储备为 219 亿美元，相当于西德的 55.2% 和美国的 62.8%（范德胜，2011）。1991 年之后，尽管日本对外投资的势头良好，但日本一直奉行的是贸易保护主义政策，导致外资很难进入，日本资本与金融账户出现逆差，尽管贸易顺差连年增长，但相互抵消使得这一时期的外汇储备虽然有所增长但增长的幅度并不明显。

在 20 世纪 90 年代初，日本泡沫经济崩盘，开始陷入很长时期的停滞状态，日本政府实施了对外汇市场的大规模干预，施行外汇平衡操作来调节日元和美元之间的供求关系，最大幅度地遏制了日元升值，如图 6 - 3 所示，这些措施导致从 1985 年到之后的几年里日本外汇储备大幅增长。1993 年日本的外汇储备规模增长为 996.9 亿美元，是 1980 年 252.32 亿美元的 3.9 倍，日本超过美国成为世界第一大外汇储备国。日元国际化对日本外汇储备的增长产生了深远的影响，国际收支顺差确保了日本外汇储备的逐年稳定增长。

与上一阶段相比，这一阶段日元国际化的脚步开始加快，1986 年至 1992 年，日本提出"黑字环流计划"，将本国贸易盈余、对外投资，也包括外汇储备在内的资金，以对外直接投资、政府对外援助、对外贷款等方式流出到境外，实现国际收支再平衡与提升日元国际市场使用度的双重目标。"黑字环流计划"打开了日元国际市场使用的空间，促进了日元国际化水平的迅速提升。可惜的是该计划的总量规模过小，只有 645 亿美元，另外持续时间也比较短，并未成为推动日元国际化的关键措施。1990 年泡沫经济破灭后"黑字环流计划"实施的难度加大，该计

图6-3 1986~2016年日本外汇储备量

资料来源：日本财政部。

划对日元国际化的影响变得较为有限。

　　不过比较积极的方面是东京外汇市场在这一时期的交易规模开始增加，国际市场体系中的影响力日益扩大。1980年《外汇和外贸管制法》取消了对国际资本流动的管制，其后日本的外汇市场规模迅速扩大，同时国内市场中银行间的直接交易也被允许，一直持续到1985年，日本的外汇市场发展活跃。1987年大藏省进一步放开了银行和证券等机构投资者直接进入境外期货、期权市场的限制。1988年又放开了参与境外现货期权市场交易的限制，这些措施都有力地激发了日本外汇市场的活力，促进了本国机构境外投资活动的开展。1989年，日元对美元期货合约交易登陆东京金融期货交易所，日元衍生品市场进一步得到发展。日本成为与美、英并立的金融市场大国，是与日本"藏汇于民"的政策密切相关的，这种政策激励了民间持有更多外汇资产，为民间外汇资本开拓了多种投资渠道。

三　日元国际化战略转换新阶段的外汇管理状况

（一）日元国际化战略转换新阶段

　　在东亚危机爆发和欧元诞生的双重刺激下，日本开始真正意义上的主动推进日元国际化，并真正地做出了自己的努力，提出了从实际出发的日元亚洲化战略。1995 年日元突发性地过度升值，4 月日本经济对策阁僚会议发表了"紧急日元升值经济对策"，并提出推进日元的国际化，主要是推进日元计价交易和加强与亚洲各国货币当局的联系。在日本经济面临危机之时，日本不得不采取放松规制的方式进行改革。1995 年中期起，日元开始贬值。日本为了避免经济衰退，采取了许多措施，如降低利率、大幅度放宽货币投放量等（菊地，2000）。

1997 年的东亚危机爆发后，日本深刻意识到东亚地区的稳定对日本经济发展的重要意义，也开始重新思考以往"日元国际化"进程中存在的问题，以更加积极的态度探讨"日元国际化"未来的发展战略，从被动逐渐向主动过渡。而后日本专门设立了"亚洲金融、资本市场专门部会"，将日本各界的学者和专业人士都聚集到一起共同对金融危机产生的原因、特征、带来的危害、解决的措施和得到的教训等进行探讨和协商，并得出了可以实施的一系列有力措施。而后日本提出了成立亚洲货币基金（AMF）的构想，即以日本为中心建立一个向危机国家和地区提供金融支援的组织，帮助危机国家和地区共同渡过难关。但由于美国和 IMF 的强烈反对，日本无奈放弃了这一构想。1998 年 10 月，日本政府提出了"新宫泽构想"，即向危机国家和地区提供资金援助 300 亿美元。韩国、泰国、菲律宾、马来西亚和印度尼西亚 5 国从中共获得了 188 亿美元的援助（李晓，2005）。

1999 年欧元的诞生，更加剧了日本的危机感，1999 年 1 月日本前首相小渊出访欧洲，并向世界传达日本希望未来能在国际货币体系中发挥更大作用的想法。同年，日本大藏省设立"日元国际化推进研究会"，专门负责开展政策研究。2001 年该机构推出五大政策举措建议：第一，扩大内需，增加以日元计价的出口，刺激消费；第二，全面整顿资本市场，提高日元使用的便利性，并开始着手准备创设日元与亚洲货币直接交换市场的各项条件；第三，从根本上改变历来的制度与惯例，打破思维惯性；第四，积极推动亚洲货币合作，加强金融市场领域的国际联系；第五，立足亚洲区域，形成新的经济、金融体制（李晓，2005）。2003 年，日本综合研究开发机构的《东亚货币政策协作及其深化》报告指出："迄今为止的日元国际化战略没有考虑到日本经济同东亚经济高度相关的地域性特征，应在促进日元在东亚地区使用的基础上带动日元国际化"。在战略调整前，日元国际化的主要目标是成为在贸易、资本交易和国际储备中地位显著的国际货币。而战略调整后，日元国际化的范围重点聚焦到亚洲地区，谋求在亚洲区域内成为具有国际货币职能的货币（张晓涛等，2018）。

（二）日元国际化战略转换新阶段的外汇储备管理

这一阶段，日本的外汇储备规模处于高速增长时期。1990 年日本经济泡沫破灭之后，日本政府无暇顾及金融市场国际化与金融体制改革，日元国际化进程被打断，其国际货币职能也开始退化。日元在贸易支付、资产计价、外汇市场以及外汇储备中的地位快速下降，重新回落到 1980 年的水平，日本开始实施大规模的干预外汇市场的操作。在经常账户顺差、日元汇率浮动和资本自由流动的共同作用下，日本外汇储备快速增长（范德胜，2011）。为了刺激经济增长，1999 年日本央行将利率降低到零，并在 2001 年到 2006 年间一直实施"量化宽松"政策。在日本零利率的宽松资金环境下，2002～2010 年间，日元成为国际金融市场上最主要的融资货币，也为日本政府实行遏制日元升值政策提供了有利条件（苗金芳、飯盛信男，2013）。1990～2000 年这十年间，日本外汇规模增长了近 5 倍，1993 年，日本外汇储备超过美国，成为世界第一大外汇储备国（范德胜，2011）。

在 1993～2004 年间，日本中央银行对外汇市场进行了多达 330 次干预操作，目的就是抑制日元升值，仅 2003 年一年日本政府就投入了近 20 万亿日元进行外汇干预，以缓解日本通货紧缩的状况，保证经济的逐渐复苏。这些操作大多是卖日元买美元，这导致日本的外汇储备量以惊人的速度大幅提升，2004 年的外汇储备高达 8445 亿美元，比 20 世纪初期高出近 3 倍。大规模的干预操作后，美元贬值的情况越来越突出，日本也开始意识到高额外汇储备存在的巨大风险，就再未实施大规模的干预操作。

日本一直持续地进行外汇干预，但在 2004 年至 2010 年间，日本停止了外汇干预操作。刘昌黎（2011）认为其中的主要原因是：一是外汇平衡操作的效果未达到预期，对限制日元升值的效果不理想。政府干预外汇市场从而达到阻止日元升值的效果只是短暂的，从长期来看，无法改变升值的趋势。归根结底，外汇干预无法改变日元的内在价值和市场的供求关系，因而长期均衡汇率的趋势难以从根本上得到改变。二是外汇储备风险增大，美国实行零利率政策后，日美利率差消失，意味着美元贬值多少就代表美元资产损失了多少。而日本一直害怕美元贬值，这就不难理解日本政府政策上的转变。三是"外汇储备无用论"流行。四是西欧和其他发达国家长期"躲离美元"，日本受其影响，也走上了躲离美元的道路。五是美国不配合日本的外汇市场干预，美国对日本进行过多次的敲打，使得日本对美国心生畏惧。六是"日元升值恐惧症"逐渐消退，随着日本经济结构的调整和对"日元对日本经济也有好处"的宣传，日本逐渐转变了以往谈日元升值色变的状况。

日本外汇储备规模的增长速度逐渐放缓，但外汇储备规模仍然是只增不减的。2005 年末，日本外汇储备为 8288.13 亿美元，占全球外汇储备总额的 19.7%（范德胜，2011）。2006 年日本被外汇储备高速增长的中国赶超，变成全球第二大外汇储备国。在 2007 年至 2009 年的全球金融危机中，日本政府加大了黄金的储备比例，外汇储备规模再度增加。根据最新的外汇储备规模的数据统计显示，截至 2017 年 9 月末，日本外汇储备余额已高达 12663 亿美元。

四 日元国际化进程中外汇储备管理的经验与启示

日本外汇储备规模是随着日元国际化进程的发展而变化的，在 1980 年日元国际化的消极阶段，日本的外汇储备规模是根据日本当时所需要的需求量来决定的，这个阶段日本外汇储备的构成主要是日本银行从企业手中直接收购外汇并储存起来形成外汇储备，外汇市场相对不发达，外汇储备处于初级阶段。

到了 20 世纪 80 年代后，日本首次提出"日元国际化"，虽然是迫于美国的压力而并非主动为之，但这也促进了日本外汇储备规模的增加，日本外汇储备规模随着日本经济的发展连年增长，而日本政府当时推行的政策也对外汇储备有着一定的影响，比如一开始的贸易保护主义政策，导致日本资本与金融收支出现逆差，因此，就算日本的贸易顺差连年增长，但与此相互抵消也就使得这一时期的外汇储备虽然有所增长但增长的幅度并不明显。1985 年《广场协议》签订后，日元迫于美国的压力而大幅度升值，日本政府进一步的干预手段又使得日本外汇储备规模持续增长。

90 年代后，也就是日本真正开始推行"日元国际化"后，日本外汇储备规模的增长可以说是突飞猛进，成为世界外汇储备大国。随着日元国际化的日益成熟，日本对于高额外汇储备的看法也越来越理智，从一味实施干预操作到逐渐放手，使得外汇储备规模增长速度放缓。此外，"藏汇于民"实质上就是日本推出的一种放松外汇管制的政策，目的是为了充分发挥民间资本的活力，央行放开对外汇的管制，使原本集中于官方的外汇储备转为由民间持有，同时鼓励本国持有外汇积极参与对外投资活动。"藏汇于民"策略使得日本成为一个私人债权大国，民间外汇资本富有活力，对海外投资频繁，投资收益在国际收支顺差中所占比重明显增加。因此，在"藏汇于民"的过程中，中央银行和政府推出政策法规给予引导是非常有必要的。

日本外汇储备的管理原则及资产构成方面。日本财务省要求日本央行的外汇储备管理原则是：安全性、流动性为基础，其后是盈利性。从结构构成看，日本外汇储备主要由国债、机构债、国际金融债券等流动性强的资产构成，也包括一部分其他央行存款，信用等级高、偿还能力强的金融机构存款等。除此之外，日本央行的外汇储备资产还会包含一些权益类、衍生类等类别。特别的，因为日本国内资源匮乏，日本央行也会将其外汇储备用于配置一些战略资源。风险管理方面，日本制定了完善的法律制度和严格的风险控制程序。日本财务省规定，日本银行可以通过内部模型法对外汇储备资产组合的各种风险，如信用风险、流动风险、利率风险等进行评估和控制。日本通过法律的方式确定外汇储备管理的制度和管理形式，通过具体法律明确各储备管理机构的责任和权利。

第三节　英镑国际化进程中的外汇储备管理

英镑的国际化苗头开始于近代的早期，经历了漫长的发展，终于在19世纪末成功地走向了国际化。按照英镑国际化的走势，可以将其国际化划分为三个阶段（于永臻、李明慧，2013）：第一阶段是17世纪末至18世纪末的快速发展阶段，第二阶段是19世纪初至第一次世界大战前行使主要国际货币职能阶段，第三阶段是两次世界大战后的衰退阶段。

一　快速发展阶段的英镑国际化与外汇储备管理

（一）英镑国际化快速发展阶段

在17世纪末至18世纪末，英国凭借工业革命，以绝对的实力成为世界第一号经济强国，不仅确立了其在世界政治经济中的核心地位，而且通过对金本位制的引导使得当时的国际货币体系采取了以黄金为基础，以英镑为中心的国际金本位制度，英镑成为最主要的世界货币。

英国是历史上第一个完成工业革命的国家，这使得英国占有绝对优势，即工业革命带来了英国工业产值的飞速上升。到了18世纪60年代，英国的工业品产出量达到世界领先水平，英国的工业品迅速地流通到世界各地，使得英国的对外贸易得到了大力发展。英国在全面进军世界工业生产中心的同时也开始建立以自身为中心的贸易网络圈。在这个阶段英国首先与法国签订了贸易协定，规定法国取消进口限制从而达到自由贸易的目标，与此同时规定法国还要大幅度地降低进口关税。之后英国又将发展自由贸易的计划推广到了欧洲大陆的许多国家，依次同意大利、瑞士、瑞典、挪威、西班牙、荷兰、奥地利和俄国等国家签署了自由贸易协定。英国的经济也随着其工业、对外贸易以及投资的大力发展而得到了迅猛的发展，使得英国迅速成为世界顶尖的经济大国。

英国也是最早将金融业发展作为重点的国家。在17世纪末，英国建立了英格兰银行，英格兰银行并不是普通的银行，它带有中央银行的某些特质。除了充分发挥其作为金融机构的各项职能外，英国政府还有意识地将其从一个专门负责为政府机关贷款的银行转化为拥有垄断国内货币发行权的"中央银行"。同时也积极地配合政府实行当时的宏观经济政策，确保国内金融平和稳定地发展，从而使经济能够平稳快速地发展。英国的整个金融体系也非常先进，金融创新实力强劲，一直处于世界领先水平。最典型的就是英国股份制银行的创新，一定程度上代替了以往的私有制银行制度。由于股份制银行创新的出现，其在资金规模、管理制度以及业务范围等方面的优势显示了出来，英国的银行业效率大大提升，迅速超过其他资本主义国家，并且还增加了许多为英国在国际经济发展中提供关键服务的各种金融机构。因此到了19世纪后，英国在欧洲乃至世界的金融中心地位很快被确立。

同一时期，在货币流通领域，英国确立了金本位制度，使英镑币值的稳定得到了保证，其贬值的可能性微乎其微，信用大大提升，并在这种情况下取得了与黄金同等的地位，甚至某些时候英镑的实用性要大于黄金，因此拥有超强实力的英国商人更喜爱用英镑作为交易媒介。由于英国的带头作用，其他西方资本主义国家也纷纷采用金本位制，至此金本位制成为当时最普遍采用的货币制度。18世纪后半期，伦敦发展成为世界上最大的金融中心，英国政府发行的债券受到了全世界的追捧。

（二）英镑国际化快速发展阶段的外汇储备管理

英国的储备资产分为两个部分，一部分放在储备头寸，余下的储备资产存放于财政部外汇平衡账户（EEA）中进行管理。外汇储备由英国财政部专门负责，英格兰银行则负责日常的管理以及金融活动，其财政部运用外汇平衡账户对储备资产进行管理，判断干预外汇市场的战略必要性，不过其并不实施开展实际市场操作。作为中央银行的英格兰银行负责外汇储备的具体交易策略管理。英格兰银行不仅要参与市场运作以及日常管理，还要担任财政部代理的角色，根据财政部所制定的策略对外汇储备进行实际操作和管理。英格兰银行持有的外汇资产并不算在英国政府的外汇储备中，而是为了在对外汇市场进行干预时，确保自己货币政策的独立性。除在IMF储备头寸以外，英国外汇储备资产统一存放在财政部管理的外汇平衡账户中。财政部根据外汇储备状况提出指导建议，给出外汇储备投资的预期基准回报及可容忍的偏差，同时要对外汇储备的资产构成、货币构成以及投资回报率等指标予以确定。与此同时，财政部还需制定控制信用风险和市场风险的思路，并制定国家贷款基金借款项目框架。英国财政部实施储备管理的主要途径是通过 EEA，对其外汇储备进行战略上的管理，它主要负责决定当时是否需要对外汇市场进行干预，而实际的市场操作并不是由它来实施。它的管理流程一般分为以下几个部分：第一，政府对外汇市场的所有干预活动都要通过 EEA 来进行，并且政府机关部门所需要的所有外汇服务统一通过 EEA 来实现。第二，《交易平衡账户法》约束了 EEA 对外借款的权限，因此，EEA 所缺少的外汇储备要通过国家贷款基金发行外债来予以补足。第三，财政部除了对外汇储备进行战略上的管理外，还要肩负细节上的指导责任，包括储备投资基准回报、可容忍的偏差、资产构成、货币构成等。

英格兰银行负责外汇储备日常管理和实际市场操作，它根据财政部制定的外汇储备战略目标对外汇储备进行管理，从某种意义上来讲它类似财政部的"代理人"。具体操作过程为：第一，设定管理目标。英格兰银行将保持储备的流动性与安全性视作最重要的管理目标，其后兼顾投资利润最大化。第二，设定投资回报预期值。英格兰银行根据历史上的风险和收益情况，以及贸易、干预外汇市场可能等需要，与财政部商议确定最终的投资基准回报的合理数值，最后决定财政部指导建议中的投资基准回报，在交易平衡账户的年报中予以公布。第三，跟踪投资情况。英格兰银行每六个月都会召开一次会议，会议的主要内容就是回顾之前的投资表现，并且对储备策略的细节等进行讨论。第四，定期审计建议。以季度为时间单位，英格兰银行内部审计部门将对储备管理的有效性和充足性进行评估，提出独立的建议，并反馈给执行董事，由其向交易平衡账户专员报告。另外，央行之外的英国国家审计署也会对交易平衡账户实施外部审计。市场风险的压力测试也会定期实施，来检测当潜在的各种市场因素发生变化时，账户出现损失的可能性。

二 行使主要货币职能阶段的英镑国际化与外汇储备管理

(一) 行使主要货币职能阶段的英镑国际化

在 1870 年到第一次世界大战爆发前的这段时间，英国经济仍然保持在世界前列，其出口额在世界出口量中也名列前茅，依旧保持着世界上最大出口国的地位。伦敦也是当时世界上著名的金融中心，是世界主要的货币市场。

1816 年，英国首先确立了金本位制，英镑在兑换金条、金币时不受限制，并且可以出口，因此英镑在世界上的信用度大大提升，成为信用货币的最佳选择。此时，英国在欧洲甚至全球的金融中心的地位便已确立，伦敦也成为世界上主要的货币、黄金金融市场。英国在货币流通领域也成为金本位制的领导者，因此，英镑的币值一直保持稳定，英镑的地位也高于黄金，受到全球贸易中各国商人的青睐。由此形成了以黄金为基础、英镑为中心的国际货币体系，此时英镑在世界上的地位达到无人能及的水平。

到 19 世纪中期，欧洲的货币制度一直呈现出三足鼎立的状态，即金本位制、银本位制、金银复本位制同时存在。每个国家都有自己独特的货币制度，这就导致在贸易交易中存在不同程度的汇率风险以及不同的交易费用，这都对自由贸易的进一步发展产生了负面影响。19 世纪中叶，英国废除了早期非常成功的重商主义政策，实行了自由贸易原则，这在很大程度上推动了英国经济的发展，巩固了英镑的国际地位。与此同时，英国控制下的殖民地、半殖民地也参与到世界经济体系中来，伦敦成为世界金融资本交易的中心。西方发达资本主义国家纷纷效仿英国开始采用金本位制，1871 年德国实施金本位制，次年斯堪的纳维亚的北欧经济会议决定共同变更货币制度，法国最终也于 1878 年过渡到金本位制 (富田俊基，2011)。至此就形成了真正意义上的以黄金为基础、英镑为中心的国际货币体系。

按照交换媒介及记账单位统计，1860 年至 1914 年以英镑计价的国际贸易达到 60%。通过大英帝国的扩张，英镑作为货币也拓展到澳大利亚、新西兰、爱尔兰、斐济、牙买加、塞浦路斯、巴巴多斯、英属西非、南非、南罗德西亚等地区,成为第一只真正意义上的国际货币。同时,英镑还成为许多西方发达资本主义国家外汇储备的首选,直到20世纪50年代,美元的迅速崛起使英镑的国际地位大不如前,但英镑作为全球储备的重要货币并未改变,彼时英镑仍占全球储备的55%。而从储藏手段来说,英国国债流动性强、收益稳定的特点使得以英镑计价的债券在国际资本市场上大受欢迎。

(二) 英镑行使主要货币职能阶段的外汇储备管理

由于第一次工业革命起源于英国,因此英国的工业产值迅速提升,占据全球工业产值的50%,贸易由于工业品的输出大幅提升,约占全球贸易的40%。英国成为"全球工厂"的同时,建立起了以自身为中心的贸易网络。英国同法国、意大利、瑞士、瑞典、挪威、西班牙、荷兰、奥地利和俄罗斯等国签订了贸易协定。

由于贸易发展和殖民地扩张,英国在19世纪初殖民扩张达到鼎盛时期,约占全球陆地总面积的25%,英国的对外投资规模也不断扩大。1830年至1870年,英国的GDP与人均GDP始终保持全球第一的位置。英国在工业发展取得巨大成就的同时,对金融业的发展与创新也十分注重。17世纪末所成立的英格兰银行具备了中央银行的部分特征,英国股份制银行的创立及其对私有制银行的替代,使银行业效率高于其他资本主义国家,同时英国的金融机构数目也在不断增加。

在英国主导的国际金本位制度下,黄金可以自由地进行流通,黄金由中央银行以固定的价格进行交易。国际金本位制突出的优势逐渐显示出来,其内在的稳定性和汇率调节机制能够自动发挥国际收支平衡作用,有效地促进了国际贸易的平稳开展,也促进了国际间资本的有序流动。由于英镑与黄金间的内在联系,英镑也就顺理成章地成为世界贸易的核心,成为黄金的替代物。国际金本位制的具体实现是"黄金—英镑"本位,英镑获得了"纸质黄金"的美誉。在1939年年底英国的黄金美元储备是41.41亿美元,年收入为50.82亿美元,黄金美元储备相当于英国年收入的80%。

第一次世界大战之前，英国掌握的国外投资达到 200 亿美元以上，伦敦金融中心的地位也无可撼动。世界三分之二的贸易活动在伦敦进行，在伦敦进行交易的长期投资也达到了全球的一半以上。即便此时英国的经济规模总量已经被美国远远超越，不过由于英国在金融上的霸权地位仍然稳固，美元在国际上的使用仍然不能与英镑相提并论。

三　衰退阶段的英镑国际化与外汇储备管理

（一）衰退阶段的英镑国际化进程

在 19 世纪末期，贸易保护主义开始兴起，英国通过组建单方关税特惠区与英联邦内的国家——加拿大、南非、澳大利亚等国签署了减让关税的协定，英镑在国际贸易与投资中的地位便一直稳如磐石。而外部对英国的金融冲击更是可以忽略不计，这都得益于英国稳定的货币制度以及发展繁荣的金融市场。同时英镑在国际贸易中的交易、汇率风险也几乎不存在，英镑成为当时世界上稳定性与安全性最高的货币。这也使得英镑成为世界上最受欢迎的国际货币，由于国际经济交易中经济主体的求稳倾向，一些国家即便没有同英国之间的贸易活动，也都倾向于使用稳定性较强的英镑作为贸易的结算货币。在这种情况下，英镑成为国际贸易中最主要的储备结算货币，占据了这一期间世界贸易结算货币的主要部分，甚至达到发达国家总投资的一半以上。这样的有利条件也吸引了全世界的资本流入英国，在伦敦上市的外国股票和债券也进一步巩固了英镑的国际霸权地位（钟阳，2013）。

但好景不长，经历了两次大萧条、经济危机以及第一次世界大战后，英镑的国际霸权地位受到了前所未有的威胁，国际地位逐渐下滑，1873年到 1896 年的经济衰退深刻打击了英镑和英格兰银行，英格兰银行作为"世界中央银行"的核心地位受到巨大冲击。同时美国的经济规模迅速崛起，造成了对英国的巨大挑战。第一次世界大战爆发的直接结果就是金本位制的彻底崩溃，英国经济出现了前所未有的大危机，1931 年大萧条造成英镑挤兑，至此英镑金本位制走向了终点。为了挽救英镑这种不利的情况，英国政府仍尽最大的努力维持英镑的国际化地位，并在 1931

年组建英镑区，将英镑作为区内的国际基准货币，遗憾的是，效果并不明显。1967 年的英镑危机进一步削弱了英国在国际贸易与金融中的地位，1972 年，英镑区宣告解散，1973 年英国放弃了西欧八国联合浮动集团，1992 年英国退出欧洲货币体系，美元代替英镑成为最主要的国际货币。但迄今为止，英镑和伦敦国际金融中心仍有其无可替代的特殊国际地位（郭建国、朱莹，2015）。

总的来说，英镑在国际化进程中并未出现严重的金融风险。由于尚未建立布雷顿森林体系，因此没有"特里芬难题"的出现。在英镑国际化期间，英国的经济发展不断扩大，因此整体宏观环境较为稳定，没有显著的系统性风险。在英镑国际化期间，由于伦敦金融中心的地位及英国国内金融业的成熟，英国国内不存在大规模资本流出的风险。英镑国际化进程中英国的货币政策也较为灵活，适应当时英镑的需求，货币政策风险也基本上不存在。由于英镑的强势，当时并没有一种货币可以取而代之，甚至第一次世界大战后，由于历史惯性，英镑仍是全球最核心的货币，但最终被美元取代，货币体系自英镑为中心开始逐渐成熟。因此，在英镑国际化推进中还不存在另一种货币的阻挠风险。

（二）衰退阶段的外汇储备管理状况

在战后的半个多世纪里英国并没有摆脱外汇危机，发展顺利的时期与急剧恶化的时期更替出现，这使得原本积累起来的储备快速缩减，英镑的行情也开始不容乐观了。外汇危机的产生都伴随着储备的减少，并导致英镑在世界外汇市场的地位逐渐减弱。1947 年至 1957 年这段时期，英国外汇危机的尖锐化先后发生了六次，第一次是 1947 年美元赤字的增大，第二次是 1949 年，由于世界行情因危机而下跌导致英国的美元收入大大减少，英镑发生贬值。到了 1951 年年底，英镑区国际出口的原料品价格下降导致英国的外汇储备情况进一步恶化。尽管在 1953 年到 1954 年上半年英国的黄金美元储备已经基本充实了，但从 1954 年下半年开始，通货膨胀、贸易逆差出现，加之英镑汇率贬值预期引起外汇投机，英国的外汇储备状况开始恶化，仅在 1955 年下半年黄金美元储备就下降了 5.6 亿美元。1956 年英国的黄金美元储备进一步缩减，到了只能依靠国际外汇基金的贷款才能勉强维持在 20 亿美元以上的水平。1957 年英国在欧洲支付同盟中的结算状况加速恶化，黄金美元储备下降，英镑汇率预期进一步承压。

英国外汇的困境很快就反映到了英镑的走势上，从 1957 年 7 月开始，英镑兑美元和西欧主要货币的汇率一直处于最低的水平。英国货币调整基金为了保持汇率，不得不花费大量美元与黄金。在这一期间，英国外汇情况恶化的主要原因之一是英国每年都要偿还大量的外债，仅 1945 年到 1946 年每年向美国和加拿大就要增加 1.8 亿美元的债务负担。除了这些债务外，英国还有其他的重债，压力巨大，另一个主要原因是英国对英镑区国家外汇支出的增加。英镑区国家签订了建立"美元基金"契约，并规定英镑区国家要把它们来自商业以及其他领域里赚取的美元投入到英国共同基金里交换英镑，必要时则可以使用英镑来赎回美元。其结果是英镑区国家的储备会在美元收入超过支出时增加，而在美元支出超过收入时减少。由于英镑区独立国家过去大都是英国的殖民地，为了解决过去殖民地造成的经济落后情况，英镑区独立国家都将现有的外汇储备用于发展经济上，致使在 1957 年英镑存款大幅度缩减。

英国主要的外汇支出项目是向英联邦的资本输出，必要的资本输出是维护英国在英联邦中地位的重要措施。作为英联邦国家同意保持英国商品进口方面的特惠制度交换，英国必须流入资本。总的来说，英国经常拨出大量的资金用来偿还他国债务，向英联邦输出资本，以及满足英镑区国家不断增长的外汇需求。英国黄金外汇储备量的不足更加剧了英国外汇情况的严重性。由于储备量不足，英镑的持有者对英镑现有平价的保持产生了怀疑。由于对英镑不信任情况的发生，英镑频频成为外汇投机的对象（弗·依苏波夫、宛因，1958）。

到了 2017 年初，英国政府外汇储备在 5 个月内减少了 50 亿美元，是近 10 年来最大幅度且最为持久的下降，英国财政部表示，政府储备外汇的目的是"通过进行干预来支持英镑或应对意外冲击"，外汇储备实际上相当于保护经济免受市场危机影响的应急基金。自 2008 年起，英国政府累积增加外汇储备 480 亿英镑，尤其是在 2015 年及 2020 年脱欧公投前，政府集中了大量外汇储备防止脱欧后可能出现的货币崩盘，而实际上也出现了这种情况，脱欧公投后的第二天，英镑大跌，兑美元贬值 8%，是世界主要货币自 20 世纪 70 年代以来遭遇的最大日跌幅，但英国财政部表示过去几个月未采取任何干预措施。尽管英国政府承诺 2016 年继续增加 60 亿英镑的外汇储备，但英国外汇储备总额大体上呈下降趋势，6 月份外汇储备为 1062 亿美元，到了 11 月份就降到了 1012 亿美元，下降的主要原因是外汇储备投资的主权债券价格暴跌，而不是出售美元来维持英镑汇率。

四 英镑国际化进程中外汇储备管理的经验与启示

英国在英镑国际化的整个过程中都没有刻意地进行干预和控制，外汇储备也是自然而然地增长与发展。英国外汇储备在某种程度上可以说是英镑国际化的"缩影"，在 17 世纪至 18 世纪，英国的贸易、经济在英国完成工业革命后得到了繁荣发展，英镑也因此摇身一变成为世界主要国际货币，英国的外汇储备也因为与世界各国间频繁的国际贸易而得到了快速增长。19 世纪后，国际金本位制的正式确立使得英镑成为真正意义上的国际货币，英镑成为世界上信用度最好的国际货币，并且成为许多西方发达资本主义国家外汇储备的首选。英镑作为全球储备的重要货币的地位在美元崛起后也并未发生改变，以英镑计价的债券也因其具有流动性强、收益稳定性强的优点在国际资本市场上广受欢迎。但经历了两次世界大战后，英镑的国际霸主地位受到了冲击，国际地位开始下滑。金本位制走向终结以及英镑区的解散等都导致了英镑国际地位的下降，英国的外汇储备也受到了一定程度的影响，开始呈缓慢发展的趋势。根据国际货币基金组织（IMF）的数据，截至 2015 年底，英镑在储备货币中的排位在仅次于美元和欧元的第三位，规模为 3320 亿美元。但英国脱欧公投后，英国的国际信用评级被下调，英镑出现暴跌，这也势必会对英国的外汇储备地位产生重要影响。而英国未来更多的政治不确定性也必定会削弱各国持有英镑资产的意愿。

从英镑的国际化进程中可以看出，金融市场发展的状况和货币国际化的进程、外汇储备规模都紧密地联系在一起，可谓一荣俱荣，一损俱损；发达金融市场能够吸引外国投资者，提升本币在国际金融交易中的使用量。与此同时，发展成熟的金融市场还可以对可能发生的国际冲击进行有效的抵御，英国的伦敦金融交易中心就是一个典型的例子，由此可见拥有一个成熟的金融中心是非常有必要的。中国的金融市场起步晚、发展的时间较短，目前正处于快速发展的初级阶段，尽管市场的劲头很充足，但仍然存在着制度不健全、管制步骤烦琐、交易环节复杂等问题。因此必须重视起金融市场的发展，加快金融市场的改革和创新，逐渐放松金融管制，增强市场活力，保持货币政策的独立性。

第四节　欧元国际化进程中的外汇储备管理

二战以来国际货币体系的变革对欧洲乃至整个世界经济产生了重大影响，在一个统一市场中使用统一的货币是欧盟建立的主要目标之一。经历了半个世纪，欧洲政治经济一体化的高级产物——欧元于 1999 年 1 月 1 日正式诞生，并于 2002 年 7 月 1 日取代主要成员国货币开始独立运营。按照欧元诞生与试行可以将欧元的国际化划分为三个阶段：起步阶段（二战结束到 1999 年 1 月 1 日）、过渡阶段（1999 年 1 月 1 日到 2002 年 7 月 1 日）和扩张阶段（2002 年 7 月 1 日至今）。

一　欧元国际化起步阶段的外汇储备管理状况

（一）欧元国际化起步阶段

欧洲统一货币的具体过程如下：1948 年德国马克问世，揭开了战后欧洲货币格局重建的序幕。1953 年欧洲煤钢联营在德、法、卢等国的联合下成立；1957 年欧洲各国签订罗马条约，欧洲经济共同体正式建立；10 年后该组织重新命名为欧洲共同体，简称为欧共体。欧共体的各国成员国于 1969 年 12 月在海牙进行商议，就欧洲经济与货币联盟的建设问题达成一致意见，欧洲货币一体化就此拉开帷幕。次年，以魏尔纳为首的专家小组制订了建立欧洲经济货币联盟的初始步骤，欧洲货币联盟的建立从此起步，欧洲记账单位（EUA）奠定了建立欧洲货币体系的基础，故 EUA 的出现是欧洲统一货币历程上的里程碑。1973 年英国、丹麦、爱尔兰加入欧共体；5 年后，九个成员国一致决定建立以稳定汇率为目标的欧洲货币体系。1986 年，12 个欧共体成员国签订了一体化协议，为建立市场的统一做了时间限制。1987 年各成员国实行统一的法案，标志着共同市场的正式建立。1989 年德洛尔等人提出分三步建立经济和货币联盟。从 1990 年开始走第一步，实现资本自由流动；1992 年欧洲联盟条约签订，标志着欧盟的诞生；1993 年共同市场起步；1995 年，15 个成员国在西班牙的马德里展开讨论货币统一问题，确定了欧盟各个成员国货币向单一货币过渡的步骤和单一货币的名称，货币命名为欧元，提出共同市场应有统一的货币作为基础，欧盟一体化建设的目标就是实现货币的统一。依据《欧洲联盟条约》的硬性规定，货币联盟的建立不能晚于 1999 年。但是绝大多数成员国不可能于 1997 年达到马约提出的进入货币联盟的条件，故欧盟高层最后决定将统一货币的时间推迟到 1999 年 1 月 1 日。

在前期的欧元国际化进程中，德国马克对欧元的国际化起核心支撑作用。马克诞生后的两年，德国实行了非常严格的外汇管制。20 世纪 50 年代后，德国积累了大量的贸易顺差，这为外汇管制的放松奠定了基础。1949～1969 年德国马克兑美元名义汇率上升 12.8%，其在欧洲货币体系中的强势地位日渐巩固。1970 年，德国马克在全球外汇储备中占 2%。

1970～1979 年为欧洲固定汇率时期，此时也是德国马克价值上升期。1972 年，国际货币基金组织提出将马克作为国际储备货币，自此，全球外汇储备中马克占比大幅上升。由于马克币值稳定，以及其在构成"欧洲货币单位"——埃居（ECU）的货币篮子中的权重占据优势，欧洲共同体成员国货币汇率虽与埃居固定，但实际运行中则变成了与德国马克建立固定兑换的关系。1973 年德国马克开始实行自由浮动汇率，第二年，马克在国际金融市场中占比 7.3%；1980 年马克在国际金融市场中占比 21.7%，在 SDR 中占比 19%，在全球外汇储备中占比 15%，成为全球第二大储备货币。

20 世纪 80 年代后，德国出口商品的 80% 以本币计价，1972 年至
1980 年德国对外输出的马克高达 681 亿美元，1980 年至 1989 年德国出
口量占全球份额从 9.9% 上升至 11.4%，全球出口贸易中以马克计价的
占比约为 10%。在美联储干预货币的比重构成中，1972 年至 1982 年马
克占比平均为 87.7%；1984 年 12 月资本自由化完全实现；1985 年德国
马克债券发行的规模和时间限制均被取消；1986 年政府允许银行拓展其
业务范围，银行国外业务迅速增长，1989 年马克在外汇交易市场中占比
27%，在全球外汇储备中的份额达到 18%。

20 世纪 90 年代后，马克的使用进一步得到扩大，1992 年，全球贸
易中以马克计价的占 15.3%。1990 年德国建立第一家期货交易所，1992
年，马克在外汇交易中占比 40%，1997 年金融市场法案的出台促进了股
票市场、信托业务的自由化，1998 年电子化的欧洲期货交易所正式建
立。愈加完善的金融体系为马克成为国际金融工具的计价货币提供了便
利条件，进一步促进了马克的国际化，90 年代中期，30% ~ 40% 的马克
在境外流通。1998 年在国际外汇储备中占比 13.1%（受储备货币多元化
的影响，其他国家的货币在全球外汇储备中开始占有一定的份额），马克
的国际化奠定了欧元国际化的基础。

（二）欧元国际化起步阶段的外汇储备管理

1950 年至 1973 年，各国普遍持有美元和黄金，美元和黄金在此时期
一直都是重要的储备资产。美国在二战时期的迅速发展，致使美元在 20
世纪 40 年代和 50 年代都被各国当作宠儿。50 年代后期，西欧经济发展
迅猛，欧洲各国国际储备增加。尤其德国，巨额的外汇储备增加了国家
持有储备资产的成本，于是德国采取"藏汇于民"政策，将外汇储备向
民间转移，降低巨额外汇储备的持有成本。具体操作如下：1952 年第一
次允许对外投资；2 年后设立自由资本马克账户；1957 年取消国外投资
的清算和资金汇出限制；次年允许居民持有海外外汇账户；1959 年再次
放松居民对外投资限制；1961 年资本账户的可自由兑换为"藏汇于民"
政策的实施清除障碍；1966 年允许居民持有海外证券；1973 年德国因布
雷顿森林体系瓦解，实行浮动汇率制度，使得外汇市场可进行套利，促

进了外汇资本向民间资本转移；1981 年非居民在德国的投资活动不必得到批准，同时，德国的外汇管理制度同意经常账户的出口收入不必申报或结汇，资本金融项目下，居民和非居民的资本输出完全自由化，国际和外国债券在德国可自由发行，激励了德国居民的对外投资，进一步促进了外汇在居民手中的持有量，减少外汇储备的持有成本。德国 SDR 持有量一直以来比较稳定，1978 年为 413.6 亿，1982 年为 439.1 亿，1984年为 442.4 亿，变化幅度不大。对于黄金储备而言，德国 1950 年还没有黄金储备，在马歇尔计划的帮助下，德国自 1951 年开始改变国际收支逆差，开始了连续十年的经常项目顺差。1958 年 12 月，马克成为可自由兑换货币，马克国际化初期，德国黄金储备不断增长，1951 年有 500 千克，数十年不断积累贸易盈余，德国 1960 年黄金储备占世界黄金总储备的 7.8%。1970 年达 3540 吨，超过法国和英国总和，1978 年德国黄金储备占世界比重达到 11.6%，次年，德国将一部分黄金交由欧洲货币合作基金，到 1983 年，比重下降为 10%。

此外，1950 年至 1983 年，法国黄金储备量世界占比由 2% 上升到 8.7%，SDR 持有量也较为稳定，1980 年为 243 亿，1984 年为 250.1 亿，变化幅度较小。欧共体 1958 年 SDR 持有量 123.2 亿，占全球总量21.4%；1970 年增加至 300.1 亿，占比为 32.2%；1980 年，猛增到 1037.8 亿，占比为 35%；1983 年增加至 1229.5 亿，总量增加，但是比重略减，为 34%，相比 1958 年，SDR 增加了 9 倍。

由此可见，在马克的国际化进程中，官方持有的外汇资产量不断下降，将巨额的外汇资产转移到居民手中，通过私人投资海外，实现较高的收益，SDR 的持有量一直比较稳定。黄金储备在马克国际化初期不断增加，同时期法国黄金储备量也大幅上升。法、德两国 SDR 持有量历年来较为稳定，但欧共体 SDR 持有量增幅较大。

二　欧元国际化过渡阶段的外汇储备管理状况

（一）欧元国际化过渡阶段

为确保 1999 年 1 月 1 日实现货币统一，欧盟高峰会议要求各个成员

国遵守马约提出的进入货币联盟的经济趋同标准，并统一货币的过渡期
为 1999 年到 2002 年，过渡期各国货币正常流通。会议将过渡期划分为
四步，最终实现欧洲货币的一体化。第一步在 1998 年初始，欧盟高层以
上一年的各国宏观经济指标（财政赤字、国债、通货膨胀率和利率等）
为标准来确定可以加入货币联盟的国家；第二步，加入货币联盟的各个
国家之间的货币汇率在 1999 年 1 月 1 日开始固定；第三步，2002 年 1 月
1 日，欧洲央行和各个成员国的中央银行将发行统一的货币，统一货币
自此诞生了；第四步，各个国家的货币在 2002 年 7 月 1 日全部退出流通
领域，各国采用统一货币。

过渡期内，美元在贸易结算中依旧处于主导地位，占有的比重依旧
最高，为 60%，但欧元占比明显增加，欧元启动时占比 20%。此外，
1999 年 1 月 1 日，欧元和美元的汇率为 1 欧元兑换 1.1789 美元，但是后
期欧元持续下降，同年 12 月 3 日，1 欧元只能兑换 0.999 美元。在 2000
年再度走低，5 月中旬降为 1 欧元兑换 0.9 美元，欧元的汇率降低了
20% 左右。但是欧元的走低并没有阻碍欧元的国际化，因为欧元的使用
量在国际贸易、投资等方面持续增加。

在货币的支付职能上，短时期内美元的地位是任何国家的货币都动
不了的，但欧元在此期间俨然已成为重要货币，因为中欧、东欧、地中
海国家等已将结算货币换为欧元，并大量增加欧元储备。欧洲的各个跨
国公司在 1999 年 1 月 1 日开始全部采用欧元结算。各个国家同欧元国的
贸易也将逐渐以欧元结算，巴林、阿曼、阿联酋等海湾国家在欧元区的
进口全部采用欧元计算。伊拉克在 2000 年将储备货币变为欧元。2002 年
底，朝鲜对外结算货币变为欧元。在国际金融市场中，投资于有价证券
的欧元比重已大幅增加。2000 年，国际金融市场上，欧元在全球有价证
券交易中比重达到 34% 左右。另外欧元债券市场的发展态势一片大好，
占全球份额的 45%，第一次超越美元债券（42%）。

在全球外汇储备中，2000 年欧元的比重达到 18.3%。此外，拥有大
量外汇储备的国家（如印度和中国）从分散化的角度，将部分美元转换
为欧元，欧佩克国家甚至直接将欧元作为贸易货币。在 3 年过渡期中，

56 个国家将欧元作为本币或与欧元建立固定汇率或目标内浮动汇率机制。但是在全球外汇市场及原料、石油和飞机等产品市场上，欧元并没有作为国际结算货币。未来很长时间，美元仍会是贸易结算的主要货币。因为过渡期的 3 年中欧元兑美元的汇率持续下降，而且欧盟各国并没有全部采用统一的货币，这也影响了欧元的国际化进程。

（二）欧元国际化过渡阶段的外汇储备管理

货币联盟建立后，欧元区的外汇储备管理权部分交由欧洲中央银行系统（ESCB）负责。成立于 1998 年的 ESCB 由欧洲中央银行和各个成员国的中央银行组成，ESCB 的任务是制定适应欧元区的货币政策、负责外汇储备管理、持有各成员国缴纳的外汇储备等，两个机构都有权持有和管理外汇储备。欧洲中央银行（ECB）由理事会、董事会和全体成员大会组成，其建立以德意志银行为基础，货币政策的制定不受欧盟政府的限制。在制定货币政策时，ECB 沿袭了德意志银行的制度。实践中，ECB 主要负责 ESCB 系列管理，其中外汇储备的管理分为两个层面：第一个层面，ECB 进行外汇储备的管理是通过制定战略意义上的投资决策，实现持有外汇储备的流动性和安全性，达到足以干预外汇市场的目标。在实现该目标的基础上，进一步达到储备资产价值的最大化。第二个层面是欧盟各个成员国的中央银行按照 ECB 外汇储备的决策采取统一行动，依据本国实际状况对外汇储备进行管理。

欧元正式启动意味着欧元区各个国家原本的外汇储备中的欧洲货币将变为内部资产，ECB 保持大量的黄金储备。1999 年 1 月到 10 月 ECB 的黄金外汇储备由 3294 亿元增长至 3578 亿元。据欧洲央行统计，2001 年其外汇储备高达 3340 亿美元，因为美元储备可以保障欧元区国家进口贸易的顺利进行，同时美元储备可以保证 ECB 对欧洲货币体系进行适当干预。此外，欧元在过渡期兑美元的汇率持续走低刺激了欧元区国家的出口，进一步增加了贸易盈余，仅 1999 年一年就获得了约 1000 亿美元的盈余。欧洲货币联盟中央银行将降低权力集中程度，成员国央行行长组建货币联盟执行委员会，制定共同的货币政策。欧元的诞生，会加剧国际金融体系的竞争，使国际资本得到更为有效的配置。欧洲使用单一货币，成员国无须兑换货币，汇率风险保值和兑换费用节约额将达到 280 亿美元。此外，建立货币联盟，统一使用欧元，成员国原来的国际贸易将变为全部用欧元计价的区内贸易，未来欧洲各国的中央银行就无须保存高达 4340 亿美元的外汇储备。随着欧元国际化进程的加快，欧元区持有的外汇总量在过渡期呈下降趋势。

　　整个过渡期内，1999 年 10 月欧元区持有 492.578 亿美元的外汇储备，2000 年 8 月储备额最大，为 549.953 亿美元，后期持续下降，中间有储备量的回调，具体变化如图 6-4 所示。

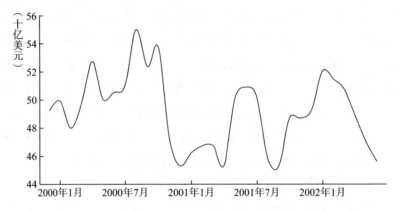

图 6-4　欧元区外汇储备变化趋势

资料来源：TRADING ECONOMICS . COM ｜ EUROREAN BANK。

　　就主要成员国德国而言，欧元诞生时，外汇储备量为 814.95 亿欧元，2001 年 6 月外汇储备最多，为 958.12 亿欧元，后期开始下降，2002 年 7 月 1 日，开始采用统一的欧元，外汇储备下降至 866.49 亿欧元，呈现出先上升后下降的趋势。

　　法国 1999 年 1 月 1 日持有 56 亿欧元的外汇储备，亦是 2001 年 6 月外汇储备最多，达到 79.03 亿欧元，但随后外汇储备量一直下降，2002 年 7 月 1 日，法国外汇储备为 64.11 亿欧元，外汇储备量亦呈现先上升后下降的特征。

三　欧元国际化扩张阶段的外汇储备管理状况

（一）欧元国际化扩张阶段

欧元自全面启动以来，在货币主权联邦的限制下，取代了欧洲 12 个国家的货币，成为国际货币。1991 年，欧盟各成员国 GDP 之和占全球的比重为 15.5%，在此期间，美国的 GDP 占比为 20.8%，日本为 7.6%，欧盟各成员国 GDP 之和是日本的两倍。近年来，欧盟迅速发展，整个欧元区的发展势头和美国相当，愈加强大的发展能力和经济实力进一步推进了欧元的国际化。另外，欧洲央行严格限制通货膨胀率，维持币值稳定，这进一步增加了世界各国对欧元币值稳定的信心，为欧元成为国际货币奠定了基础。

2002 年 7 月 1 日，欧元在加入货币联盟的国家中全面流通，欧元国际化获得很大的成功。基于全球视角，现阶段各国持有的外汇储备中，欧元所占比重日益上升故欧元在国际上的影响力节节攀升。2003 年，在全球外汇储备中，欧元占比 23.6%，美元占比下降至 67.5%；2008 年欧元占比 26.8%，美元在外汇储备中的比重继续下降为 63%。2008 年，德意志银行预言两年后的欧元占比可达到 30%，同时弗兰克尔更是预言欧元有望在 15 年后全面取代美元，成为国际体系中最重要的货币。

从欧元兑美元的汇率来看，2000 年 10 月 26 日汇率达到历史最低，1 欧元可以兑换 0.825 美元，但 2008 年 7 月 15 日 1 欧元可兑换 1.599 美元。8 年时间，欧元累计升值高达 1 倍，从 BIS 的报告来看，2001 年，欧元在全球存款的比例为 12%，2004 年增加至 20%。世界各国处于外汇储备的分散化阶段，期望通过持有外汇储备达到降低政治和经济风险的目的，认为欧元是替代美元的绝佳之选，欧元在存款中所占比重有望进一步提升。

从欧洲央行 2006 年的统计数据来看，在国际贷款中，2005 年欧元占比 21.2%，2006 年比重下降为 19.8%。从规模上看，2006 年欧元区内银行提供了余额为 1.1 万亿美元的信贷给区外非银行客户，其中 36% 的贷款是欧元形式的。截至 2018 年 7 月，欧元区对区外非银行客户的各种货币贷款余额为 3.7 万亿，十几年的时间增长了 3 倍。近期 BIS 的统计报告显示，从 2014 年到 2018 年 7 月，欧元区对外贷款的年增长率均已超过美国。从 2002 年开始，欧元区对外贷款的总额中 50% 全为欧元，到 2006 年末欧元占比超过 54%。从国际存款角度来看，2005 年欧元存款在国际存款中的份额为 24.5%，到 2006 年底下降到 21.6%，但仍维持在 20% 以上。欧元区内银行吸纳外部客户存款总额达到 1.1 万亿美元，其中约 47% 是欧元币种存款。

从全球外汇储备规模来看，2002 年第三季度，欧元在全球外汇储备中所占份额为 22.43%，2009 年第三季度为 27.98%，7 年时间，比重上升 5.5 个百分点。近年来由于受到欧洲主权债务危机的影响，欧元在外汇储备中所占的份额呈现下降趋势，2015 年第三季度，达到历史最低，占比为 19.73%。2016 年第二季度，比重回调，达到 20.18%。2009 年 12 月，欧洲主权债务危机在希腊凸显。随即，惠誉、标准普尔和穆迪纷纷下调希腊主权债务信用等级。2010 年 4 月，债务危机蔓延。2012 年初，标准普尔将法国等九个国家的信用评级下调，债务危机席卷欧洲。债务危机的爆发影响了欧元在全球外汇储备中的地位，欧元地位近年来呈现下降趋势。

（二）欧元国际化扩张阶段的外汇储备管理

欧洲央行在 2002 年底外汇储备总额为 369.398 亿美元，2005 年 2 月，欧洲央行持有的欧元区外汇储备处于扩张阶段的最低水平，为 349.102 亿美元。外汇资产中，外国证券为 306.4516 亿美元，外汇存款为 108.1594 亿美元。随后小幅度上调，直到 2008 年一直保持较为稳定的持有量，均低于欧元诞生时期。2008 年，受金融危机影响，欧元区外汇储备量增加，2008 年 11 月为 504.927 亿美元，随后下调。2010 年 4 月希腊债务危机蔓延至整个欧洲，欧元区外汇储备再次上调，5 月外汇储备增加至 591.735 亿美元。2012 年官方外汇储备总额为 618.787 亿美元，十年间外汇储备总额增长 50%。为应对欧债危机，2015 年欧洲央行提出量化宽松政策刺激欧元区经济的增长，2015 年 3 月外汇储备量为 680.272 亿美元，创历史新高。随着债务危机的降温，欧洲央行外汇储备小幅下降，近年来持有量比较稳定，2018 年 10 月外汇持有量为663.685 亿美元。

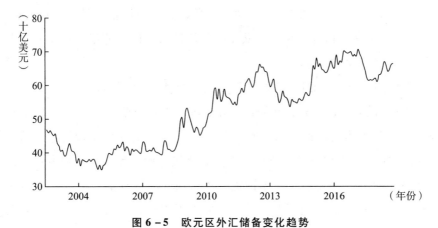

图 6 - 5　欧元区外汇储备变化趋势

资料来源：TRADING ECONOMICS . COM｜EUROREAN BANK。

据统计，欧盟各个成员国的中央银行持有的外汇储备总额达到 3220亿欧元。由图 6 - 5 可见，欧元在国际化扩张前期，欧元区外汇储备量下降，在扩张后期，由于欧洲主权债务危机的爆发影响了欧元的国际化进程，为维持经济的稳定，欧元区持有的外汇储备增加。故货币国际化愈加成熟，外汇储备量愈少。

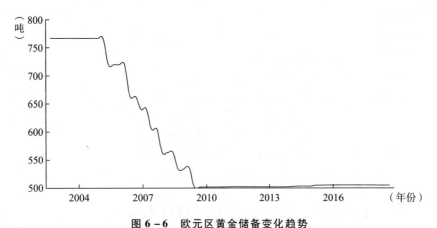

图 6 - 6　欧元区黄金储备变化趋势

资料来源：TRADING ECONOMICS . COM｜EUROREAN BANK。

如图 6-6 所示，随着欧元国际化进程的加快，欧元区黄金储备呈现断崖式下降，2004 年到 2010 年逐年下降，2010 年至 2017 年，黄金储备维持在 500 吨左右，相比于过渡期结束阶段，黄金储备下降了 260 余吨，降幅达到 35%。由此可见，在欧元国际化扩张阶段，外汇储备总额在上升，但黄金储备在下降。

对欧元区的主要国家德国而言，2002 年 7 月其持有外汇储备为 877.18 亿欧元，欧元迅速扩张的前期，外汇储备呈现下降趋势，2005 年 8 月外汇储备达到历史最低，为 763.62 亿欧元，后期保持较为稳定的外汇持有量。直到 2008 年金融危机爆发，德国开始增加其外汇持有量，而后的欧洲主权债务危机使得德国进一步增加外汇持有量。2014 年，随着债务危机的降温，德国下调了其持有的外汇资产，且历年来德国一直践行 "藏汇于民" 政策，该政策的顺利实施将外汇储备转移到居民手中。如图 6-7、图 6-8 所示，近年来德国外汇储备持有量较为稳定，总体呈现下降趋势，黄金储备量在整个扩张期间一直下降。

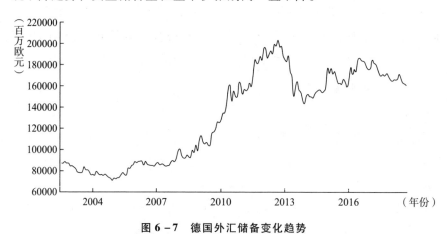

图 6-7　德国外汇储备变化趋势

资料来源：TRADING ECONOMICS . COM｜EUROREAN BANK。

四　欧元国际化进程中外汇储备管理的经验与启示

梳理欧元的国际化进程和欧元国际化不同阶段的外汇储备管理经验可以总结如下：欧元国际化起步阶段，特别提款权（SDR）大幅度增加；

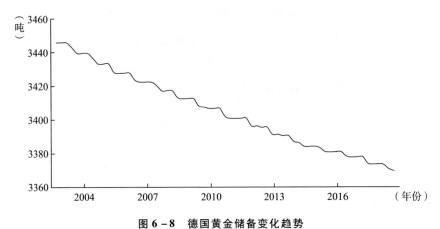

图 6-8　德国黄金储备变化趋势

资料来源：TRADING ECONOMICS . COM ｜ EUROREAN BANK。

各国黄金储备寥寥无几，随后黄金储备大量增加。

　　在欧元国际化的过渡阶段，因为欧盟各国统一了货币，原本属于外汇储备中的欧洲货币转为内部资产（欧元）。但欧洲央行依旧保持巨额黄金储备和外汇储备，因为在欧元国际化过渡阶段，欧洲各国易受冲击，巨额的储备资产是维持本国金融市场稳定的重要手段。

　　欧元国际化扩张阶段，统一货币取代了欧盟各国货币，欧洲各国中央银行就无须保存高额的外汇储备。欧元区外汇储备总额前期呈现下降趋势，后期受到金融危机和欧洲主权债务危机的影响，外汇储备持有量增加，随着危机的降温，近年来外汇储备呈现小幅下降趋势。

　　实际中，马克的国际化在推动欧元国际化中起到了核心的支撑作用，20 世纪 60 年代德国和当今的中国一样面临巨额的外汇储备，德国自此开始了"藏汇于民"政策法规体系的构建，将外汇资产转移到居民手中，降低外汇储备的持有成本和巨额外汇储备带来的通货膨胀压力。随着人民币国际化进程的加快，巨额的官方外汇储备增加了我国持有外汇储备的成本和通胀压力，我国应建立完善的金融市场，促进汇率市场化，变革外汇交易制度，减少央行被动购汇，抑制外汇储备的增长；同时，创新金融产品，拓展国内投资渠道，积极推进资本账户的开放，为居民持有外汇扫清障碍，推进"藏汇于民"政策在我国的实施。此外，在人民币国际化进程中，应逐渐减少黄金外汇储备，借鉴德意志银行和欧洲央行的货币政策制定经验，实现货币政策独立。另一方面，在我国外汇储备管理中，应当降低美元资产的比重，促进储备资产的多元化，切实提高外汇储备对经济稳定发展的作用。

第七章　人民币国际化背景下外汇
储备管理的策略

　　前面各章分析了货币国际化与外汇储备的关系，进而为人民币国际化进程中的外汇储备管理提供了新的思路和方法论。中国巨额外汇储备累积与人民币国际化几乎同步发生并非巧合，总体上我们认为，人民币国际化进程中，中国外汇储备管理也要顺应一般规律。在国际化前期，充分利用好外汇储备来支持人民币的国际化，而在人民币国际化的高级阶段，外汇储备的规模与结构管理自由度增加的条件下，则可以在总量上缩减储备的规模，同时在结构上实施更加多元化的管理策略。一国货币能够在国际贸易与投资中被广泛接受和使用，归根结底是人们对该货币的币值保持充分的信心。巨额储备是保持人民币汇率稳定的重要基础，是维持其他国家对人民币信心的重要保障，是避免资本流动对本币汇率造成过度冲击的缓冲器。对于新兴市场国家而言，由于本币在国际货币体系中的不利地位，利用外汇储备维持本币汇率稳定和信心可减少货币冲击导致金融危机发生的风险。因此从这个意义上来讲，我国充足的外汇储备是人民币国际化的重要支撑，也是人民币国际地位提升的重要保障。但总体而言，在货币国际化进程中，外汇储备规模变化是否有规律性，一国持有多少外汇储备是最优的，无论从理论研究还是各国实践角度，似乎都难以给出明确的量化标准。我们有必要从货币国际化的不同阶段对外汇储备规模进行考察，这样有助于我们更为清晰全面地认识我国外部经济的长期战略。

　　从理论角度看，外汇储备与本币国际化之间并不是简单的线性因果关系，其中有非常复杂的动态影响，特别是本币国际化是一个过程而非一种既定状态，在这一过程中，货币国际化程度会引起一国外汇储备的变动，外汇储备的变动也会影响其他国家对本币汇率的预期和对本币的使用。在这一过程中，货币国际化与外汇储备互相作用的机理将随着货币国际职能的演进而发生变化，从而外汇储备最优规模管理必须要考虑货币国际化的不同阶段。随着本币国际化程度的提高，本币可以直接用于对外债务的清偿，对外汇储备的需求就会逐步下降，外汇储备规模将减少。可见一国外汇储备与本币国际化之间至少存在双重效应，即互补效应与替代效应。在货币国际化初期，外汇储备体现为对本币国际化的推动和支撑作用，本币跨境结算使用也会对外汇储备产生稳定效应、抵减效应。准确地评估两种效应，并根据其综合结果来制定外汇储备管理策略，是人民币国际化进程中外汇储备管理的基础性工作。

第一节　人民币国际化初级阶段的外汇储备管理

　　货币国际化的初级阶段，主要特征是本币的周边化和区域化，作为支付手段在跨境贸易中充当结算货币。由于初级阶段中人民币国际货币功能有限，根据货币国际化初期支撑效应与替代效应的关系，这一阶段的外汇储备管理政策基调应当是在规模上鼓励足够多的储备，即多多益善的战略；而在结构上则需要钉住最主要的国际货币，即相对单一化的结构管理策略。货币国际化初期，充足的外汇储备有助于增强本币的可兑换性、汇率的稳定性，提高使用者对本币的信心。外汇储备的基础功能之一是满足对外支付的需要，随着本币在跨境贸易中的结算规模不断扩大，会对外汇储备产生一定的替代效应。但这一时期的替代效应比较弱，还不足以支撑缩减储备和多样化投资战略的实施。

一　人民币国际化初级阶段外汇储备管理策略的机理

　　一国国际收支状况的主体部分是经常账户下的贸易收支，贸易顺差是外汇储备的最主要来源，但很显然，在当前国际货币多元化的背景下，贸易收支与外汇储备之间的关系变得更为复杂。众所周知，外汇储备是一国政府持有的可用于国际清偿的外汇资产，其数量变动取决于一段时间内本国所有外汇流入与流出之间的差额。为简化起见，我们仅考虑贸易收支对外汇储备的影响，如果本国全部的对外贸易都以外币计价结算，则外汇储备增量就是本国的贸易顺差；如果刚好相反，本国对外贸易全部以本币计价结算，那么贸易差额的变动将不会对外汇储备增量产生任何影响，在国际货币体系中占有绝对优势的美国就属于这种情况，美国无论是顺差还是逆差，都不需要保留大规模外汇储备。对于本币正处于国际化过程中的国家而言，贸易收支中计价货币的选择以及使用方向（即在进口还是出口贸易中使用）都影响外汇储备的累积，这就解释了为什么在本币国际化的过程中，有些国家外汇储备继续增长，而有的国家外汇储备由于本币国际化而快速下降。

1997 年亚洲金融危机后，中国迅速获得出口竞争优势和国际资本的青睐，持续保持国际收支双顺差，开始快速积累外汇储备。持续的国际收支顺差和快速积累的外汇储备，使得人民币进入 21 世纪后开始出现升值压力并持续 10 年的升值走势，人民币的升值预期使得在与周边国家的贸易中，人民币作为结算货币开始被接受。最初是以现金的形式自发地在对越南、缅甸、蒙古等国家的边境贸易中被广泛使用，之后逐渐扩大使用范围和规模，从而开启人民币国际化的进程。2003 年，国家外汇管理局发布《境内机构对外贸易中以人民币作为计价货币有关问题的通知》，允许在国际贸易中使用人民币计价但结算时使用外汇，正式认可人民币在对外贸易中的计价功能。2005 年我国进行人民币汇率制度改革，开启了人民币长期升值的通道。由于人民币升值预期强烈，境外居民持有人民币的意愿大幅提高，同时 2008 年全球金融危机暴露了美元霸权体系的根本缺陷，要求改革现行国际货币的呼声强烈，给人民币国际化提供了难得的契机。2009 年我国启动跨境贸易人民币结算试点，标志着人民币国际化的正式开端。十年来，人民币在跨境贸易和直接投资中的使用规模稳步扩大，随着"一带一路"倡议的实施和我国金融对外开放力度的加大，人民币在跨境交易和储备资产方面也有突破，人民币国际化稳步推进。根据中国人民银行《2018 人民币国际化报告》的数据，截至 2017 年人民币成为全球第五大支付货币，市场占有率为 1.66%，短短十年时间，人民币国际化初级阶段就取得重要成就，这与我国高额外汇储备提供的支持密不可分。表 7－1 数据显示出我国外汇储备大规模累积的过程中，人民币国际化的快速推进。在较短时间内，人民币即获得了在国际贸易和投资领域相当高的认可度。基于经验判断，人民币国际地位提升的过程与我国外汇储备累积具有高度的相关性。

表 7－1　我国人民币跨境贸易、直接投资收付及外汇储备累积情况

年份	贸易收支（亿元）	服务贸易及其他（亿元）	对外直接投资（亿元）	外商来华直接投资（亿元）	外汇储备（亿美元）
2009	19.5	6.1	—	—	23991.52
2010	3034.0	467.0	56.8	223.6	28473.38
2011	13810.7	2078.6	265.9	1006.8	31811.48
2012	26039.8	2757.5	311.9	2591.9	33115.89
2013	41368.4	4999.4	856.8	4570.9	38213.15
2014	59000.0	6565.0	1866.0	8620.0	38400.00
2015	63911.4	8432.2	7631.7	15871.0	33303.62
2016	41209.4	11065.4	10618.5	13987.7	30105.17
2017	32657.2	10908.3	4569.0	11801.3	31399.49

资料来源：中国人民银行，http://www.pbc.gov.cn/；《2018 人民币国际化报告》，中国金融出版社，2018。

从理论角度分析，货币国际化初级阶段，外汇储备的管理应当将支持本币在国际贸易领域中的支付货币职能作为战略目标，以稳定对外贸易关系为基本抓手。一般来说，一种货币能够成为国际货币，除了诸多经济、政治的基本条件外，这种货币本身要具有一定的稳定性，蒙代尔曾说过高度稳定是伟大货币的共同特征，汇率的过度波动会对本币国际化造成负面影响。因此本币国际化需要有充足的外汇储备作为支撑，因为充足的外汇储备代表着国家财富和经济金融实力的提升，而且外汇储备规模越大，表明本国对外支付能力、货币当局干预外汇市场、稳定金融体系的能力越强，这是维持其他国家对本币信心的重要保障；另外，

充足外汇储备会提高本国的对外支付能力，使得政府倾向于采取更为开放的资本账户政策，这是一国货币国际化必不可少的初始条件之一。这就意味着，谋求本币国际化的国家需要积累足够多的外汇储备，这在最初的国际化阶段尤为重要。同时，储备配置到主要货币是最大化支撑效应的结构选择。

伴随着本币国际化，原来的外币结算将发生本币替代。之所以发生货币替代，主要取决于本币与外币的利率、汇率、通货膨胀率等差异所带来的本外币资产收益率的不同，这一过程中，外汇储备与本币替代之间的相互作用较为复杂。一方面，高额外汇储备会形成对本币汇率和本国对外支付能力的有效支撑，人们持有本币意愿提高，对本币资产的需求增加，进一步形成本币升值预期，带动本币结算量增加，从而推动本币区域化、国际化形成良性循环。另一方面，高额外汇储备累积意味着本国国际收支顺差，不利于本币作为国际货币的供给，反而不利于本币国际化。一旦本币汇率出现贬值，本币替代的逆向效应就会显现，人们持有本币资产的意愿下降，本币资产被抛售，汇率贬值预期形成，央行要么动用外汇储备稳定本币汇率，从而短时间内大量消耗本国的外汇储备，要么坐视本币汇率贬值，可能引发资本外逃和金融秩序混乱，导致巨大的本币国际化风险。理论分析表明，货币国际化与外汇储备之间关系是非线性的，在本币国际化的过程中，可能存在外汇储备的最优规模，在最优规模以内，外汇储备累积有利于本币国际化的推进，而一旦超过门限值，高额外汇储备将阻碍本币国际化。在货币国际化的初期阶段，本币替代的正向和负向效应同时显现，但由于替代程度、本国金融市场深度以及政策取向等原因，会导致替代效应现实表现与理论分析出现背离。

从其他国家实践来看，日本和德国在 20 世纪 60 年代末至 80 年代期间，都经历了经济高速增长、本币升值、外汇储备大规模累积、本币国际化的过程，但在日元和德国马克成为国际货币的过程中，两国管理外汇储备的策略则不同。日本外汇储备大幅增加造成本国货币供给上升，资产价格持续上涨，持续的贸易顺差使日元升值压力增强，外汇储备进一步增加。日本没有适时推动本币国际化向外疏导日元供给，从而加剧了本国资产的泡沫化，众多研究也表明高额外汇储备阻碍了日元的国际化。而德国则利用经济增长黄金期积累的大量外汇储备成立了外汇平准基金，主要用来稳定马克汇率，同时鼓励通过马克进行对外投资，马克迅速成为国际硬通货，并成为后来欧元诞生的基础。

二　支撑效应视角下的外汇储备管理

（一）促进经济金融运行稳定提升本币信心目标下的储备管理

在货币国际化的初级阶段，一国货币能作为支付手段在跨境贸易中被使用，归根结底是使用者对该货币具有足够的信心。因此，持有储备的规模与结构应当以提升在跨境贸易中交易双方对本币的支付信心为目标。在当前国际信用货币体系下，任何一种国际货币都同时是国别货币，因此货币发行国的经济金融状况就是维持国际货币信心的关键，在这一点上，外汇储备发挥着不可替代的作用。一般而言，一国持有外汇储备的动机可以分为两类：一类是支付动机，即政府动用储备对外进行支付；另一类是预防性的谨慎动机，政府出于宏观经济稳定的需要而保留外汇储备。因此外汇储备的基本职能包括支付职能、干预职能和充当信用保证职能，外汇储备的这些基本职能可以促进宏观经济稳定，而货币发行国的宏观经济金融状况将直接决定使用者对该货币的信心。首先，当一国出现国际收支逆差时，可以动用外汇储备来弥补因国际收支逆差所产生的外汇缺口，维持必要的对外支付能力，减轻因采取其他国际收支调节措施而对国内经济造成的冲击，外汇储备可在有效缓解短期国际收支逆差的同时避免汇率波动，达到良好的外汇缓冲作用。其次，外汇储备也是维护本币汇率稳定的重要工具，货币当局为使本国货币汇率稳定在目标范围内，通常会利用外汇储备进行或明或暗的干预，一些国家以外汇储备设立外汇平准基金，通过平准基金干预外汇市场来满足国家政策意图。众所周知，随着金融全球化的发展，资本流动的规模更趋扩大，许多新兴市场国家出于自身需要，纷纷放松资本管制，吸引资本流入。在特定条件下，一旦发生短期资本大规模外逃，则极易发生本币贬值引发的货币危机甚至金融危机，而充足的外汇储备可以充当重要的缓冲器，减少危机发生的概率。最后，外汇储备充足与否是衡量国家信誉和风险、偿债能力等的重要指标，是一国国际清偿力强弱的重要体现。充足的外汇储备，是本国举借外债和还本付息的信誉保证，有利于该国在国际金融市场上融资，可以有效防止债务危机的发生，维护宏观经济稳定。

表 7 - 2　东亚国家和地区在 1997 年亚洲金融危机前后外汇储备情况

单位：亿美元

国家和地区	1994	1995	1996	1997	1998	1999	2000	2001	2002
日本	1151	1724	2073	2079	2032	2777	3472	3877	4515
中国	516	736	1050	1399	1450	1547	1656	2122	2864
中国台湾	925	903	880	835	903	1062	1067	1223	1617
韩国	250	319	332	197	520	737	959	1025	1208
中国香港	493	554	638	928	896	962	1075	1112	1119
新加坡	579	683	765	709	744	763	797	749	814
泰国	289	355	372	257	284	338	319	324	380
马来西亚	249	229	262	200	247	297	286	296	333
印度尼西亚	118	133	178	161	224	262	283	270	308

资料来源：国际货币基金组织，International Financial Statistics（IFS）。

自 20 世纪 90 年代以来，新兴市场经济体发生过数次严重的金融危机，当然原因复杂且不尽相同，但危机国家外汇储备不足是其中的重要因素，1997 年的亚洲金融危机就集中暴露了东亚部分国家的这一突出问题。学术界在反思亚洲金融危机的成因时，认为东亚国家不可持续的固定汇率制度是引发危机的重要根源。泰国、马来西亚、印度尼西亚等国在危机前实行钉住美元的固定汇率制度和资本账户完全开放是冲突的，资本的自由流入和流出对固定汇率形成了巨大冲击。固定汇率制度往往需要一国累积较大规模的外汇储备，当发生本币贬值时，政府可以动用储备对本币汇率进行干预，否则一旦汇率制度不可维持，就可能产生宏观经济动荡甚至危机。表 7 - 2 是东亚国家和地区在 1997 年亚洲金融危机前后外汇储备情况，数据显示在危机中受冲击最为严重的泰国、马来西亚、印度尼西亚等国，在危机前已经开始出现外汇储备增长缓慢，且储备总额较低的情况，相对其庞大的短期外债规模，外汇储备的支付能力显然不充足。在国际投机资本冲击下，泰国政府外汇储备很快被耗尽，被迫宣布泰铢兑美元贬值，钉住汇率制度崩溃，危机爆发并很快蔓延至整个东亚区域。在亚洲金融危机中，中国香港地区虽然也遭受重创，但香港自身的外汇储备加上内地的储备支持，得以最终击退投机资本的冲击并成功维持住联系汇率制度，避免了危机对香港经济造成更大损失。

亚洲金融危机后，东亚国家和地区普遍重视保持经常项目顺差并出于预防性动机开始大量累积外汇储备。图7－1给出了1990～2017年部分东亚经济体外汇储备的增长情况。显然，亚洲金融危机的爆发促进了东亚经济体外汇储备的迅速增长，且各经济体都出现趋同的表现。截至2018年第二季度末，全球外汇储备总量约为11.48万亿美元，东亚经济体持有总量超过全球外汇储备总量的50%以上，仅中国的外汇储备就约为全球外汇储备总额的27%。全球外汇储备持有量前20的国家和地区中，东亚经济体占据近一半①。这些国家或地区在亚洲金融危机后，出于稳定汇率和预防冲击等目的，十分重视外汇储备的积累，因此出现了东亚地区整体性的外汇储备高增长状况。东亚各经济体的出口导向型经济，需要稳定的汇率来保证其工业制成品出口，特别是劳动密集型产品的出口。此外，东亚经济对外部直接投资的依赖度高，需要汇率保持稳定来吸引外资流入。遗憾的是，东亚地区没有形成自己的区域性货币，也缺少域内主权货币锚，同时又出于历史原因及实际贸易中同美国之间的密切关系，大都使用美元作为关键货币，形成了在布雷顿森林体系解体后的非强制性美元本位制下的联系汇率体系，这一体系也被称为"布雷顿森林体系 II"。汇率稳定与外向型经济相得益彰，互相促进最终强化了东亚发展模式。

东亚新兴市场经济体的外汇储备规模增加过程与资本流入呈正相关，

---

① 资料来源：国际货币基金组织网站，International Financial Statistics（IFS）（http://da-ta.imf.org/）。

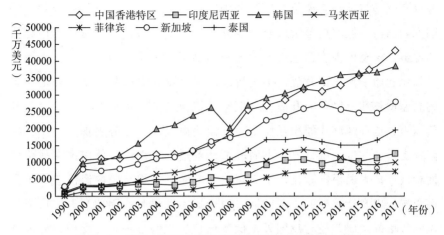

图 7 - 1　1990 ~ 2017 年部分东亚经济体外汇储备增长情况

资料来源：国际货币基金组织，International Financial Statistics（IFS）。

在特定的外资管理制度下，流入的资本形成了外汇储备的积累（Choi et al.，2009）。事实上的美元本位的联系汇率制确保了东亚各经济体同美元的汇率稳定，也间接地确保了东亚经济体之间的汇率稳定。稳定的汇率降低了贸易风险，维持了经常项目、资本金融项目的顺差，促进了东亚地区外汇储备的迅速累积。东亚经济体高度依赖外部需求，但本身又缺少域内国际货币，因而形成了维护美元本位地位的博弈均衡。美元本位不能保证不受外部冲击，特别是本国实体经济出现问题时，维持汇率稳定压力很大。在此条件下，只有持有足够量的外汇储备才能保证受到外部冲击时，本国的经济风险最低，又有利于维持联系汇率制度，最终形成对外汇储备积累的集体偏好。从实际效果来看，东亚经济体的外汇储备的确有利于提升这些经济体的外汇干预能力，对其经济安全起到了重要作用。

（二）保持人民币汇率稳定目标下的储备管理

汇率稳定意味着货币对外价值的稳定，这是货币国际化的前提之一。而外汇储备又是保证货币信心，甚至是干预外汇市场以稳定汇率的关键资源。从稳定汇率的角度看，储备管理也应当保持相对适当的规模，而进入 21 世纪以来，新兴市场经济体快速崛起，但大多数新兴经济体国家并没有获得与其经济地位相匹配的国际货币地位，一个重要原因是一些国家如巴西、俄罗斯等国没有积累充足的外汇储备，反复遭遇本币贬值的冲击，甚至出现货币危机。中国则提供了一个不一样的范本，人民币国际化起始于人民币升值，中国持续的国际收支双顺差带来了外汇储备的高速增长和人民币的升值，外汇储备累积又进一步加剧了人民币的升值压力，这种螺旋式的相互作用一方面使得人民币强势表现提高了其在国际支付中的接受度，另一方面外汇储备过量累积也促使国家在战略层面积极推动人民币国际化，从而解决外汇储备累积给国内经济造成的失衡影响，以及持有外汇储备的巨大机会成本和风险。因此，人民币作为国际货币的发展路径与我国外汇储备增长累积的过程相互交织，外汇储备一方面为人民币国际化提供了保障，政府利用外汇储备积极推动区域性多边金融机构和机制的建立，提高人民币国际影响力，另一方面外汇储备本身也是人民币国际化的重要推动力。

　　保持汇率稳定除了依靠储备规模保持足够多的数量之外，还可以借助资本流动管理手段，两者配合来实现汇率稳定目标。在这里，资本管制可以作为外汇储备在维护汇率稳定功能上的一定程度的替代，但需要注意的是，资本管制虽然有利于本国汇率稳定，也对缓解外部冲击具有重要作用，但却是与货币国际化要求不相符的。货币国际化需要较高的资本流动自由度和金融市场开放性，过分的资本管制会限制本币全球循环体系的形成，抑制本币的国际化。因而，在实践中，谋求货币国际化的国家很难长期使用资本管制手段，这也进一步凸显了外汇储备在支持货币国际化进程中，尤其是保证汇率稳定预期中的关键作用。在亚洲金融危机前，虽然我国外汇储备规模不大，但由于我国实行较严格的资本管制政策，得以保持钉住美元的固定汇率制度，并有效避免国际资本流动对我国经济造成冲击；亚洲金融危机后，我国充分吸收其他发展中国家的教训，重视外汇储备积累和谨慎渐进地开放资本账户，在避免危机传染和保持宏观经济稳定方面，具有独特的实践意义。2008 年肇始于美国的全球金融危机对世界经济造成巨大破坏，在外部环境存在严重不确定性和重大风险的情况下，我国在危机蔓延最为严重的 2007 年、2008

年，主动收窄人民币汇率浮动区间，利用外汇储备维持人民币汇率稳定，有效降低了危机对国内经济的冲击。2015 年 8 月 11 日，央行宣布对人民币汇率形成机制进行市场化改革，前期累积的人民币贬值压力集中释放，人民币汇率大幅贬值，资本外流加速，人民币兑美元中间汇率从"8·11汇改"前的 6.11 左右，贬值至 2017 年 5 月的 6.90 左右，国际评级机构近 30 年来首次下调中国主权信用评级，人民币做空动能空前高涨，但由于我国庞大的外汇储备和央行在外汇市场的有效干预，人民币并没有进一步下跌，市场预期得到稳定。2017 年以来，我国金融账户开放力度不断加大，汇率形成机制市场化程度进一步提高，人民币汇率双向浮动特征明显，央行对汇率的直接干预减少，在此背景下，我国并未出现其他一些新兴经济体易出现的汇率大幅波动乃至货币危机，较好地保持了人民币汇率稳定，与我国充足的外汇储备有直接关系；同时，外汇储备支撑下的汇率稳定也有利于提高人民币作为结算货币的可接受程度。

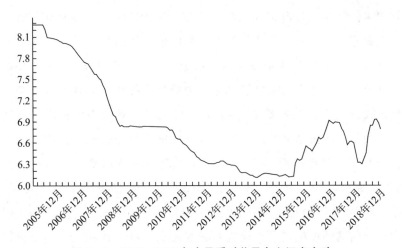

图 7 - 2　2005 ~ 2018 年人民币对美元名义汇率变动

资料来源：Wind 数据库。

（三）参与全球金融治理能力目标下的储备管理

尽管货币国际化初期是本币被周边或区域内国家居民选择和使用的自发过程，但是，一国参与全球经济治理能力的高低，客观上能够提高本币的接受程度。自布雷顿森林体系建立了以美元为中心的国际货币体系以来，美元霸权持续增强，美国借此获得了全球经济金融的核心地位并攫取了大量利益。2008 年全球金融危机暴露出美元霸权的固有缺陷，以中国为代表的新兴市场国家经济崛起，并逐渐成为全球经济增长的重要引擎，这些国家迫切需要降低对美元的依赖，获得在全球经济金融治理中更多的话语权，维护自身利益。2009 年以来我国多次发出关于重建国际金融秩序、改革国际货币体系、加强国际金融监管等倡议，并积极倡导建立双边货币互换机制和区域多边金融合作开发机构，全面提升我国国际金融地位和全球金融治理能力。具体举措包括：一是升级东亚"10 + 3"金融合作机制。1997 年亚洲金融危机后东亚国家切实感到加强合作和建立应急机制的必要性，从而成立了东亚"10 + 3"合作机制，2000 年开始在清迈倡议框架下启动以美元为主的双边货币互换。此次全球金融危机更进一步凸显了应急救助机制的必要性，2010 年规模为 1200 亿美元的东亚外汇储备库正式建立，我国和日本作为最大出资国，分别出资 384 亿美元，各占 32% 份额。二是 2014 年参与建立金砖国家开发银行（金砖银行），为金砖国家和其他新兴经济体的基础设施和发展提供资金支持，初始资本 1000 亿美元，由金砖 5 国平等出资；另外由中国倡议建立金砖国家外汇应急储备基金，为成员国提供短期流动性支持，缓解国际收支压力，储备基金总额 1000 亿美元，其中中国提供 410 亿美元。作为第一次由新兴经济体发起设立的国际性金融机构，中国的倡议和出资发挥了重要作用。三是 2013 年发起创建亚洲基础设施投资银行（简称"亚投行"），这是一家真正由中国主导建立的新型国际金融机构，创始资本 1000 亿美元，其中中国的股权比例为 30%，其宗旨是为了促进亚洲区域的基础设施建设，促进互联互通和经济一体化进程。亚投行被认为可能会成为与世界银行和亚洲开发银行并列的全球金融机构，进一步彰显了中国在全球金融治理中的地位。截至 2017 年 5 月，亚投行共吸引全球 77 个正式成员国。四是 2014 年我国设立丝路基金，总资本金 400 亿美元，主要由外汇储备通过其投资平台出资 65%，重点在我国"一带一路"倡议进程中寻找投资机会并提供相应的投融资服务，与亚投行等其他全球区域和多边开发银行相互补充，助推"一带一路"建设。由以上分析可见，我国在全球金融治理中的地位大幅提升，外汇储备发挥了不可忽视的作用，政府以外汇储备直接出资与这些区域或国际金融机构合作，短期看我国承担了更多义务，但长远来看，我国将在未来国际金融新秩序中获得更多话语权，对推动本币国际化具有长远作用。

三　替代效应视角下的外汇储备管理

一种货币在国际化的初级阶段主要是作为结算货币，在部分区域内充当国际货币，此阶段本币的国际化会产生对外汇储备的替代，但由于本币的国际化程度很低，尤其是本币贸易结算网络尚未形成，使用本币进行结算的成本仍然可能高于使用国际货币，因而替代效应虽然已经有所显现，但并未发挥主要作用。在此情况下，外汇储备的规模还应保持比较充足的状态，结构管理上也应当相对单一化一些，主要集中于主流国际货币，并以流动性和安全性为目标。

货币国际化的一般路径是"结算货币—投资货币—储备货币"，按照这一路径，一国货币国际化进程会被划分为初级、中级和高级阶段。人民币国际化的初级阶段，是指在结算领域用人民币替代外币，人民币跨境贸易结算功能对我国外汇储备既有增强效应，又有抵减效应和稳定效应。自 2009 年我国启动跨境贸易人民币结算试点以来，人民币国际化进程快速推进，根据中国人民银行《2018 人民币国际化报告》数据，截至 2017 年人民币已经成为全球第五大支付货币，市场占有率为 1.66%。在不到十年的时间里，人民币作为支付手段在跨境贸易和投资活动中被广泛采用，标志着人民币国际化的初级阶段已经取得实质进展。前面分析表明，在人民币国际化的初级阶段，外汇储备具有对人民币跨境使用的支撑作用。但是随着人民币跨境结算规模不断扩大，原有形成外汇储备来源的资金流动被本币所替代，势必会形成对外汇储备的替代效应。具体到人民币跨境流动与我国外汇储备的变动，可以发现，由于人民币国际化是在我国资本账户尚未完全开放的状态下启动的，汇率制度、外汇管理政策等与其他本币国际化的国家不同，因此，人民币跨境流动对外汇储备的递减效应呈现出更为复杂的特征。

(一) 人民币跨境结算对外汇储备的替代过程

中国巨额外汇储备的累积主要来源于长期国际收支双顺差、钉住美元的固定汇率制度和"宽进严出"不平衡的外汇管理政策。在以美元为中心的国际货币体系下，非国际货币发行国积累外汇储备具有现实合理性。但随着人民币跨境结算的使用，传统上外汇储备的来源，如贸易差额、直接投资、外债、汇率等不能完全解释外汇储备的变动，而本币对外币的替代程度和替代方向等成为新的影响因素。

传统国际收支理论中给出了贸易收支与外汇储备之间的联系，设一国贸易差额为 B，X 和 M 分别代表一定时期内本国出口和进口总值，则有：

$$B = X - M \qquad (7.1)$$

假设一国国际收支在一段时间内只存在贸易差额，资本与金融账户平衡，那么按照国际收支理论，该国当期的外汇储备变动额全部来源于贸易账户。如果该国进出口全部以外币计价结算，则一段时间内外汇储备的增量等于出口形成的外汇流入与进口形成的外汇流出之间的差额。设一国当期外汇储备变动额为 FR，出口外汇流入为 X_f，进口外汇流出为 M_f，则有：

$$FR = B = X_f - M_f \qquad (7.2)$$

考虑到本币国际化的过程，通常会从跨境贸易结算功能开始，原来用外汇结算的进出口总值，将会部分被本币的跨境结算所替代。我们假设一国出口总值中外币结算的比例为 a_1，进口外币结算比例为 b_1，出口本币结算比例为 a_2，进口本币结算比例为 b_2，则有：

$$B = (a_1 X - b_1 M) + (a_2 X - b_2 M) \qquad (7.3)$$

式 7.3 中 $a_1 + a_2 = 1$，$b_1 + b_2 = 1$，a_2 和 b_2 代表了本币国际化的水平，a_2 和 b_2 越大代表本币国际化程度越高。如果本币汇率稳定，贸易差额并不会因本币结算而发生改变，但此时，外汇储备已经不再等同于贸易差

额 B。由于一国外汇储备的形成仅与外汇流入和流出相关，显然本币国际化程度越高，贸易收支 B 中外汇储备增量的份额越小。为了分析方便，我们进一步假设一国以外汇结算的出口总值为 X_f，进口总值为 M_f，以本币结算出口总值为 X_d，进口总值为 M_d，汇率为 e（直接标价法）。其中，$X = X_f + X_d/e$，$M = M_f + M_d/e$，$a_1 = X_f/X$，$b_1 = M_f/M$，$a_2 = (X_d/e)/X$，$b_2 = (M_d/e)/M$。则有：

$$B = (X_f - M_f) + (X_d/e - M_d/e) \tag{7.4}$$

这是在本币国际化的情况下，贸易收支的完整表达式，此时贸易差额在原有进出口数量不变的前提下，贸易差额 B 变动与本币结算比例和汇率相关；当本币汇率保持稳定时，从统计总量来讲，贸易差额 B 与结算货币的选择无关。但是，当存在本币跨境结算时，外汇储备增量来源却发生了重大变化，以本币结算的跨境贸易差额并不直接影响外汇储备变动，一国外汇储备变动额为：$FR = X_f - M_f$。根据式 7.4 我们可以分析外汇储备变动存在这样几种情况：

情形一：本币没有任何程度的国际化，本币完全没有参与国际贸易结算，$a_2 = b_2 = 0$，则 $FR = B = X_f - M_f = X - M$，贸易差额等于外汇储备增量，这是人民币国际化之前我国外汇储备变动的情形。

情形二：本币完全国际化，即全部的进出口贸易都以本币结算，$a_1 = b_1 = 0$，此时贸易差额 $B = X_d/e - M_d/e = X - M$，但外汇储备增量 $FR = 0$。美国即属于这种情形，由于美元在国际货币体系中的特殊地位，美国贸易收支基本采用本币结算，美国连续多年的贸易赤字也并不影响美国外汇储备的变动，美国无须积累外汇储备。

情形三：本币部分国际化，在本币国际化初期，由于制度、市场等因素导致本币国际化可能是失衡的，此时，本币结算规模以及失衡程度都将影响外汇储备变动额。例如存在这样两种极端失衡的特例：一种是本国出口全部以外币结算，进口以本币结算，依据式 7.4，本国贸易差额 $B = X_f - M_d/e$，外汇储备增量 $FR = X_f$，出口收入外汇将全部形成外汇储备，这是外汇储备增长最快的一种情况。另一种是本国出口全部以本币结算，进口以外币结算，依据式 7.4，此时贸易差额 $B = X_d/e - M_f$，外汇储备增量 $FR = -M_f$，本国进口支付全部消耗外汇储备，这是外汇储备减少最快的一种情况，但是这种情况一般不会发生在本币国际化初期阶段。概括而言，本币部分国际化阶段外汇储备增量可表示为：$FR = X_f - M_f = (X - X_d/e) - (M - M_d/e)$，进一步整理得到：

$$FR = (X - M) + (M_d/e - X_d/e) \qquad (7.5)$$

由上式可知，在贸易总差额不变和汇率稳定的前提下，当本国货币跨境贸易流出额增加时，一国外汇储备也随之增加；反之，当本币跨境贸易流入额增加时，则会相应减少本国的外汇储备。拓展到包含资本与金融账户的全部国际收支账户，当跨境资本流动以本币计价结算时，对外汇储备也会带来相似的影响。在跨境贸易中使用本币，将产生对外汇储备的直接影响，这对外汇储备管理提出了更加复杂的要求。一方面，货币国际化替代了外储功能，另一方面货币国际化又客观上导致储备规模在特定的情况下增加，因而最终显示出不确定的效果，替代效应在货币国际化之初并不明显。

（二）人民币跨境结算业务的发展

人民币国际化始于跨境贸易结算。2009 年 4 月 8 日，我国正式宣布实行人民币跨境贸易结算试点，在自愿的基础上，允许指定的、有条件的企业以人民币进行跨境贸易结算，试点首批城市包括上海、广州、深圳、珠海和东莞；2010 年 6 月 22 日发布的《关于扩大跨境贸易人民币结算试点有关问题的通知》规定，跨境贸易结算推广至所有国家，人民币跨境流动的范围进一步扩大。2011 年 8 月，人民币跨境结算范围扩大至全国，所有具有进出口资格的企业都能开展人民币结算业务。2015 年以前，由于人民币保持了长期升值趋势，人民币结算份额短期内迅速提高，以人民币结算的收付款一度占到全部涉外收款的 42.1%（2015 年 8 月）和全部涉外付款的 33.5%。2015 年 8 月 11 日重启汇率制度改革之后，人民币由单边升值转为双向波动，且呈现出明显的贬值走势，汇率风险增加，受此影响人民币结算金额大幅回落，但 2018 年逐渐趋于稳定。从使用规模看，2018 年我国人民币跨境结算收付金额为 15.85 万亿元，连续八年成为我国第二大国际收付货币。其中全年跨境贸易人民币结算累计发生 5.11 万元，占我国货物与服务贸易总额的近 15%；在国际金融交易领域，诸如直接投资、国际信贷、国际债券等交易中，人民币计价的综合占比为 4.9%。从排名上看，按照环球银行电信协会（SWIFT）数据，2012 年人民币仅占全球支付结算货币总价值的 0.25%，在全球支付结算货币的排名仅为第 20 名；到 2018 年，国际贸易人民币结算份额为 2.05%，人民币成为全球第五大支付结算货币，人民币的支付结算功能稳步增强。

（三）人民币跨境结算下外汇储备管理思路

我国自 2009 年开展人民币跨境贸易结算试点以来，人民币跨境结算领域逐步拓宽、渠道逐渐增加、规模迅速扩大，对我国外汇储备变动带来重要影响。图 7-3 是我国自 2000 年以来外汇储备增量和货物贸易差额的对比情况。从图中可以明显看到，2009 年我国推行人民币结算试点后，货物贸易差额与外汇储备增量出现了明显的拐点，2009 年以前贸易顺差持续增长并贡献了外汇储备增量的主要部分。2009 年以后，外汇储备与贸易收支之间呈现更为复杂的关系，2009～2013 年贸易顺差增长平稳而外汇储备快速增长，2014 年以后虽然一直保持贸易顺差地位，但外汇储备却增长缓慢甚至一度大幅下滑。虽然，贸易顺差变化并不能直接用人民币国际化来解释，但人民币跨境结算使用程度和方向却能影响外汇储备增量，特别是试点初期进口使用人民币而出口采用外汇结算，人民币贸易结算极不均衡加速了 2009～2013 年我国外汇储备的累积。

前面我们分析过，在一国货币国际化的初级阶段，本币人民币跨境结算规模和替代程度将对外汇储备的积累产生影响，因为在贸易收支差额不变的前提下，本币结算比例越高，则相应的外币结算比例越低，外汇储备增量的份额就会越低，本币国际化对外汇储备具有替代效应。表 7-3 是 2009 年以来跨境人民币的收付统计，表中数据显示，我国跨境人民币结算量增长十分迅速，从初始 97 亿元人民币增长到 2018 年底 15.85 万亿元，占中国本外币跨境收付总金额的 32.6%，收付金额和占比均创

表7-3 2009-2018年跨境人民币收付统计表

单位：亿元

年份	经常项目				资本与金融项目				跨境人民币结算合计
	合计	货物贸易	服务贸易及其他	人民币结算占比	合计	对外直接投资	外商直接投资	其他	
2009	26	20	6	—	71	—	—	71	97
2010	3501	3034	467	1.7%	604	57	224	324	4105
2011	15889	13811	2078	6.2%	5047	266	1007	3774	20936
2012	28797	26040	2757	10.1%	11362	312	2592	8458	40159
2013	46368	41368	5000	14.7%	15972	867	4571	10534	62340
2014	65510	58946	6564	19.2%	34078	2244	9606	22228	88588
2015	72344	63911	8432	22.1%	48698	7362	15871	25465	121042
2016	52275	41209	11066	16.9%	46193	10619	13988	21586	98468
2017	43243	32301	10942	12.8%	65122	4579	11961	48582	108365
2018	51069	36572	14497	14.0%	107466	8048	18586	80832	158535

资料来源：中国金融统计年鉴（2018），人民币结算占比为作者计算所得。

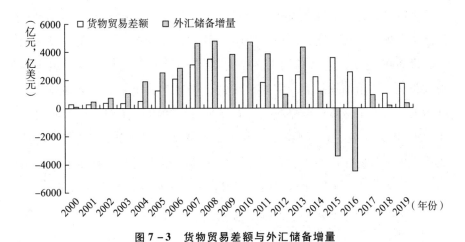

图 7 - 3 货物贸易差额与外汇储备增量

资料来源：国家外汇管理局网站。

历史新高。经常账户人民币收付额占全部经常账户比重由最初的 1.7%，增长到 2018 年的 14.0%，最高的 2015 年达到 22.1%，更多企业主动选择使用人民币以规避汇率风险。2018 年中国人民银行的一项调查结果显示，85.6% 的受访企业已使用人民币进行跨境结算，在沪世界 500 强企业跨境人民币结算量已超过外汇结算量，人民币成为在沪跨国企业的首选跨境结算币种。根据 SWIFT 数据统计，截至 2018 年末，人民币在国际支付货币中的份额为 2.07%，是全球第五大支付货币。人民币跨境使用快速增长，人民币资金跨境流动趋向平衡，是近年来我国外汇储备保持平稳的重要因素之一。

另一方面，国际化初期人民币跨境流动的非对称性也影响了外汇储备的变动。一国货币国际化通常发生在本币升值期间，本币持续升值所产生的价值为货币国际化提供了有力支撑，20 世纪 80 年代日元国际化和 21 世纪人民币国际化都发生在这一背景下。由于人民币相对于美元升值，所以出口商更倾向于采用外币结算，而进口商倾向于本币结算。图 7－4 显示在人民币国际化初始阶段，跨境贸易人民币结算极不平衡，2011 年第一季度贸易项下人民币实付数是实收数的 5 倍，之后虽逐步降低，但在 2014 年底前基本保持在 1.4 倍左右，人民币跨境流动失衡加剧了这一时期我国外汇储备的增长。2015 年由于人民币出现贬值预期，大量资本流出，跨境流动也发生了逆转，人民币流入额超过流出额，对外汇储备产生了替代效应，2015 ~ 2016 年我国外汇储备大幅下滑，累计减少超过 8000 亿美元。2017 年以来，随着"一带一路"沿线和周边国家地区跨境人民币结算扩大、离岸市场进一步完善、境内金融市场开放力度加大，人民币跨境资金流动平稳有序进行，2018 年全年人民币收付比达到 1∶0.98，收支总体平衡，外汇储备略有增长。特别是当前资本项目成为人民币跨境使用的主项，人民币资金流动更为便利，有利于保持国际收支平衡，货币国际化对国内宏观经济的缓冲效应逐步显现出来。

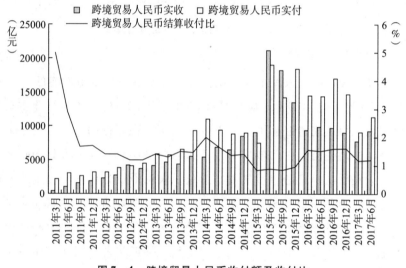

图 7 - 4　跨境贸易人民币收付额及收付比

资料来源：Wind 数据库。

（四）人民币跨境结算下影响外汇储备管理的特异性因素

人民币跨境贸易结算不平衡引起了外汇储备的反向抵减效应，即人民币结算规模越大，外汇储备累积越高。直到近年来人民币汇率形成机制进一步完善，国内资本账户开放力度加大，以人民币为计价货币的金融资产交易扩张，"一带一路"带动人民币对外直接投资提高，逐步扭转了失衡态势。人民币跨境结算对外汇储备的替代效应显现，有助于摆脱长期以来我国宏观经济对外汇储备的依赖，进一步推动人民币国际化。

人民币跨境结算对外汇储备影响的特异性因素主要包括以下几方面:

1. 我国出口贸易结构

依据国际贸易理论,国际贸易中主要参考出口商品需求价格弹性来选择计价结算货币。但考虑到国际货币的使用惯性,在货币国际化的初始阶段,即便中国的出口企业在交易中有讨价还价和确定交易币种的能力,实际中也未必能马上采用人民币进行结算,往往还会使用已有的国际货币。而且如果本币是强势货币,则贸易双方都希望多收本币或少付本币,结算货币选择就更取决于进出口商的议价能力。如果本国货币处于强势地位,而本国在国际贸易中处于弱势,则会出现出口以外币结算而进口以本币结算的现象,这与传统理论的结论是相反的,并会导致国际化初期本币的单向流动。2010 年我国出口总额 15779 亿美元,超过美国成为世界第一大出口国,但其中加工贸易出口总额为 7407 亿美元,占全部出口总额的 47%,表明总体而言我国处于国际贸易中的劣势地位,而此时人民币升值预期强烈。在强势人民币下,人民币贸易项下的流动严重失衡,进口实付人民币金额长期高于出口实收金额,对外汇储备形成了反向的抵减效应。近年来,我国出口贸易结构已经有了较大调整,2018 年我国出口总值 24874 亿美元,其中加工贸易 7971.70 亿美元,占比为 32.0%,较 2010 年下降了 15%,一般贸易占比为 56.3%,在众多领域出口竞争力显著提升,出口贸易结构的调整促进了人民币跨境流动的平衡。

2. 人民币汇率波动

人民币跨境贸易结算明显受到汇率波动的影响。2005 年我国进行人民币汇率制度改革,开启了十年人民币单边渐进升值的历程。2009 年进行人民币跨境贸易结算试点,主要国际货币美元、欧元等受全球金融危机影响相对弱势,强化了人民币单边升值预期。因此,在使用人民币结算初期,我国对亚洲周边国家保持贸易逆差,这些国家出口商乐于接受人民币,既规避了汇率风险,又能获得人民币升值收益。对我国而言,进口人民币结算有利于人民币在亚洲周边国家的流通,有利于人民币国际化。参考国家外汇管理局公布的银行代客涉外收付款数据(此数据包括全部经常账户和资本金融账户人民币流动），表7-4显示试点以来除2015年外，各年份银行代客收付款都体现为人民币净流出。从收付比来看，在跨境结算初期人民币升值预期强烈时，人民币跨境收入远远小于支出，但在2012年和2015年，人民币分别有两次明显的贬值过程，人民币跨境收付也发生显著改变。2016年虽然人民币继续贬值，但此时人民币跨境流动主体不再是贸易结算，跨境资本流动快速增长，因此数据上并没有直接体现出受到汇率贬值的影响。近年来，人民币汇率相对稳定，市场化程度提高，双向波动特征明显，人民币跨境流动也更为平衡有序。

表7-4 银行代客人民币涉外收付款

单位：亿元

年份	2010	2011	2012	2013	2014	2015	2016	2017	2018	2019
跨境收入	636	8241	18633	27105	44814	62626	36712	34043	49846	65408
跨境支出	3306	10644	18715	32248	50991	59650	57250	41126	54871	66820
差额	-2670	-2403	-81	-5143	-6177	2976	-20538	-7083	-5024	-1412
收付比	0.19	0.77	1.00	0.84	0.88	1.05	0.64	0.83	0.91	0.98

资料来源：国家外汇管理局。

3. 离岸市场广度和深度

人民币国际化的实施是在我国资本账户尚未完全开放的情况下开始的，人民币的回流机制不完善，可投资的境内人民币产品有限，因此，具有一定深度和广度的离岸市场对人民币的跨境使用尤为重要。中国香港是最早的人民币离岸中心，早在2004年，香港特区部分银行就开始办理人民币个人业务，包括人民币存款、汇兑业务等。2009年人民币结算试点启动后，香港人民币存量增长迅速，据统计，2010年香港与内地的跨境贸易人民币结算占到全部人民币跨境贸易总额的70%以上。但是在国际化初期，尽管香港离岸市场人民币存量增长迅速，但总规模十分有限，人民币存款和债券存量不足限制了人民币贷款投资等业务开展。对于境外机构而言，利用人民币在离岸市场上投资和获得人民币贸易融资都有比较大的障碍。离岸人民币市场资金供求不平衡导致利率高企，增加了境外企业人民币的融资成本。并且离岸市场上人民币汇率形成机制也不完善，2010 年 7 月，中国人民银行允许香港从事人民币业务的相关银行可以自行平盘，逐渐形成离岸人民币（CNH）汇率，2011 年 6 月香港开始正式公布离岸人民币兑美元的即期汇率价格、人民币离岸市场汇率，离岸市场汇率波动增加了企业使用人民币的成本。以上原因导致了在人民币结算初期，境外进口企业要获得人民币融资比较困难，人民币贸易结算的转换成本较高使得出口人民币结算慢于进口结算，人民币流出大于流入。

近年来，在市场需求推动下，离岸人民币市场已经形成了以香港市场为主，东南亚、欧洲、北美、中东和其他市场积极参与发展的良好局面，人民币计价交易的金融产品不断丰富。主要人民币离岸市场除传统的存贷款、债券、股票及基金等产品外，还推出了人民币期货、期权等衍生产品，为境外投资者提供了人民币套期保值工具。人民币离岸市场同在岸市场有效衔接，套利与套汇空间逐渐收窄，人民币结算量大幅上升，人民币跨境流动日趋平衡。

第二节　人民币国际化中级阶段的外汇储备管理

货币国际化中期，本币在国际资产交易中充当计价货币，其价值尺度职能提升，本币金融资产交易扩张，离岸市场逐步壮大。由于中期阶段人民币国际货币功能已经有了较大提升，以人民币计价的资产交易将快速增加。根据货币国际化中期支撑效应与替代效应的关系，支撑效应虽然已经不像初始阶段那样需求迫切，并可能进入到边际递减的状态，替代效应在贸易领域中也有所增强，但并不能明确判断这一时期会发生两种效应的切换。对于人民币这样的后发货币而言，由于缺少一些重大的国际政治经济契机来迅速确定其国际地位，我们倾向于认为，即便到了国际化中期，支撑效应在货币国际化与外汇储备关系中起主要作用。此时随着货币国际化的推进，仍然需要足够多的外汇储备积累。外汇储备管理政策基调应当是在规模上要保持稳定的高位储备规模；而在结构上则需要逐步转向多元化，即从相对单一化的结构管理策略开始向多元化方向调整，适当增加超额储备的多样化配置。

我们认为，当前的人民币国际化就处于中期阶段，因而从战略层面不建议因为所谓的过剩就盲目缩减外汇储备规模，而应当保持储备"高位稳定、适度多元"的管理战略。充足是为了进一步给资本与金融项目放开以及国内金融市场完善提供更多的空间，而适度多元则是在提高收益性目标优先度的同时，更加广泛地参与到全球多个市场中，为人民币金融资产计价交易功能的拓展提供更大的市场空间。在这一阶段，金融资产交易将引起本币更大规模的流动，而且相对于贸易项下的本币流动，资本流动会更为迅速，对利率和汇率反应更为敏感，投资者可能随时会进行本币与外币之间的替代，这就需要外汇储备能够对本币金融资产交易提供充足保障和良好支撑。另一方面，本币金融资产交易扩大会进一步推进本币国际化，提高本币在国际贸易计价中的结算份额，便于在国际金融市场上进行本币融资，根本上降低本国经济发展对外汇储备的依赖，形成货币国际化对外汇储备的替代效应。

一 人民币计价金融交易的进展

2017 年开始，我国资本项目下的人民币收付总额为 65122 亿元，首次超过经常项目下的人民币收付额，2018 年资本项目下人民币收付额合计 107466 亿元，同比大幅增长 65%，是经常项目下人民币流动的 2 倍，占人民币跨境收付总金额的比例为 67.8%，成为推动人民币跨境收支增长的主要力量。从收支净额看，经常项目人民币跨境收付净流出 9801 亿元，资本项目净流入 11345 亿元，人民币跨境资金流动呈现"经常流出－资本回流"的格局。资本项目成为人民币跨境使用的主项，表明人民币国际化已经开始拓展到中级阶段。

（一）人民币直接投资

人民币国际化进程开启之后，中国资本与金融账户的开放力度不断加大，人民币在资本与金融项下的交易日趋活跃。特别是 2016 年 10 月 1

日，国际货币基金组织（IMF）正式将人民币纳入SDR（特别提款权）新货币篮子后，人民币可接受程度大幅提高，投资功能不断提升。在经济全球化的推动下，中国不仅从贸易角度，而且从资本流动角度加快融入全球经济体系的步伐。根据《人民币国际化报告2019》，人民币计价的国际直接投资增长迅速，规模累计已经达到11.06万亿元，2018年以人民币结算的对外直接投资总额也达到8048.1亿元，实现了76.2%的同比增长，比2011年增加23倍，人民币对外直接投资规模的增长表明境外人民币接受度逐步提高（见表7-5）。

表7-5　2011~2018年人民币直接投资

单位：亿元

年份	2011	2012	2013	2014	2015	2016	2017	2018
对外直接投资	201.5	292	856	1866	7362	10619	4568.8	8048.1
外商直接投资	907.2	2510	4481	8620	15871	13988	11800	18600
合计	1108.7	2802	5337	10486	23233	24607	16368.8	26648.1

资料来源：中国人民银行。

图7-5显示，2018年人民币外商直接投资1.86万亿元，同比增长57.6%，创历史新高，较2011年的907.2亿元增长了19.5倍。从全球情况看，2018年的国际直接投资连续三年呈现下滑趋势，同比下降19%。与此形成鲜明反差的是，我国引进的国际投资逆势增长，全年实际利用外资规模达到8856.1亿美元，其中包括以人民币结算的外商直接投资1.86万亿元，约为年度实际利用外资额的31%。2011年以来，人民币外商直接投资一直高于人民币对外直接投资，这一方面表明我国经济增长和投资环境持续吸引境外资金，另一方面也表明我国金融业对外开放便利了人民币资金回流，直接投资是人民币资金重要的回流渠道，人民币回流机制完善有利于人民币资金跨境流动的平衡。

（二）人民币证券投资

得益于我国境内金融市场双向开放规模的扩大，人民币跨境证券投资持续上升。境外机构境内发行人民币债券（熊猫债）、境外机构投资

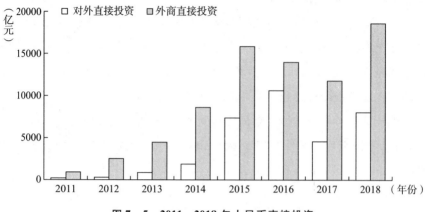

图 7 - 5　2011 ~ 2018 年人民币直接投资

资料来源：中国人民银行。

银行间债券市场，以及境外投资主体通过深股通、沪股通、QFII 和
RQFII 等途径投资境内股票市场规模稳步扩大，人民币金融资产受到国
际投资者的青睐。境外主体加速投资中国金融市场。随着 A 股成功纳入
全球指数（MSCI 指数）、中国债券纳入彭博巴克莱全球综合指数等，中
国金融市场对外吸引力发生质的变化。国际金融协会发布报告显示，全
年中国证券投资净流入 1507 亿美元，占整个新兴市场净流入额的 77.1%，
其中，约 80% 的流入资金为人民币。

1. 国际债券和票据存量上升

在国际金融市场上，人民币国际债券和票据存量有所增长。根据国
际清算银行的数据，我国在人民币国际化起始阶段，以人民币计价的国
际债券和票据规模为 115.09 亿美元，仅占全部国际债券和票据存量的
0.06%。2009 年之后人民币国际债券存量不断上升，2015 年达到高点的
1250.02 亿美元，全球占比最高达到 0.59%。2015 年后，人民币国际债
券的票据存量和占比均略有下降，2019 年底存量约 1000 亿美元，占比
0.41%。而 2019 年国际债券存量占比前两位的美元和欧元，占比分别为
47% 和 38%，由此可见，在金融交易方面人民币国际化与主要国际货币
相比有很大差距（见图 7 - 6）。

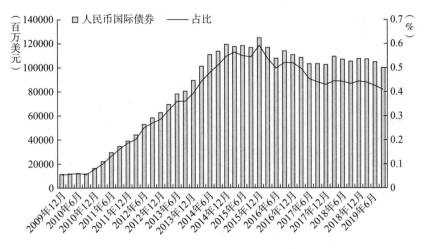

图 7 - 6　人民币国际债券金额及占比

资料来源：国际清算银行（BIS）。

2. 境外机构和个人持有证券资产上升

根据图 7 - 7，中国人民银行公布的 2019 年最新数据表明，境外机构和个人持有境内人民币金融资产余额达到 6.41 万亿元，实现了 1.56 万亿元的增幅，同比增加 12%，增长势头仍然在延续。在非居民所持人民币资产中，债券的规模是最大的，债券和票据的总余额达到 2.26 万亿元，其次分别是股票（2.10 万亿元）、存款（1.21 万亿元）及贷款（8331.64 亿元）。对比 2014 年数据（央行从 2014 年公布此数据）可见，早期非居民主要持有的金融资产是贷款和存款，2017 年以来证券资产明显上升，说明资本账户中以人民币计价的金融交易有较快提高。

3. 推动境内外金融市场互联互通

近年来我国金融市场对外开放取得新的突破，2017 年 6 月内地 A 股成功纳入全球指数，中国债券纳入彭博巴克莱全球综合指数，说明中国金融市场对外吸引力发生了质的变化。我国陆续通过沪港通、深港通、沪伦通、债券通、QFII、RQFII、熊猫债、基金互认等措施，实现了境内外金融市场的互联互通。我国适时对 QFII 和 RQFII 进行了改革，在放宽外资机构准入条件的同时，大幅度扩大 QFII 和 RQFII 的可投资范围，允许其投资新三板股票、债券回购、私募投资基金、衍生金融产品，以及

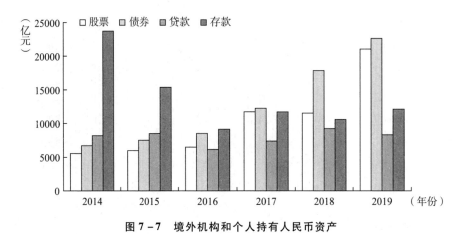

图 7 - 7　境外机构和个人持有人民币资产

资料来源：中国人民银行。

开展证券市场融资融券交易。金融市场互通为我国资本账户开放打下了坚实基础，也形成了人民币国际化的巨大推力。

4. 计价货币功能实现突破

2018 年 3 月 26 日，上海国际能源交易中心正式推出以人民币计价结算的原油期货合约交易；5 月 4 日，大连商品交易所铁矿石期货正式引入境外交易者；11 月 30 日，人民币计价的精对苯二甲酸期货正式引入境外交易者。按照"成熟一个、推出一个"的原则，未来将陆续有其他成熟商品期货引入境外交易者，促进大宗商品人民币计价结算，大宗商品计价货币是人民币国际化的重要进展。

（三）人民币境外贷款

2015 年境内机构人民币境外存款开始有统计数据，图 7 - 8 显示境外存款规模变化不大。2013 年以来人民币境外贷款规模则逐年增长，2019 年境内机构人民币境外贷款余额 5367.86 亿元，比上年增长 292.6 亿元，增幅为 5.76%；较 2013 年增长 2.87 倍。人民币境外贷款是我国资本账户管制较为严格的项目，境外贷款总量增长一定程度上说明人民币资本项目下跨境流动的管制在逐步放松。但同时，境外贷款占金融机构全部人民币贷款总额的比重非常低，甚至达到过 0.42%，2019 年占比仅为 0.35%。

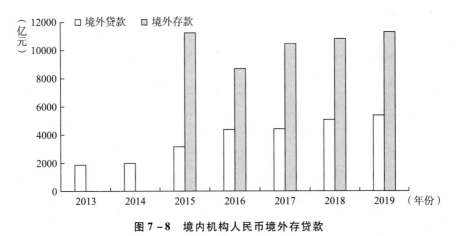

图7-8　境内机构人民币境外存贷款

资料来源：中国人民银行。

（四）人民币外汇市场交易

2015年8月我国重启人民币汇率制度改革，完善人民币汇率形成机制，人民币汇率定价更为市场化，双向波动特征明显。2018年银行间外汇市场中，人民币外汇市场成交量为165.1万亿元，其中，人民币外汇即期市场交易量超过1万亿元人民币。随着人民币汇率的灵活性和弹性增大，人民币汇率风险管理需求加大，人民币汇率衍生品市场开始起步。截至2018年，全球已有9个国家或地区的11家交易所开办人民币期货交易，2家交易所开办人民币期权交易。在已开办人民币汇率衍生品的交易所中，香港交易所、新加坡交易所、芝加哥商品交易所（CME）延续了2015年以来美元兑人民币的高速增长态势。

如表7-6所示，根据国际清算银行（BIS）全球OTC外汇市场主要币种日均交易额数据来看，人民币已经成为全球第八的主要交易货币，除四大主要交易货币美元、欧元、日元、英镑外，人民币与其他主要货币的日均交易额及占比数据比较接近。近年来无论是日均交易额还是所占比重，均呈现上升趋势。人民币除了对美元、欧元等主要货币进行交易外，对新西兰元、俄罗斯卢布、马来西亚林吉特、韩国韩元、泰国泰铢、南非兰特等货币也直接在外汇市场挂牌交易，且部分交易量有所增加。2018年外汇衍生品成交119.48万亿元，同比增长21.6%，占全部外汇市场交易份额的61.9%。

表 7 - 6　2007~2019 年全球 OTC 外汇市场主要币种日均交易额①

单位：十亿美元

货币	2007 年		2010 年		2013 年		2016 年		2019 年	
	金额	占比	金额	占比	金额	占比	金额	占比	金额	占比
美元	2845	86%	3371	85%	4662	87%	4437	88%	5824	88%
欧元	1231	37%	1551	39%	1790	33%	1591	31%	2129	32%
日元	573	17%	754	19%	1235	23%	1096	22%	1108	17%
英镑	494	15%	512	13%	633	12%	649	13%	844	13%
澳元	220	7%	301	8%	463	9%	348	7%	447	7%
加元	143	4%	210	5%	244	5%	276	5%	243	5%
瑞郎	227	7%	250	6%	276	5%	243	5%	327	5%
人民币	15	0.5%	34	1%	120	2%	202	4%	285	4%

资料来源：国际清算银行（BIS Statistics Explore，2019）。

二　支撑效应视角下的外汇储备管理

前面我们已经展示了人民币在金融资产交易方面取得了一定的进展，在重要商品计价货币上有所突破，但不可否认的是，受汇率制度、资本账户开放、国内金融市场发展等因素的制约，人民币在金融资产交易和储备货币地位上仍然处于较低水平，与其他主要国际货币相比有较大差距。以国际债券计价货币占比为例，2019 年以美元计价的国际债券占比47%，欧元占比38%，而人民币仅占0.41%。当前，人民币价值储藏的职能发展滞后于作为交易媒介职能的跨境结算，制约了人民币国际化的整体进程。根据本节开始时提出的外汇储备管理策略，这一阶段仍然要发挥好储备对货币国际化的支撑效应，要保持规模较多但适度分散化的结构管理策略。未来人民币作为金融资产交易货币功能的提升，是人民币国际化深度发展不可逾越的过程，而充足的外汇储备将对人民币金融

---

① 外汇市场交易额是交易对手的双向交易，此表交易额是单向统计数；外汇交易方向是双向的，总占比合计应为200%。

资产交易提供有力支撑。

（一）提升对我国主权信用信心目标下的储备管理

交易媒介和价值储藏是货币的基本职能，一国货币在国际贸易中被广泛使用，官方或私人持有者会基于保值增值的需要进行相应的资产配置，货币交易媒介自然衍生价值储藏的需求，而具有良好价值储藏功能的货币会提高作为交易媒介的接受度，两者之间紧密联系，相互作用。我们知道，货币能够在本国流通、交易是基于法定货币的强制国家信用保障，但是货币在国际上流通使用则是自发的市场选择结果。在跨境贸易结算下，外汇储备的支撑效应主要体现在维持本币币值稳定和提升对于本币的信心上。而在金融资产交易下，国家可以持有本币对外负债，不需要直接动用外汇储备来偿还外债，外汇储备功能不局限于满足对外支付，其对金融资产交易的支撑效应更体现在投资者对主权信用的信心上。充足外汇储备能够增强投资者对货币发行国的信心，从而提高人民币资产配置规模，推动人民币国际化。

（二）预防资本账户开放金融风险目标下的储备管理

无论是国际货币实践还是理论研究，一个基本结论是，金融市场发展水平和资本账户开放程度是影响货币国际化的关键因素。人民币国际化起步于我国资本账户尚未完全开放、汇率与利率形成机制没有充分市场化的前提下，在人民币跨境贸易结算的初始阶段，资本账户受限，人民币回流机制不畅通，是人民币跨境资金流动失衡的重要因素之一，阻碍了人民币国际化发展。没有完善的金融市场和资本自由流动，金融市场价格发现功能不完全，货币的价值储藏职能就难以实现。从根本上说，人民币国际化的新阶段是以金融市场规模、效率等为标志的金融市场深度发展为前提的，金融市场配置资源效率提高，人民币持有者可以低成本地、迅速地在市场上获得所需资金，其价值储藏功能才能实现。

但是对新兴经济体而言，资本账户开放也会带来较高的金融风险，研究表明，资本账户开放会加大金融危机的风险（Eichengreen, 2001）。亚洲金融危机后，一些新兴经济体出于预防动机的需要积累外汇储备，以抵御危机的发生。Krugman and Obstfeld et al. （2010）认为，金融开放和金融发展是解释外汇储备规模的两个重要变量，在资本账户开放过程中，中国人民银行持有外汇储备以避免国内金融部门受资本流动骤停或资本外逃风险的影响。随着人民币国际化进程的推进，我国汇率与利率形成机制更趋市场化，人民币和外汇资本流动规模更大，资本冲击的负向效应甚至危机的可能性也随之而来，充足的外汇储备仍然是抵御冲击、维持金融稳定的主要手段。当前我国处于经济结构调整、增长方式转变、发展动能转化的关键阶段，产业结构升级压力较大，保持适度宽松的货币政策基调十分重要，同时也需要进一步保证金融体系的稳定和市场功能的完善。在此背景下，稳步推进人民币国际化战略是我国进一步加大金融开放步伐，积极参与国际货币体系改革的重要战略。这也凸显了现阶段持有足够外汇储备的重要作用，中国持有的外汇储备可以有利于维持我国货币政策独立性，提升公众对保持金融市场稳定以及经济长期增长的信心，为内外双均衡的实现提供政策空间支持。

（三）避免人民币汇率超调目标下的储备管理

人民币国际化始于人民币汇率升值，升值使得人民币跨境贸易结算额快速增长，但也由于人民币单边升值走势，人民币跨境贸易结算流动不平衡，一度加剧了我国外汇储备累积和宏观经济失衡。2015 年我国进行人民币汇率形成机制改革，标志着我国开始过渡到浮动汇率制，人民币波动程度加大。图 7 – 9 显示了 2009 年人民币结算试点以来我国经常项目和资本与金融项目下人民币跨境收付情况。从图中可以看出，经常项目和资本账户的人民币跨境流动经历了一个相近的变动过程，在 2015 ~ 2016 年，都出现了明显的下滑。这主要是由于 2015 年 "8·13" 汇改后，人民币贬值压力释放，人民币兑美元的名义汇率从 6.11 一路贬值到 2016 年底的 6.95 左右，贬值幅度近 14%，我国外汇储备也锐减近 8000 亿美元。人民币无论是在贸易结算还是在金融资产交易上，明显受到汇率波动的影响。理论上来讲，维持汇率稳定是货币国际化的前提条件，作为价值储藏手段的国际货币对汇率和利率的波动更为敏感。由于当前以人民币计价的金融资产交易所占份额还很低，人民币作为储备货币的功能刚刚起步，我国尚不能作为国际货币中心国通过货币政策溢出效应来影响汇率，"参考一篮子货币浮动"加外汇储备仍然是稳定汇率的主要途径，我国宏观经济仍然会面临资本流动、汇率稳定和货币政策独立"三难选择"问题。因此持有相当规模的外汇储备，有利于在全球货币政策传导过程中，缓解国际政策效果溢出所带来的利率宽松或紧缩的压力，有利于维护货币政策的独立性，对于推动人民币国际化是必不可少的。

图 7 - 9　人民币跨境结算收付金额

资料来源：中国人民银行年报 2019。

（四）支撑离岸人民币资产市场目标下的储备管理

近年来，在市场需求推动下，离岸人民币市场已经形成了以香港市场为主，东南亚、欧洲、北美、中东和其他市场积极参与发展的良好局面，人民币计价交易的金融产品不断丰富。主要人民币离岸市场除传统的存贷款、债券、股票及基金等产品外，还推出了人民币期货、期权等衍生产品，为境外投资者提供人民币套期保值工具。据不完全统计，境外主要离岸市场人民币存款余额已超过 1.1 万亿元。2018 年，香港新发行点心债 1061 亿元，同比增长 1.06 倍；港交所美元兑人民币等多种人民币期货年内创下日成交量新高；香港即时支付结算系统（RTGS）人民币结算金额 241 万亿元，同比增长 11.8%，人民币结算金额超过港币、美元、欧元等货币；香港与内地跨境人民币收付额 6.4 万亿元，同比增长 30.6%。离岸与在岸人民币市场联动性逐步增强，离岸市场的广度和深度不断拓展。

人民币国际化以跨境贸易结算为起点，在国内资本账户未完全开放的背景下，采用离岸市场的发展模式。但从日元国际化的经验来看，这种"贸易货币+离岸市场"的模式最终还是受制于本币价值储藏功能的不足。因此一方面离岸市场建设应该与资本账户相匹配，另一方面利率和汇率可能在离岸市场上波动较大，并传导到在岸市场引起连锁反应，尽管不能对离岸市场进行直接干预，但离岸市场仍然需要外汇储备的间接支撑。

2015年8月，人民币重启汇率制度改革，扩大浮动区间。离岸市场人民币已有贬值预期，人民币需求量下降，离岸人民币汇率率先贬值，在岸与离岸市场的联动机制引致在岸市场汇率跟跌，形成人民币在离岸市场反向替代的恶性循环。央行被迫动用外汇储备进行干预，降低人民币汇率贬值预期，一年多时间外汇储备锐减8000多亿美元。如果没有充足的外汇储备支撑，加上离岸市场缺乏监管，投机资本就可能利用离岸市场冲击人民币汇率，不仅影响人民币国际化进程，还可能造成我国宏观经济的重大风险。

三 替代效应视角下的外汇储备管理

人民币国际化是一个长期的过程，一方面，在这个过程中外汇储备能够对国际化起到推动和支撑作用，另一方面，随着国际化进程的推进，当本币不再只是作为国际支付手段，而是作为金融资产交易货币乃至储备货币，则会对外汇储备产生替代效应。我国学者的研究也普遍认为，充足的外汇储备会对货币国际化有较大的促进作用，但是过高的外汇储备对本币国际化存在负面影响（李艳丽、曾启，2019），货币国际化程度的提高会降低对外汇储备的需求，并最终导致外汇储备规模的下降（祝国平，2014）。

（一）根据汇率弹性状况适度降低基础外汇储备规模

汇率作为重要的货币价格，是金融资产交易者进行决策时必须要参考的重要指标。如果汇率缺乏弹性，在资本账户开放的条件下，易引起投机资本的冲击，最终造成本币大幅贬值，这一点在亚洲金融危机中有深刻体现。当人民币国际化推进到金融资产交易货币阶段时，汇率制度更为弹性、金融市场更为开放是不可或缺的必要条件。理论上来讲，资本跨境流动下，越是固定汇率制度，政府越要积累高额外汇储备，以便随时干预外汇市场以保持汇率稳定；而完全自由浮动汇率制度将不需要积累外汇储备。但在汇率由不灵活向灵活转变的过程中，如果人民币处于贬值压力下，由于预期的自我实现，将可能刺激资本外流，此时要么消耗大量外汇储备以维持本币汇率稳定，要么出现汇率的过度贬值从而引致危机。在 2015 年 8 月 13 日到 2016 年底的时间内，为了维持人民币汇率稳定，央行大力干预外汇市场，在不到两年的时间里，我国外汇储备减少了近 1 万亿美元。央行不得不重新加强资本管制，阻止资本外逃，稳定汇率同时稳定外汇储备。

由此可见，在人民币国际化和扩大开放的新格局下，外汇储备超调的隐形成本不断上升。资本账户越是开放，给定人民币汇率灵活性不变，外汇储备调整就会越大，储备超调和汇率稳定之间的平衡就越难把握，资本的跨境流动要么导致外汇储备累积，要么导致外汇储备枯竭。因此，必须要更多得发挥汇率灵活性的出清作用。近年来，央行转变汇率政策，由直接干预转变为间接干预，人民币汇率灵活性大幅提高，外汇储备相对稳定。未来随着人民币汇率清洁浮动的实现，对外汇储备的依赖将会减少，外汇储备规模将不再增长或逐渐降低。不过需要强调的是，近期而言，这种替代效应的发挥还存在较大不确定性，因而外汇储备规模管理不宜直接减少储备总量，而可以从基础储备和超额储备划分的角度，将更多的储备用于超额配置，即多样化的配置上。从结果上看，汇率弹性增加的替代效应主要体现在对风险冗余的贡献上。

（二）稳步推进金融市场开放以释放储备预防性需求

重商主义动机和预防性动机是一国持有外汇储备的主要原因。近年来，随着我国经济结构转型、资本账户开放、汇率制度改革等，维护金融稳定、防范金融风险等预防性动机成为我国积累并保持高额外汇储备的主要因素。多数研究也表明，对于经济体系比较健全、资本市场高度开放、汇率制度较为灵活的经济体来说，其国际化程度越高，其货币政策溢出效应越高，对外汇储备的需求越低（朱孟楠，曹春玉，2019）。特别是以本币进行大规模跨境金融资产交易后，本币对外汇储备的替代效应十分明显，主要来自以下几方面：一是开放人民币债券市场，完善债券市场体系，提高本币债券对海外投资者的吸引力，增加海外投资者的参与度，提高金融市场的深度和广度，这样就能够以本币融资替代外币融资，减少货币错配风险，降低外汇储备的预防性需求。二是提高人民币国际债券的计价比重，当人民币债券成为国际金融市场上主要的金融资产时，如果发生集中的资本流出或资本外逃，货币当局就可以在国际金融市场上更便利地进行本币融资，减少外汇储备持有规模。三是双向开放金融市场，增加本币对外资产和负债，以本币偿还对外债务，有效降低本国发生债务危机的风险。按照传统理论外汇储备与外债余额之比不低于40%的观点，在本币外债提高的情况下，这一经验比例可适度降低，外汇储备仅作为主权信用的保障。四是完善的金融市场可以为投资者提供充分的衍生金融工具用于避险操作。随着人民币金融交易规模的扩大，大量人民币衍生金融工具出现，这些衍生金融产品可以让私人交易主体有效地规避汇率、利率和信用风险等，避免其将风险集中转移到货币当局，降低官方积累外汇储备的动机。

（三）充分利用离岸市场功能降低对外汇储备的依赖

离岸市场发展对于推动人民币国际化具有重要作用。由于离岸市场具有极大的自由性和开放性，不受货币发行国货币当局存款准备金、利率、汇率、信用额度等限制，可以为非居民提供成本更低、更便利的投融资渠道；离岸金融市场金融产品创新丰富，为非居民持有人民币资产提供了更多选择。离岸市场的特点提高了人民币在国际上的流动性以及良好的可兑换性，通过在岸市场与离岸市场的互动，人民币汇率和利率定价更趋向于反映真实的市场供求，真正实现人民币利率和汇率市场化。一方面浮动汇率本身可以减少外汇储备的持有数量，另一方面也为央行干预汇率提供了新的途径，央行可以通过在离岸金融市场发行人民币债券影响人民币资金的流动，干预离岸市场汇率预期，达到稳定在岸市场人民币汇率的目的，而非像过去只能以外汇储备进行干预。

相对于人民币在岸市场的开放程度，离岸市场可以更便利地和国际金融市场对接，促进人民币资金在境外市场的沉淀，促进人民币资金在全球范围内的优化配置。通过离岸市场的中介作用，境内私人或官方主体能够更便利地在离岸市场进行投融资活动。其显著作用可以为平衡国际收支提供额外渠道，当国际收支出现顺差时，引导人民币资金投资离岸市场，当国际收支出现逆差时，则从离岸市场融资予以弥补，而无须变动外汇储备，对外汇储备形成替代效应。

第三节　人民币国际化高级阶段的外汇储备管理

人民币国际化高级阶段，是指人民币在国际储备货币构成中作为官方储藏手段职能的提升，也就是人民币作为重要的储备货币进入到其他国家官方外汇储备中，是人民币国际化的最终目标。人民币成为主要储备货币，可以推动国际货币体系多元化，降低对美元的依赖以及由此带来的全球风险效应；对于我国自身而言，人民币成为储备货币能够获得可观的铸币税收益，降低国际贸易和金融资产交易的成本和风险，减少国际货币中心国货币政策的溢出效应，提高货币政策独立性。在国际货币基金组织（IMF）公布的数据中，美元在全球外汇储备中的比重为56%，人民币在全球储备货币中排名第六，但占比只有1.8%，可以预见未来人民币将在很大程度上替代外汇储备。

从目前情况看，人民币虽然已经加入了SDR，同时也成为部分国家的储备货币，但还不能认为人民币国际化已经进入了高级阶段。人民币在跨境贸易结算与金融交易计价领域的功能仍然不高，储备货币的功能则刚刚开始，整体的人民币国际化仍然处于中期状态。预期未来随着人民币国际化程度在三个货币功能领域的进一步提高，对外汇储备的管理战略将会产生越来越大的影响。在未来人民币国际化的高级阶段，人民币对外汇储备的替代效应将超过支撑效应，货币国际化进程的推进将减少对储备的需求，造成储备规模的下降和储备资产更加多元化的配置。

因此，我们认为，在人民币国际化的高级阶段，外汇储备管理的战略思路应当是"规模逐步降低，配置更加多元"。此时，人民币已经具有很高的国际货币地位，不再需要高额的外汇储备，此时储备的数量应当压缩，且在配置上应将收益性放到更加重要的位置上。

一　人民币储备功能初步显现

2006 年美国"次贷"危机初步显现，随后两年席卷美国和全球，美元走势疲软，且随着危机的影响加剧，以美元霸权为核心的国际货币体系受到空前质疑，这为储备货币多元化和人民币国际化提供了契机。如表 7 - 7 所示，2006 年菲律宾首先将人民币纳入本国外汇储备，标志着人民币第一次作为储备货币被他国接受，之后，马来西亚、白俄罗斯、泰国、日本等也相继将人民币纳入本国储备货币。2014 年英国政府发行了高达 30 亿元的人民币主权债券，这不仅表明英国政府接受人民币作为储备货币，也表明主要发达国家认可人民币的储备货币功能。人民币储备货币的功能与金融资产计价交易职能密不可分，便利的人民币金融资产交易使得一些国家可以持有人民币主权债券等资产作为本国外汇储备。

表 7 - 7　人民币作为官方储备货币发展历程

时间	国家/地区	事件
2016. 12	菲律宾	菲律宾中央银行宣布将人民币纳入储备货币
2010. 9	马来西亚	买入人民币计价债券作为本国外汇储备资产
2010. 11	白俄罗斯	增加 60 亿元人民币外汇储备
2011. 9	尼日利亚	尼日利亚将人民币作为外汇储备货币，占比维持在 5% ~10% 之间
2011. 11	泰国	泰国中央银行宣布将人民币纳入储备货币，比重为 1% 左右
2012. 5	沙特阿拉伯	宣布考虑将人民币纳入官方储备中
2012. 6	玻利维亚	买入 2.5 亿美元的人民币资产作为储备资产
2013. 3	日本	购入 650 亿元中国国债作为外汇储备
2014. 10	英国	英国政府首次发行规模为 30 亿元的人民币主权债券
2015. 11	俄罗斯	俄罗斯中央银行宣布将人民币纳入官方储备货币
2017	德国	德国中央银行决定将人民币纳入储备货币

续表

时间	国家/地区	事件
2017.6	欧洲	欧洲中央银行将等值 5 亿欧元的美元储备兑换为人民币
2018.1	法国	法国中央银行决定将本国外汇储备分散至包括人民币在内的有限币种上

资料来源：根据公开信息整理。

随着"一带一路"倡议的推进，以及 2016 年人民币被正式纳入 SDR 定价货币篮子，部分国家开始将人民币作为本国的储备货币。2016 年 3 月，IMF 发布的"官方外汇储备货币构成"（COFER）报告中，第一次拓宽了币种范围，将人民币外汇储备单独列出。截至 2018 年底，人民币全球外汇储备增至 2017.90 亿美元，同比增加 793.17 亿美元，在外汇储备中的占比为 1.89%，较 2017 年的占比（1.23%）大幅提高。据中国人民银行统计，截至 2018 年已有 60 多个境外央行或货币当局将人民币纳入外汇储备，人民币的储备功能已经初步显现。

人民币储备功能提升的另一途径是双边互换协议的扩大。双边互换协议原意是在存在流动性危机而外汇储备不足时，用来补充流动性，确保互换双方的国际贸易和金融交易能够正常进行的一种制度安排。本币互换虽然不能完全替代外汇储备，但随着"一带一路"倡议的发展，货币互换已经成为推动人民币储备货币功能提升的重要途径。人民币通过货币互换途径进入离岸市场，可以被用来与中国开展贸易结算和其他交易，拓展了人民币境外使用的区域与范围。货币互换额度通常在一定期限内不能一次性被全部使用，剩余额度就可能作为互换对手国的外汇储备，一定程度上实现了人民币的储备功能。我国从 2008 年全球金融危机后开始扩大货币互换的范围和规模，截至 2018 年底，中国人民银行共与 38 个国家和地区的央行签署了双边本币互换协议，总金额达到 3.7 万亿元人民币，本币互换协议更进一步推动了人民币作为国际货币功能的提升。

二　替代效应视角下的外汇储备管理

现行国际货币体系以主要发达国家的国别货币作为国际货币，其中美元占有绝对优势地位，这种体系的主要特征是不平衡性和金融一体化并存，也是全球经济金融不稳定的根源之一。布雷顿森林体系崩溃以后，中心国的国际货币供给缺乏有效的约束，货币政策以本国利益优先，造成了国际流动性过剩和流动性短缺交替出现的局面。20世纪90年代以来，金融一体化速度加快，国际资本流动的规模和速度空前，由此导致局部或全球金融危机频繁发生。外围国家为了维护本国经济金融稳定，就必须出于预防性需求积累外汇储备，这是众多新兴经济体无法避免的难题。我国作为新兴经济体中全球第一的进出口大国、全球第二的外商直接投资大国，持有高额储备是现行国际货币体系下的必然选择。改革现行国际货币体系，推动人民币国际化，实现人民币储备货币职能对外汇储备的替代，才是解决这一困境的根本途径。

（一）储备货币多元化趋势下的储备管理

储备货币供给对于货币发行国来讲，构成了广义的负债，因此储备货币供给并不是无限的，而是由储备货币发行国的经济、财政、金融等状况决定的，尤其是财政状况的影响十分关键。如果储备货币供给超过货币发行国的财政承载能力，就可能发生储备货币危机。现行国际货币体系下外围国家不得不积累中心国家货币作为外汇储备，用来防范资本流动骤停引发的风险。外围国家不断积累外汇储备不仅会造成资产收益率的降低，而且还会造成储备货币贬值，外汇储备缩水。从全球范围来看，外围国家积累储备会诱发全球经济失衡，增加系统性金融风险，这实际上是和中心国相对应的。2008年始于美国"次贷"危机的全球金融危机，其深层原因是美国长期的贸易逆差与财政赤字导致的美元流动性过剩，全球经济失衡，美国经济过度依赖金融虚拟部门的增长，最终导致泡沫破裂引发危机。国际货币体系的固有缺陷使得危机不可避免，因此金融危机过后，新兴经济体要求改革国际货币体系的呼声高涨。

以上分析表明，现有国际货币体系的不稳定性，在原有框架下是没有办法根除的，而储备货币多元化可能是一个现实的解决途径。增加储备货币供应国的数量，分散储备货币的供给，减少美元比重，从根本上缓解储备货币的"新特里芬难题"，减少外围国对美元储备的依赖。人民币国际化启动后，人民币计价结算、金融资产交易稳步提升，中国开始成为新的国际储备提供国，货币互换协议加快提升了人民币储备货币地位。2019 年国际货币基金组织公布的最新"官方外汇储备货币构成"（COFER）数据显示，截至 2019 年第三季度，美元在全球已分配外汇储备中的占比为 61.78%，第二位欧元占比为 20.07%，人民币占比为 2.01%，是全球第五大储备货币。尽管人民币现在不能同美元相比，但随着人民币被广泛地用于结算、交易和储藏，中国就不需要积累高额外汇储备，人民币对外汇储备的替代效应也更明显。

（二）货币政策溢出效应与储备管理

货币政策溢出效应是指，储备货币中心国国内的货币政策可能通过汇率、利率或国际贸易对非储备货币国家的经济产生重要影响。储备货币中心国通常只持有少量外汇储备，一方面是由于本币可以直接用于贸易结算和国际借贷，另一方面是因为当本国出现严重国际收支失衡时，中心国会通过货币政策进行干预，而将调节的责任转嫁到其他国家，由外围国来分摊调节成本。中心国货币政策对外围国的溢出效应主要包括：中心国的货币政策会影响到全球的货币体系和金融市场，导致"全球金融周期"出现。信用的周期性扩张和收缩导致资本在全球范围内循环流动，而流向的突变就成为繁荣与萧条切换的开关，形成对外围国家的"割韭菜"效应。中心国货币扩张周期内资本大量外流，造成外围国资本市场的繁荣和外币的走强，形成经济的繁荣周期；中心国的货币紧缩周期内则资本回流，打压外围国汇率的同时，抽空其资本市场，形成金融紧缩，导致经济下行，伴随这一过程，财富将流向中心国，外围国始终是在金融和经济的不稳定环境中。此外，中心国货币政策溢出导致的短期国际资本流动加剧了汇率的不稳定性，进而影响到外围国的贸易和实体经济。资本流动的突变预期下，为了稳定汇率，外围国要么利用外汇干预从而失去了大量外汇储备，要么提高利率或使用资本管制工具，则可能造成严重的萧条。人民币成为储备货币后，货币政策的溢出效应转变了经济调节政策的被动局面，从根本上替代了原有的外汇储备干预模式。

第四节　人民币国际化进程中外汇储备管理的路径

过去一段时期，社会各界对中国外汇储备问题的争论发生了一些变化。2015 年之前，理论界与实务界普遍认为，中国的外汇储备处于严重过剩状态，超额外汇储备俨然已经成为国家的负担，造成外汇储备管理上的困境。过剩的外汇储备只能投资于流动性强而收益性差的资产，而与此同时我国却以高额收益与政策优惠吸引外资，损失了宝贵的国民财富。然而受 2015 年人民币汇率制度改革，以及美国退出量化宽松政策等国际环境变化的影响，人民币汇率面对巨大的贬值压力。央行动用外汇储备，确保人民币汇率不会发生恶性贬值，一年多时间中损失了近万亿的外汇储备，并继而引发了保汇率或保护外汇储备的争论。为维持人民币汇率稳定而导致的外汇储备的急剧下降，至少证明了中国外汇储备多寡问题的相对性。从另一个角度看，短期内损失的大量外汇储备，换来了人民币汇率的相对稳定，避免了外部冲击造成的宏观经济系统性风险爆发，也为人民币汇率变化拓展了更大的空间。保汇率实为一次惊险的外汇储备规模压力测试实践，幸而结果差强人意，可谓惨胜。为此，重新审视中国外汇储备管理问题，折中的思维方式更为妥帖，也更符合渐进式改革的整体思路。其间，人民币国际化的背景也必然是不得不考虑的重要因素。

一　人民币国际化进程中外汇储备管理策略实施路径

我们认为，从战略角度看，人民币国际化的三个阶段中，初级阶段应遵循规模多多益善，结构上盯紧主要货币的思路；而人民币国际化进入到中期之后，应维持规模高位稳定、结构适度多元的格局；未来只有当人民币国际化进入高级阶段，并超过某一阈值之后，才可以适时考虑逐步减少外汇储备规模。在结构管理上，充分利用货币国际化带来的安全冗余，提高超额储备资产配置效率，提升收益水平仍是当前外汇储备结构管理的根本目标。基于前文理论与实证结论，以及上述战略层面的基本判断，我们认为近期外汇储备管理应采取下述发展路径：

一是近期以稳定外汇储备规模为主，发挥外汇储备对人民币国际化和我国金融开放、市场化改革的支撑作用。当前我国汇率和利率机制尚未充分市场化，金融体系依然不够完善，守住不发生系统性金融风险底线的任务依然严峻，同时我国加大了资本账户的开放力度以促进人民币国际化和金融市场的改革。理论上来讲，这是高风险的顺序组合，会导致由跨国体制套利所带来的资本流动的巨大增加，此时稳定我国现有高额外汇储备就是明智之举。研究表明，在全球流动性极度紧缩期间，利率政策和央行预期管理政策均不能影响汇率，只有动用外汇储备干预外汇市场才是有效的。这意味着即使汇率制度完全浮动，外汇储备仍将在极端情形下起到压舱石的作用。人民币国际化的前提是保持人民币币值的基本稳定，而适度外汇储备规模需求对于短期内的汇率调控不可或缺。2017 年以来我国汇率政策已有所调整，放宽了人民币汇率波动限制，减少了外汇市场直接干预，通过离岸市场预期管理来影响汇率变动，即有稳定外汇储备的政策取向并收到良好效果。人民币国际化指数有所回升，外汇储备基本保持小幅增长，进一步证明了外汇储备对人民币国际化的支撑效果。

二是中期内依托我国的贸易优势与外汇储备优势推动人民币国际化。我国进出口总量世界第一，国际贸易结构已经发生改变，进出口商在许多领域具有较强的谈判能力，能够通过扩大人民币贸易结算途径增强人民币的流动性。在国际金融领域开放资本账户，有助于扩大人民币跨境资本的双向流动，吸引投资者交易以人民币计价的金融资产；发展人民币离岸金融市场，通过金融交易途径增强人民币流动性。通过"一带一路"的实施进一步提高人民币对外直接投资，并将我国持有的外汇储备投入区域性货币合作基金、亚洲基础设施投资银行等国际金融组织，提升人民币在"一带一路"沿线国家的接受度，提高人民币使用的货币惯性，逐步提升人民币作为区域中心货币的地位，降低我国对外汇储备的依赖。我国将以国际收支逆差的形式向国际市场供给人民币，逐步降低我国外汇储备总规模。

三是长期内提高人民币储备货币地位，彻底摆脱我国对美元等主要货币储备资产的依赖。这一策略一方面要不断扩大人民币金融资产交易，持有人民币金融资产国家自然形成将人民币作为本国储备货币的需求；另一方面，我国利用对"一带一路"沿线国家贸易投资的辐射效应，主动加强与其他国家的双边货币合作，扩大货币互换额度，使人民币成为互换对手国的储备货币。货币国际化归根结底是一国经济实力的投影，依托我国持续的经济增长动能和经济实力，通过不断扩大金融市场开放，加强同货币中心国的金融联系，加入中心国的货币互换网络，相互持有对方货币作为本国外汇储备，将真正实现国际储备货币的多元化，彻底解决我国外汇储备累积问题。

二 目前人民币国际化阶段的外汇储备管理路径

在当前阶段大规模降低外汇储备规模的做法是不可取的，即便通过了 2015 年人民币贬值的压力测试，也无法保证应对更大规模的外部冲击时不需要维持可观的外汇储备规模，这在当前反全球化与极端主义抬头的国际背景下更为必要。当然，也不应因外汇储备的快速下降而转向保守，无限夸大外汇储备的安全性需要，而置外汇储备管理效率于不顾，毕竟外汇储备的积累并非易事。为此，保持外汇储备规模的稳定，提高管理绩效应是基调。同时，在人民币日益国际化的趋势下，保持适度偏多的外汇储备规模，以推进人民币国际化进程是更为长远的战略。

一是根据人民币国际化进程，适时调整外汇储备规模管理阶段性战略。在人民币国际化的当前阶段，保持外汇储备规模的稳步、小幅度提升仍然重要。这一方面源于外汇储备对本币的信用支持功能，以多样化外汇储备充当人民币国际化的准备金，提高国际市场使用人民币的信心，有利于人民币国际化的推进；另一方面，充裕的外汇储备也为人民币可自由兑换提供了基础保障。当人民币国际化进入高级阶段，即人民币已经具备在国际市场中交易结算、资产计价和价值储备的大部分功能，并具有较大的流通规模时，逐步调减外汇储备规模势在必行。此时，过多外汇储备的准备金功能已弱化，本币也可充分替代外汇储备的功能，大量外汇储备的管理却仍有成本与风险，减少储备规模则更为理性。从当前情况看，人民币国际化尚属初级阶段，保有大规模外汇储备还具有合理性。同时，按照促进人民币国际化这一战略目标的要求，还应设计好具体的外汇储备投资的方向和资产组合选择的策略，形成与人民币国际化相适应的储备规模结构动态调整机制。

二是充分利用好人民币国际化带来的国际收支安全空间，提升外汇储备结构管理的效率。在当前人民币国际化发展阶段下，可以在稳定规模的基础上，适当增加储备币种与资产结构的多样化。外汇储备资产配置空间随本币国际化而扩大的结论表明，保持外汇储备规模充裕的同时，积极调整资产结构应当作为今后人民币国际化进程中外汇储备管理的重点。建立适合中国国情特点和改革目标的外汇储备分类管理方式，是做好外汇储备结构管理的前提。合理划分基础性外汇储备与超额外汇储备，保持基础性外汇储备管理的安全性、流动性，以实现宏观经济稳定及对外收支稳健的目标。对超额外汇储备，应以实现风险收益匹配条件下的收益最大化为原则，采用更加具有效率的、积极的资产配置策略。更加注重投资组合的多样化，以降低非系统性风险，特别是单一币种资产的国别风险。

三是积极稳妥地推进货币国际化战略，为外汇储备结构管理效率提升提供新的空间。稳步推动人民币的周边化、区域化，协调推进人民币从贸易支付到资产计价再到价值储备的国际货币功能深化。积极配合"一带一路"倡议、金砖合作框架、中非合作等多边经贸合作体系，推动人民币率先在外围体系的使用，扩大人民币在外围使用的范围。通过双边、多边货币互换合作等方式，提升人民币国际化水平的同时，丰富外汇储备的结构，增强外汇储备资产管理的能力，提升外汇储备结构管理绩效。

主要参考文献

[1] Keynes, J. M. 1930. *A Treatise on Money*. Macmillan.

[2] Triffin, R. 1960. *Gold and the Dollar Crisis*. Yale University Press.

[3] Pablo García, Claudio Soto. 2004. "Large Hoardings of International Reserves: Are They Worth It?" working papers central bank of chile.

[4] Olivier J, Rancière Romain. 2011. "The Optimal Level of International Reserves for Emerging Market Countries: A New Formula and Some Applications" *The Economic Journal*: 555.

[5] Reinhart C, Kaminsky G . 2000. "Las crisis gemelas: las causas de los problemas bancarios y de balanza de pagos [The twin crises: Te causes of banking and balance of payments problems]" *MPRA Paper*: 63 – 112.

[6] Pattillo C A, et al. 2000. "Anticipating Balance of Payments Crises—The Role of Early Warning Systems; The Role of Early Warning Systems", *Imf Occasional Papers*: 186.

[7] Heller, Robert, H. 1966. "Optimal International Reserves" *Economic Journal*: 296 – 311.

[8] Kreinin M E, Heller H R. 1973. *Adjustment Costs, Optimal Currency Areas, and International Reserves International Trade and Finance*. Palgrave Macmillan.

[9] Willy, SellekaertsBrigitte, Sellekaerts. 1973. "Balance of payments deficits, the adjustment cost and the optimum level of international reserves"

Review of World Economics: 1 – 18.

[10] Emil-Maria, Claassen. 1974. "The optimizing approach to the demand for international reserves" *Review of World Economics*: 353 – 398.

[11] Agarwal, J. P. 1971. "Optimal Monetary Reserves for Developing Countries" Weltwirtschaftliches Archiv: 76 – 91.

[12] Flanders, M. J. 1969. "International liquidity is always inadequate" *Kyklos*: 519 – 529.

[13] Frenkel. J, and Jovanovic, B. 1981. "Optimal International Reserves: A Stochastic Framework" *the Economic Journal*: 507 – 514.

[14] Ben-Bassat, A., and Gottlieb, D. 1992. "Optimal international reserves and sovereign risk." *International Economics*: 33.

[15] K. Azim Ozdemir, 2004. "Optimal International Reserves Behavior for Turkey" Working Papers 0410, Research and Monetary Policy Department, Central Bank of the Republic of Turkey.

[16] Ozyildirim, S, Yaman, B. 2005. "Optimal Versus Adequate International Reserves: Evidence for Turkey" Applied Economics: 1557 – 1569.

[17] Rowland. P. 2005. Buyback of Colombian Sovereign Debt, *Borradores de Economia*: 331.

[18] Aizenman J, Lee Y, Rhee Y. 2007. "International reserves management and capital mobility in a volatile world: Policy considerations and a case study of Korea". *Journal of the Japanese & International Economies*: 0 – 15.

[19] Ronald U. and Mendoza, 2004. "International Reserve Holding in the Developing World: Self Insurance in a Crisis-Prone Era?" *Emerging Markets Review*: 61 – 82.

[20] Kenen PB, Yudin EB. 1965. "The demand for international reserves." *Review Economic Statistics*: 242 – 250.

[21] Iyoha, M. A. 1976. "The Demand for Money in Nigeria", *Nigerian*

Journal of Social and Economic Studies: 386 – 396.

[22] Edwards S. 1983. "The demand for international reserves and exchange rate adjustments: the case of LDCs" *Economic*: 269 – 280.

[23] Lane P, Burke D. 2001. "The Empirics of Foreign Reserves." *Open Economies Review*: 423 – 434.

[24] 邢大伟，2006，《影响我国外汇储备适度规模诸因素的实证研究》，《商业研究》第 20 期。

[25] 滕昕，戴志辉，2006，《中国外汇储备阶段性增长的理论分析》，《北京航空航天大学学报（社会科学版）》第 3 期。

[26] 巴曙松，朱元倩，2007，《基于可加模型的外汇储备影响因素的实证分析》，《金融研究》第 11 期。

[27] 熊琼，张志超，付含，2009，《外国直接投资对中国外汇储备的影响：基于协整方法的时间序列分析》，《世界经济》第 32 期。

[28] 黄寿峰，陈浪南，2011，《人民币汇率、升值预期与外汇储备相关性研究》，《管理科学学报》第 14 期。

[29] 谭燕芝，张运东，2011，《外汇储备规模的宏观经济影响因素分析——基于中国、日本的比较研究》，《国际金融研究》第 1 期。

[30] 童锦治，赵川，孙健，2012，《出口退税、贸易盈余和外汇储备的一般均衡分析与中国的实证》，《经济研究》第 47 期。

[31] 刘斌，2000，《人民币自由兑换的外汇储备要求》，《财经研究》第 11 期。

[32] 李石凯，2006，《外汇储备 vs 外债：其实我们"脱贫"没多久》，《经济导刊》第 10 期。

[33] 管于华，2001，《论我国外汇储备的适度规模——兼谈我国外汇储备资料的统计口径错位》，《统计研究》第 1 期。

[34] 黄泽民，2008，《国际货币体系的危机传导机制及改革的方向》，《中国货币市场》第 12 期。

[35] 余永定，1997，《关于外汇储备和国际收支结构的几个问题》，《世界经济与政治》第 10 期。

[36] 张曙光，张斌，2007，《外汇储备持续积累的经济后果》，《经济研究》第 4 期。

[37] 许承明，2002，《对我国外汇储备的比例分析及其国际比较》，《数量经济技术经济研究》第 12 期。

[38] 马野驰，2014，《中国外汇储备的发展特征、资产结构与战略管理》，《社会科学战线》第 6 期。

[39] 陆磊，李宏瑾，苏乃芳，2017，《最优外汇储备与金融对外开放改革》，《财贸经济》第 12 期。

[40] 罗素梅，张逸佳，2015，《中国的高额外汇储备可持续吗?》，《国际金融研究》第 4 期。

[41] 姜旭朝，刘德军，孟艳，2002，《我国外汇储备规模分析》，《宏观经济研究》第 6 期。

[42] 李巍，张志超，2009，《一个基于金融稳定的外汇储备分析框架——兼论中国外汇储备的适度规模》，《经济研究》第 8 期。

[43] 王群琳，2008，《中国外汇储备适度规模实证分析》，《国际金融研究》第 9 期。

[44] 谷宇，2013，《金融稳定视角下中国外汇储备需求的影响因素分析——兼论外汇储备短期调整的非对称性》，《经济科学》第 1 期。

[45] 祝国平，郭连强，2013，《货币国际化会影响外汇储备规模吗?》，《学习与探索》第 5 期。

[46] 祝国平，刘力臻，张伟伟，2014，《货币国际化进程中的最优国际储备规模》，《国际金融研究》第 3 期。

[47] 罗素梅，周光友，曾瑶，2017，《金融安全、国家利益与外汇储备优化管理》，《管理科学学报》第 12 期。

[48] Dooley, J. Saul Lizondo, D. J. Mathieson. 1989. "The Currency Composition of Foreign Exchange Reserves" *IMF Staff Papers*: 385 – 434.

[49] Eichengreen, Barry and D Mathieson. 2000. "The Currency Composition of Foreign Exchange Reserves: Retrospect and Prospect "IMF Working Paper.

［50］ Dooley M P, Folkerts-Landau D, Garber P. 2004. "The revived Bretton Woods system" *international journal of finance & economics*: 307 – 313.

［51］ Chinn, Menzie and Frankel. 2005. "Will the Euro Eventually Surpass the Dollar As Leading International Reserve Currency?" NBER Working Paper.

［52］ Hatase M, Ohnuki M . 2009. "Did the structure of trade and foreign debt affect reserve currency composition? Evidence from interwar Japan" *European review of economic history*: 319 – 347.

［53］ Ito H, Mccauley R N, Chan T. 2015. "Currency composition of reserves, trade invoicing and currency movements" *Emerging markets review*: 16 – 29.

［54］ Frankel J, Chinn M D. 2007. "Debt and Interest Rates: The U. S. and the Euro Area" *Economics Discussion Papers*: 439 – 477.

［55］ Markowitz. 1952. "Portfolio Selection" *The Journal of Finance*: 77 – 91.

［56］ Heller, Robert H, Knight, M. 1978. "Reserve-Currency Preferences of Central Banks" Essays in international finance.

［57］ Dooley, J. Saul Lizondo, D. J. Mathieson. 1989. "The Currency Composition of Foreign Exchange Reserves" IMF Staff Papers.

［58］ Eichengreen, Barry. 2012. "Number One Country, Number One Currency" Text of the World Economy Lecture.

［59］ Eichengreen. 1998. "Barry. The Euro as a Reserve Currency" *Journal of the Japanese and International Economies*: 483 – 506.

［60］ Cohen, Benjamin J. 2000. "Life at the Top: International Currencies in the Twenty-First Century" Princeton Essays in International Finance.

［61］ 李稻葵，刘霖林，2008，《人民币国际化：计量研究及政策分析》，《金融研究》第 11 期。

［62］ 刘艳靖，2012，《国际储备货币演变的计量分析研究——兼论人民币国际化的可行性》，《国际金融研究》第 4 期。

［63］ 姜晶晶，孙科，2015，《基于动态面板数据的国际储备币种结构影响因素分析——兼论人民币成为国际储备货币的前景》，《金融研究》第 2 期。

［64］ 罗素梅，陈伟忠，2012，《中国外汇储备的多层次动态优化配置策略》，《上海金融》第 12 期。

［65］ 刘莉亚，2008，《我国外汇储备币种结构与收益率的一个估计》，《财经研究》第 7 期。

［66］ 孔立平，2010，《全球金融危机下中国外汇储备币种构成的选择》，《国际金融研究》第 3 期。

［67］ 王永中，2011，《中国外汇储备的构成、收益与风险》，《国际金融研究》第 1 期。

［68］ 周光友，罗素梅，2014，《外汇储备资产的多层次优化配置——基于交易性需求的分析框架》，《金融研究》第 9 期。

［69］ 白晓燕，郭叶花，2018，《中国外汇储备中美元资产占比缘何如此之高》，《国际贸易问题》第 4 期。

［70］ 王永中，2013，《中国外汇储备的投资收益与多元化战略》，《国际经济评论》第 2 期。

［71］ 张斌，王勋，华秀萍，2010，《中国外汇储备的名义收益率和真实收益率》，《经济研究》第 10 期。

［72］ SJ Fisher, MC Lie. 2010. "Asset allocation for central banks: optimally combining liquidity, duration, currency and non-government risk" *risk management for central bank foreign reserves*: 75.

［73］ 孔立平，2009，《次贷危机后中国外汇储备资产的风险及优化配置》，《国际金融研究》第 8 期。

［74］ 宿玉海，孙晓芹，2014，《中国外汇储备结构多目标管理的实证研究》，《国际金融研究》第 3 期。

［75］ 刘晶，董巍，2012，《中国外汇储备投资组合的优化配置——基于欧美国债数据的实证研究》，《亚太经济》第 3 期。

［76］ 石清华，2013，《中国外汇储备金融资产配置研究》，《西南金融》

第 1 期。

[77] Huang G . 1994. "Money Demand in China in the Reform Period: An Error Correction Model" *Applied Economics*: 713 – 719.

[78] Landell-Mills, Joslin Mary. 1989. "The Demand for International Reserves and Their Opportunity Cost" *staff papers*: 708 – 732.

[79] 郭梅军，蔡跃洲，2006，《中国外汇储备影响因素的实证分析》，《经济评论》第 2 期。

[80] 李庭辉，2010，《人民币汇率、货币供应量对外汇储备规模影响的实证分析》，《社会科学家》第 7 期。

[81] 卢方元，师俊国，2012，《我国外汇储备影响因素动态效应研究》，《商业研究》第 12 期。

[82] 邵学言，郝雁，2004，《对中国外汇储备与物价指数之间数量关系的研究——基于货币供求角度的实证分析》，《经济学动态》第 6 期。

[83] 谢太峰，张晨，2012，《中国外汇储备和物价水平关系的实证分析》，《经济与管理研究》第 3 期。

[84] 孔立平，朱志国，2008，《我国外汇储备增长影响物价水平的理论与实证研究》，《河南金融管理干部学院学报》第 26 期。

[85] 刘晓兰，谭璐，伍昱铭，2012，《中国外汇储备规模与 CPI 波动动态关系实证研究》，《财经理论与实践》第 5 期。

[86] 刘金全，郝世赫，刘达禹，2016，《外汇储备减少是否具有通货紧缩效应》，《财经科学》第 3 期。

[87] 蔡春林，郭晓合，2019，《外汇储备、人民币汇率和通货膨胀预期的动态关系研究》，《重庆社会科学》第 3 期。

[88] 聂丽，石凯，2019，《外汇储备变化的宏观经济效应——基于央行资产负债表的分析》，《金融经济学研究》第 4 期。

[89] 邢全伟，2018，《外汇储备、货币流动性与通货膨胀动态关系的定量分析》，《统计与决策》第 34 期。

[90] 王荣，王英，2018，《基于系统 GMM 分析的我国外汇储备与城乡

CPI 指数的动态关系研究》,《管理现代化》第 217 期。

[91] 武剑,2005,《货币冲销的理论分析与政策选择》,《管理世界》第 8 期。

[92] 曲强,张良,扬仁眉,2009,《外汇储备增长、货币冲销的有效性及对物价波动的动态影响——基于货币数量论和 SVAR 的实证研究》,《金融研究》第 5 期。

[93] 杨艳林,2012,《金融开放与实际汇率的长期决定因素》,《经济科学》第 6 期。

[94] 郑忱阳,刘园,2017,《中国货币政策独立性对"三元悖论"三选一的证实——基于三元悖论三指数的计算与分析》,《经济问题探索》第 5 期。

[95] 管涛,2018,《反思对中国外汇储备问题的讨论》,《国际经济评论》第 1 期。

[96] 史祥鸿,2008,《基于现行汇率制度的外汇储备规模研究》,《国际金融研究》第 7 期。

[97] 陈守东,谷家奎,2013,《人民币汇率变化不确定性与外汇储备增长研究》,《上海经济研究》第 7 期。

[98] 张勇,2015,《热钱流入、外汇冲销与汇率干预——基于资本管制和央行资产负债表的 DSGE 分析》,《经济研究》第 7 期。

[99] 余永定,肖立晟,2016,《论人民币汇率形成机制改革的推进方向》,《国际金融研究》第 355 期。

[100] 陆磊,2019,《在开放中变革、融合与创新的金融机构体系——40 年中国金融改革开放的基本经验》,《清华金融评论》第 61 期。

[101] 李凡,王巾英,2006,《中印利用 FDI 特点探析》,《中央财经大学学报》第 9 期。

[102] 刘澜飚,张靖佳,2012,《中国外汇储备投资组合选择——基于外汇储备循环路径的内生性分析》,《经济研究》第 4 期。

[103] 杨权,杨秋菊,2018,《外汇储备、双边货币互换与流动性冲击》,《财贸经济》第 11 期。

[104] 彭兴韵，2006，《控制外汇储备过快增长的长远战略在于人民币的国际化》，《经济社会体制比较》第 6 期。

[105] 白钦先，张志文，2011，《外汇储备规模与本币国际化：日元的经验研究》，《经济研究》第 10 期。

[106] 贺力平，赵雪燕，王佳，2018，《经济规模与货币国际地位的关系——兼论美元国际储备货币地位的决定》，《学术研究》第 8 期。

[107] 李艳丽，曾启，2019，《持有高额外汇储备会促进还是抑制本币国际化？——基于供求均衡视角和多国数据的分析》，《国际金融研究》第 8 期。

[108] 李扬，余维彬，曾刚，2007，《经济全球化背景下的中国外汇储备管理体制改革》，《国际金融研究》第 4 期。

[109] 王雅君，曾刚，2018，《外汇储备有效管理：理论与应用》，《上海金融》第 8 期。

[110] 孔立平，2015，《中国外汇储备资产多层次管理模式构建研究——兼论外汇储备资产投资多元化》，《经济与管理》第 1 期。

[111] 龚峻，2008，《资产多元化与积极管理：中国外汇储备管理模拟》，《管理世界》第 2 期。

[112] 杨胜刚，龙张红，陈珂，2008，《基于双基准与多风险制度下的中国外汇储备币种结构配置研究》，《国际金融研究》第 12 期。

[113] Roger, S. 1993. The Management of Foreign Exchange Reserve . BIS Economics Papers, No. 38, Bank for International Settlements.

[114] 阎素仙，1997，《加快我国利率市场化进程的思考》，《理论与现代化》第 10 期。

[115] 余湄，何泓谷，2013，《我国外汇储备的风险管理问题研究》，《中国管理科学》第 1 期。

[116] 范德胜，王心怡，2014，《基于期望效用—熵模型的我国外汇储备结构优化研究》《金融评论》第 6 期。

[117] Kenen P B. 1983. "The SDR as a Means of Payment：A Comment on Coats" *Imf Economic Review*：656 – 661.

[118] Krugman P R. The International Role of the Dollar：Theory and Prospect [C] 1984：309 – 327.

[119] 孔立平，2012，《中国外汇储备管理效益提升策略研究》，北京师范大学出版社。

[120] Mohanty，Madhusudan S，Turner，Philip. 2006. "Foreign exchange reserve accumulation in emerging markets：what are the domestic implications?" *social science electronic publishing*：39 – 52.

[121] 黄飞雪，李成，2011，《汇改前后人民币实际汇率对外汇储备增长的非线性影响的实证研究》，《国际贸易问题》第 4 期。

[122] Bergsten C F. 1975. "Toward a new international economic order" *Selected papers*：1 – 49.

[123] Mundell R A. 1999. *Central Banking，Monetary Policies，and the Implications for Transition Economies*：3 – 7.

[124] 何帆，2004，《全球化中的国家利益的冲突和协调》，《中国外汇》第 1 期。

[125] 华民，1998，《面对欧元，中国该如何选择?》，《国际经济评论》第 11 期。

[126] 刘红忠，熊庆东，2002，《提高国际清偿力：国际储备管理与区域货币合作》，《中国外汇管理》第 10 期。

[127] 牟新焱，姜凌，2009，《区域货币合作对国际储备替代效应的定量分析——以欧元区国家为例》，《社会科学家》第 7 期。

[128] 白济民，2009，《支持人民币国际化是中国外汇储备的最佳用途》，《中国经济时报》2009 年 4 月 1 日，第 65 版。

[129] Sidrauski M. 1967. "Inflation and Economic Growth" *Journal of Political Economy*：796 – 810.

[130] Clower R W. 1967. "A Reconsideration of the Micro-Foundations of Monetary Theory" *Economic Inquiry*：1 – 9.

[131] Lucas，Stockman A C. 1983. "Real exchange rates under alternative nominal exchange-rate systems" *Journal of International Money &*

Finance: 0 – 166.

[132] Kiyotaki N, Wright R. . 1989. "On Money as a Medium of Exchange" *Journal of Political Economy*: 927 – 954.

[133] Kiyotaki N, Matsui A, Matsuyama K. 1993. "Toward a Theory of International Currency (Now published in Review of Economic Studies" *Sticerd Theoretical Economics Paper*: 283 – 307.

[134] Trejos, Alberto. 1995. "Toward a theory of international currency : a step further" *working papers*: 283 – 307.

[135] Chrystal K A, Alogoskoufis G, Papademos L, et al. 1992. "External Constraints on Macroeconomic Policy: The European Experience" *Economic Journal*: 1550.

[136] Rey H. 1997. "International Trade and Currency Exchange" *Cep Discussion Papers*: 68.

[137] Jobst F C. 2005. "The Ties That Divide: A Network Analysis of the International Monetary System" *Journal of Economic History*: 977 – 1007.

[138] Marc Flandreau, Clemens Jobst. 2009. "The Empirics of International Currencies: Network Externalities, History and Persistence" *Economic Journal*: 643 .

[139] Magee S P, Rao R K S. 1980. "Vehicle and Nonvehicle Currencies in International Trade" *American Economic Review*: 368 – 373.

[140] Grossman S J. 1976. "On the Efficiency of Competitive Stock Markets Where Trades Have Diverse Information" *Journal of Finance*: 573 – 585.

[141] Swoboda A K . 1969. "Reserve policies, currency preferences, and international adjustment" *Journal of Biosciences*: 399 – 406.

[142] Hartmann P . 1998. "Currency Competition and Foreign Exchange Markets" *Cambridge Books*: 76 – 131.

[143] Rogoff K. 1999. "Monetary Models of Dollar/Yen/Euro Nominal Ex-

change Rates: Dead or Undead?" *The Economic Journal*: 109.

[144] Summers, L. H. 2000. "International financial crises: causes, prevention, and cures" *The American Economic Review*: 1 – 16.

[145] Edwards S. 2001. "Dollarization: Myths and realities" *Journal of Policy Modeling*: 249 – 265.

[146] Aliber R. 1964. "The Costs and Benefits of the U. S. Role as Reserve Currency Country" *Quarterly Journal of Economics*: 442 – 456.

[147] Blinder, Alan. 1996. "Central banking in a democracy" *Economic Quarterly*: 1 – 14.

[148] Tavlas, George. 1998. "The international use of currencies: the US dollar and the euro" *Finance and development*: 46 – 49.

[149] Henry P B, Lorentzen P L. 2003. "Domestic Capital Market Reform and Access to Global Finance: MakingMarkets Work" *SSRN Electronic Journal*: 1 – 9.

[150] Joshua Aizenman, Menzie D. Chinn and Hiro Ito. 2010. Surfing the waves of globalization: Asia and financial globalization in the context of the trilemma, Working Paper.

[151] Aghion, Philippe & Banerjee, Abhijit. (2005). Volatility and Growth. 10. 1093/acprof: oso/9780199248612. 001. 0001.

[152] Prasad B C. 2008. "Institutions, Good Governance and Economic Growth In The Pacific Island Countries" *International Journal of Social Economics*: 904 – 918.

[153] Kaminsky G, Schmukler S. 2003. "Short-Run Pain, Long-Run Gain: The Effects of Financial Liberalization" *Nber Working Papers*: 6 – 10.

[154] 高海红，余永定，2010，《人民币国际化的含义与条件》，《国际经济评论》第 1 期。

[155] 魏昊，戴金平，靳晓婷，2010，《货币国际化测度、决定因素与人民币国际化对策》，《贵州社会科学》第 9 期。

[156] Ito, Hiro & Chinn, Menzie. 2010. Notes on the Chinn-Ito Financial

Openness Index.

[157] Manuel Arellano, Stephen Roy Bond. Arellano, B. 1991. "Some Tests of Specification for Panel Data: Monte Carlo Evidence and an Application to Employment Equations" *The Review of Economic Studies*: 277 - 297.

[158] Arellano M, Bover O. 1990. "Another Look at the Instrumental Variable Estimation of Error-Components Models" *Discussion Papers*: 29 - 51.

[159] Richard, Blundell, and, et al. 1998. "Initial conditions and moment restrictions in dynamic panel data models" *Journal of Econometrics*: 页码

[160] Borio C. 2009. Foreign Exchange Reserve Management The New Palgrave Dictionary of Economics.

[161] Ben-Bassat A. 1980. "The optimal composition of foreign exchange reserves" *Journal of International Economics*: 285 - 295.

[162] Papaioannou, E. , Portes, R. and Siourounis, G. 2006. "Optimal Currencies Shares in International Reserves: the Impact of the Euro and the Prospects for the Dollar" . ECB Working Paper Series, No. 694.

[163] Adler M, Dumas B. 1983. "International Portfolio Choice and Corporation Finance: A Synthesis" *Journal of Finance*: 925 - 984.

[164] 刘永辉, 尚星佩, 2016, 《我国外汇储备的结构优化研究》, 《河北经贸大学学报》第 4 期。

[165] Tobin J. 1958. "Liquidity Preference as Behavior Towards Risk" *Review of Economic Studies*: 65 - 86.

[166] Sharpe, W. F. 1964. "Capital Asset Prices: A Theory of Market Equilibrium under Conditions of Risk" *Journal of Finance*: 425 - 442.

[167] Lintner, John. 1965. "Security prices, risk, and maximal gains from diversification" *The Journal of Finance*: 587 - 615.

[168] Jan Mossin. 1966. "Equilibrium in a Capital Asset Market" *Economet-

rica：768 – 783.

[169] 宋芳秀，李庆云，2006，《美元国际铸币税为美国带来的收益和风险分析》，《国际经济评论》第 4 期。

[170] 李翀，2012，《关于国际铸币税收益的探讨》，《当代经济研究》第 8 期。

[171] Calvo G A，Reinhart C M. 2000. "Fear of Floating" *NBER Working Papers*：379 – 408.

[172] 钟阳，2013，《货币国际化影响因素的实证研究》，博士/硕士论文，吉林大学。

[173] 傅冰，2012，《货币国际化进程中的金融风险与对策研究》，博士/硕士论文，上海社会科学院。

[174] 钟伟，唐欣，2005，《重新审视——储备管理的国际比较及对中国的启示》，《国际贸易》第 5 期。

[175] 纽航，1993，《美国财政部和联邦储备系统对外汇储备的共同管理》，《国际金融研究》第 8 期。

[176] 陈虹，2004，《日元国际化之路》，《世界经济与政治》第 5 期。

[177] 李晓，2005，《"日元国际化"的困境及其战略调整》，《世界经济》第 6 期。

[178] 付丽颖，刘力臻，2012，《日美经济关系失衡与日元国际化政策》，《外国问题研究》第 1 期。

[179] 菊地，2000，《国内的な規模の経済の下での貿易パターンについて》，《神戸大學經濟學研究年報》第 46 期。

[180] 张晓涛，杜萌，杜广哲，2018，《中日货币国际化比较——基于经济发展与演进路径视角》，《国际贸易》第 441 期。

[181] 苗金芳，飯盛信男，2013，《危机后日本外汇储备风险与损失问题及对东亚国家的启示》，《武汉金融》第 6 期。

[182] 刘昌黎，2011，《泛太平洋战略经济伙伴关系协定的发展与困境》，《国际贸易》第 1 期。

[183] 于永臻，李明慧，2013，《美元、日元、欧元和英镑国际化历程

及对人民币国际化的启示》,《经济研究参考》第 54 期。

[184] 富田俊基,2011,《国债的历史:凝结在利息中的过去与未来》,南京大学出版社。

[185] 郭建国,朱莹,2015,《英镑、美元国际化对人民币国际化的启示》,《商业经济》第 9 期。

[186] 弗·依苏波夫,宛因,1958,《英国当前的外汇情况——英镑危机》,《世界经济文汇》第 6 期。

[187] Woon, Gyu, Choi, et al. 2009. "Net Capital Flows, Financial Integration, and International Reserve Holdings: The Recent Experience of Emerging Markets and Advanced Economies" *IMF Economic Review*: 516 – 540.

[188] Paul R. Krugman, Maurice Obstfeld, Pearson Education. International Economics: Theory and Policy: International Version Plus My EconLab Student Access Code, 8/E [J]. 2010.

[189] 李艳丽,曾启,2019,《持有高额外汇储备会促进还是抑制本币国际化?——基于供求均衡视角和多国数据的分析》,《国际金融研究》第 8 期。

[190] 朱孟楠,曹春玉,2019,《货币国际化、金融稳定与储备需求》,《统计研究》第 36 期。

图书在版编目（CIP）数据

人民币国际化背景下的外汇储备管理研究 / 祝国平
著. -- 北京：社会科学文献出版社，2021.12
ISBN 978 - 7 - 5201 - 8997 - 2

Ⅰ.①人… Ⅱ.①祝… Ⅲ.①人民币 - 金融国际化 -
研究 ②外汇储备 - 外汇管理 - 研究 - 中国 Ⅳ.①F822
②F822.2

中国版本图书馆 CIP 数据核字（2021）第 184222 号

人民币国际化背景下的外汇储备管理研究

著　　者 / 祝国平

出 版 人 / 王利民
组稿编辑 / 任文武
责任编辑 / 张丽丽
文稿编辑 / 谷丹阳
责任印制 / 王京美

出　　版 / 社会科学文献出版社·城市和绿色发展分社（010）59367143
　　　　　地址：北京市北三环中路甲29号院华龙大厦　邮编：100029
　　　　　网址：www.ssap.com.cn
发　　行 / 市场营销中心（010）59367081　59367083
印　　装 / 三河市尚艺印装有限公司

规　　格 / 开本：787mm × 1092mm　1/16
　　　　　印张：20.75　字数：307千字
版　　次 / 2021 年 12 月第 1 版　2021 年 12 月第 1 次印刷
书　　号 / ISBN 978 - 7 - 5201 - 8997 - 2
定　　价 / 88.00 元